Frauen & Literatur

Was stellt eine Ehefrau an, die außer Haushalt und Kindererziehung nichts zu tun hat?
Um dem Alltagstrott zu entfliehen, beginnt Claudia ein Buch über ihren schönen, aber recht eigenwilligen Ehemann Viktor zu schreiben, das jedoch schließlich zu einem humorvoll-sarkastischen Lehrbuch über das Eheleben wird.
Wider Erwarten und zu Claudias größter Verwunderung macht sie das Buch auf Anhieb bekannt – und nach vielen langweiligen Jahren gelingt ihr endlich der Ausbruch aus dem Ehegefängnis!

Claudia Keller wurde 1944 als Tochter eines Schauspielers und Enkelin des Dichters Paul Keller geboren. Frühe Berührung mit der Literatur hatte sie bereits im Elternhaus. In jungen Jahren machte sie erste eigene Versuche mit Kurzgeschichten. Ihr Romandebüt erfolgte mit dem unter dem Pseudonym »Claudia Klein« erschienenen heiteren Roman »Das Ehespiel«. Mit einer ihrer Kurzgeschichten gewann sie 1986 den Frankfurter Fabrikschreiberpreis und den Literaturpreis der Stadt Aachen. Claudia Keller lebt heute als freie Autorin in Frankfurt.

Von Claudia Keller erschien in der Knaur-Taschenbuchreihe *Frauen & Literatur:*

»Du wirst lachen, mir geht's gut« (Band 8057)

Originalausgabe 1986

Umschlaggestaltung Adolf Bachmann, Reischach
Umschlagillustration Brigitte Schneider, Lüftelberg
Satz IBV Satz- und Datentechnik GmbH, Berlin
Druck und Bindung Elsnerdruck, Berlin
Printed in Germany 5
ISBN 3-426-08058-3

Claudia Keller:
Streitorchester

Roman

Knaur

Inhalt

Ach, die Freiheit wird der Mensch satt,
und er wünscht sich einen schönen
Drei-Zimmer-Käfig mit Bad und Garage.

Zarko Petan

»*Warum das denn?*«

»Warum das denn?« fragte Victor, als ich ihm mitteilte, daß ich beabsichtigte, ein Buch zu schreiben. »Du hast es gut, du spielst mit deiner Schreibmaschine herum, während andere schuften müssen!« Victor war mir all die Jahre ein guter und treusorgender Ehemann gewesen, und ich liebte ihn von Herzen (mit Schmerzen) und schätzte seine ruhige Zuverlässigkeit und die wirklich nette Geste, mit der er mir an jedem Hochzeitstag Rosen überreichte – wenn er mich nur nicht immer so entsetzlich aufgeregt hätte. Nehmen wir zum Beispiel einmal diese »Warum das denn«-Frage. Die hatte er parat, wann immer mir etwas wirklich Ungewöhnliches einfiel, wie etwa vor Jahren, als ich unser Wohnzimmer mit Alufolie tapezieren wollte, oder damals, als ich darüber nachdachte, ob es nicht nett wäre, seine Mutter und/oder ein farbiges Kind zu adoptieren, oder einen Kurs über das Zusammenleben in der Ehe zu besuchen.

Aber anstatt mich voller Interesse und Bewunderung anzusehen, auf meine Genialität einzugehen und sich auf ein ernsthaftes Gespräch einzulassen, erstickte er jeden Anflug, unserem trostlosen Eheleben ein bißchen Auffrischung zu verleihen, mit seiner Lieblingsfrage sofort im Keime.

Ich könnte längst Züchterin von Nerzkaninchen sein oder Guru oder Präsidentin der Vereinigten Staaten, wenn er mich nur ein wenig angefeuert und nicht immer nur gelähmt hätte. Allein dieser Umstand reichte aus, schließlich die Scheidung einzureichen und ihm endlich einmal einen handfesten Grund dafür zu liefern, ganz erstaunt »warum das denn?« zu fragen.

Er fragte: »Warum das denn?«, als ich ihm mitteilte, daß wir ein Baby erwarten, daß Tante Hedwig im achtundneunzigsten Jahr gestorben war, daß die vor sechs Wochen großzügig ausgezahlten fünfzig Mark Haushaltsgeld verbraucht sind und Kathrinchen zu jener Sorte widerwärtiger Kinder gehört, deren Füße aus den Schuhen herauswachsen.

Er fragte: »Warum das denn?«, als ich ihm an einem zärtlichen Abend mitteilte, das rapide Abnehmen meiner Liebesfähigkeit nähme bedrohliche Formen an, und daß Ehefrauen schweigsamer Männer dazu neigen, den Mann irgendwann als »Sache« anzusehen, was sich dahingehend äußert, daß sie zunächst damit beginnen, Selbstgespräche zu führen und schließlich den im Sessel ruhenden Gatten versehentlich mit Möbelpolitur bearbeiten.

»Ich weiß nicht, ob es dich interessiert, aber ich bin kurz davor, mir das Leben zu nehmen«, schrie ich eines Abends und wickelte mir das Ende einer Wäscheleine um den Hals.

Victor heftete seine Augen voller Interesse auf den Fernsehhelden, der gerade im Begriff war, eine hüb-

sche Blondine mit der Bademantelschnur zu erdrosseln, und fragte: »Warum das denn?«
Ich sah ein, daß es sich nicht lohnte, so früh schon aus dem Leben zu scheiden und ein hübsches, blondgelocktes, zehnjähriges Töchterchen als Halbwaise zurückzulassen, und so wickelte ich die Wäscheleine ordentlich auf und legte sie in den Besenschrank. Noch an diesem Abend beschloß ich, ein Buch zu schreiben. Zwar erschien mir das Unterfangen weit zeitraubender zu sein als die Möglichkeit, mich kurz und bündig am Fensterkreuz aufzuhängen, wenn man bedenkt, daß es mir in erster Linie darum ging, Victors Aufmerksamkeit zu erringen, aber dann dachte ich, es wäre vielleicht netter, schriftlich niederzulegen, »warum ich das getan hatte«, falls mir doch irgendwann die Energie zum Weiterleben ausgehen sollte. Ich stellte mir vor, wie die trauernden Verwandten Victor die Nachricht meiner schrecklichen Tat überbringen, und Victor die Zeitung sinken läßt und »warum das denn?« fragt, und meine schauspielerisch begabte Mutter Soldi ihm schweigend die Antwort auf seine Frage überreicht. Eine gedruckte Antwort, in Leinen gebunden: »Darum!«
Und dann gab es auch noch andere handfeste Gründe, es mit dem Bücherschreiben zu versuchen. Die ersten zehn Jahre unserer Ehe hatten wir im großen und ganzen damit verbracht, umzuziehen. Wir waren von Dortmund nach Berlin, von Berlin nach Düsseldorf, von Düsseldorf nach Büderich und von Büderich nach Essen gezogen. Und im Moment be-

wohnten wir eine große romantische Dachwohnung im Ruhrtal, und Victor hatte gerade die Küche tapeziert und mich dann feindselig angesehen: »Ich ziehe nie wieder um«, sagte er, »daß du das weißt. Ich weigere mich, auch nur daran zu denken, ich sperre mich, mein Inneres empört sich bei der bloßen Vorstellung, ich will auch nie wieder den Möbelpacker und den Heimwerker spielen, einerlei, wie groß und schön die Wohnung auch immer sein mag, die du in der nächsten Woche finden wirst. Es ist auch immer verdammt teuer! Verdammt teuer!« wiederholte er schweratmend.
Ich hielt liebevoll die Leiter, auf der Victor stand, um die Deckenleuchte anzumontieren. Die Deckenleuchte bestand vorwiegend aus einem antiken Milchtopf, den ich auf dem Flohmarkt gekauft und geschickt umfunktioniert hatte, und anstatt sich über den niemals zu erschöpfenden Einfallsreichtum seiner Frau zu freuen, hatte Victor grämlich gefragt, wohin denn eigentlich die ganzen anderen Küchenlampen aus all den anderen Wohnungen gekommen wären. »Sicher weggeschmissen!« hatte er mit Grabesstimme hinzugefügt. Ich sah an seinen Hosenbeinen hinauf, gab Zange, Muttern und die kleinen Schräubchen an ihn weiter und fragte mich im stillen, was ihn eigentlich dazu getrieben hatte, sich derartig aufzuregen und derartig lange zu reden. Wir wohnten zu diesem Zeitpunkt etwa zwei Wochen in der neuen Wohnung und sie gefiel mir noch immer ausnehmend gut, und da sie aus vielen Räumen und vie-

len Ecken und Winkeln bestand und zwei große romantische Speicher dazu gehörten, war ich voll ausgelastet und sehr zufrieden, denn die Möbel ließen sich hier wunderbar hin- und herrücken und immer wieder anders arrangieren. Außerdem hatte ich genug Platz, meine Sammlung von etwa zweihundert Keramiktöpfen und Körben wirkungsvoll zu placieren und dreißig Strohblumensträuße an die Dekkenbalken zu hängen. Die Wohnung hatte hübsche Fensterchen, die man täglich anders dekorieren konnte, und aus den Fenstern blickte man auf die Dächer kleiner Fachwerkhäuser. Unter unserem Hausgiebel nisteten zwei Schwalben und in der Pappel vor dem Küchenfenster wohnte eine Taube. Und den ganzen Tag über erfreute uns das melodische Läuten der kleinen Dorfkirche, die man vom Schlafzimmer aus sah. Nein, ich war sehr zufrieden mit der neuen Behausung und dachte gar nicht daran, schon wieder die 111 Bilder von den Wänden zu nehmen, die Keramiktöpfe zu verpacken, 1500 Bände Literatur in Kisten zu werfen und neue Gardinen zu nähen.

Aber dann wurde es doch ein bißchen langweilig, immer so auf dieselbe Eßecke zu gucken, und ich begann wieder unruhig zu werden und räumte zuerst die kleineren Möbel um und dann die größeren. Als ich so weit war, daß ich mir ernsthaft überlegte, ob es nicht nett wäre, überhaupt die ganze Einrichtung zu verkaufen und das Kämmerchen mit Kissen zum Ruheraum umzufunktionieren und das vierzig Qua-

dratmeter große Wohnzimmer als Küche zu benutzen, als Superküche mit Supereßtisch und großen Kupfertöpfen, die von der Decke hängen, und es mit einer Ofenbank und Flipperautomaten auszustatten, oder das Badezimmer mehrere Zentimeter hoch mit Seesand zuschütten zu lassen und Liegestühle dort aufzustellen, oder überhaupt die ganze Wohnung in einen Dschungel zu verwandeln und Papageienzüchterin zu werden, war es an der Zeit, »etwas Richtiges« zu tun. Denn all diese Auswüchse einer kranken Phantasie haben nur einen einzigen Grund: den armen alten Victor zum Wahnsinn zu treiben (und den ständigen Mangel an sinnvoller Arbeit).
Dann fiel mir eines Tages ein Artikel in die Hand, den eine Realschullehrerin geschrieben hatte, die sich erbost darüber ausließ, daß heute niemand mehr imstande sei, sich richtig auszudrücken, daß die Aufsätze der Kinder vor Nichtigkeiten strotzten, und jedermann nur noch vorgedruckte Karten benutzen würde, unter die er dann gerade noch mit zitternder Hand und Schweißperlen der Anstrengung auf der Stirn mühsam seinen Namen buchstabiert.
»Dabei«, schloß die Autorin trübe, »hat doch jeder etwas zu sagen!« O ja! dachte ich, und mein Blick fiel auf Victor, der sich gerade nach dreistündigem Studium der Tageszeitung in die beiliegende Reklame eines Korsetthauses vertiefte.
Gemessen an dem, was man sonst noch tun könnte, um der inneren Leere, dem Gefühl der Nutzlosigkeit, dem Zwang des Möbelumstellens und einer Zu-

kunft als Pillenschluckerin und Dauerpatient zu entkommen, erschien mir das Schreiben von Büchern auch relativ einfach zu sein.
Man könnte natürlich auch acht Kinder in die Welt setzen (mein Hausarzt empfahl es mir als bestes Mittel gegen Migräne) oder man könnte eine Pommes-frites-Bude, einen Second-hand-Shop, ein Sonnenstudio oder einen Fahrradverleih eröffnen, oder man könnte sich karitativ betätigen und Kranke und Schwache betreuen, in Altersheimen Gedichte vorlesen und das Gemeindeblatt von Haus zu Haus tragen. Aber all das schien mir im Vergleich zum Bücherschreiben doch viel zu aufwendig zu sein. Außerdem hatte ich die schwierige Frage: »Worüber schreibe ich denn?« bereits beantwortet. Bei Sartre war ich eines Tages auf diese Frage gestoßen. Ein junger Student hatte sie dem Meister gestellt und Sartre soll geantwortet haben: »Schreiben Sie nur über das, wovon Sie am meisten verstehen!« Nun verstehe ich eigentlich überhaupt nichts von Victor.
Im Ernst, es würde mir bedeutend leichter fallen, das Funktionieren des Städtischen Gaswerkes oder das Geheimnis des schnurlosen Telefons zu begreifen, als das komplizierte Gewebe, aus dem Victors Seele besteht.
Aber ich hatte zu einem anderen Punkt etwas zu sagen, nämlich dazu, was alles aus diesem »Nichtverstehen« entstehen kann: Verzweiflung, bissige Ironie, Migräne, Wahnvorstellungen von Mord – und – Selbstmord, die Sucht, Selbstgespräche zu führen,

die Sucht, sich der Tagträumerei hinzugeben, überall, sogar auf der Toilette, Strohblumenkränze aufzuhängen, dem Kaufzwang zu erliegen, und schließlich die wahnwitzige Idee, ein Buch zu schreiben. Ich ergriff eines der nur wenig beschriebenen Hefte meiner Tochter, riß die ersten Seiten mit der Mitteilung: »Meine liebe Mutter kocht das Essen, meine liebe Mutter stopft die Strümpfe, meine liebe Mutter putzt die Böden« hartherzig heraus, starrte die leere Seite an und begann meinen unsterblichen Roman. Wie hatte das Drama zwischen Victor und mir eigentlich angefangen? Ich hatte einst im Mai meinen Kopf gegen seinen Ellenbogen gelehnt und mein »ja« gehaucht, als dieser schöne stattliche Junge mich fragte, ob ich ihn heiraten wollte. Anstatt »warum das denn?« zu brüllen und abzuhauen, und zwar so schnell es ging und so weit mich meine Füße trugen, hatte ich mich der Vorstellung hingegeben, von nun an nie mehr allein zu sein und endlich gemütlich auf dem Sofa liegen zu können, anstatt auf irgendwelchen Parkbänken herumzusitzen oder die Straßen abzugehen. Aber dann war irgend etwas verkehrt gelaufen. Ich hatte gleich nach der Hochzeit damit begonnen, allein die Straßen abzulaufen, nämlich auf der Suche nach Läden mit Sonderangeboten, und wenn ich zurückkam, war das Sofa belegt, weil Victor darauf lag. Victor studierte noch, als wir heirateten, und er studierte besonders gern im Liegen, und besonders gern, wenn »alles schön still ist!« Später bekam Victor genau die Stelle, die er sich immer er-

träumt hatte, aber der Traum war anstrengend, und man mußte sich täglich ab sechzehn Uhr auf dem Sofa liegend erholen, nämlich von des Tages Lasten und von der Plage, mit mir verheiratet zu sein. Und an irgendeinem heiter-sonnigen Nachmittag Ende April (wir waren in diesem Jahr Hand in Hand unserem elften Hochzeitstag entgegengekrochen), an einem Nachmittag gegen siebzehn Uhr, als Victor wie gewöhnlich auf dem Diwan ruhte und Kathrinchen damit beschäftigt war, irgend etwas entsetzlich Großes und entsetzlich Klebendes für mich zum Muttertag zu basteln, hatte ich mir vorgenommen, endlich das erste Kapitel zu verfassen.
»Stört mich jetzt bitte nicht!« sagte ich gewichtig. »Ich muß mich konzentrieren! Ich schreibe nämlich ein Buch!«
»Warum das denn?« fragte Victor.
Ich warf ihm einen vernichtenden Blick zu und schrieb die ersten beiden Zeilen.
»Es wird nämlich ein Roman«, fügte ich meinen Erklärungen hinzu. »Ein ernster Roman nach klassischem Vorbild.«
Ich sah zu Victor hinüber, um zu sehen, wie er meine Mitteilung aufnehmen würde. Er hatte die Hände hinter dem Nacken verschränkt und starrte die Decke an.
»Du wirst dich eines Tages schon dafür interessieren«, sagte ich in jenem Ton, den Victor als »bissig« bezeichnet. »Das Buch handelt nämlich von dir.«
Victor seufzte tief und schob sich ein weiteres Kissen

unter den Kopf. Dann steckte er sich eine Zigarette an und sagte: »Ich hätte weit mehr Interesse an einem netten kleinen Haushaltsbuch als an einem Roman! Und dann finde ich, du könntest zuerst mal den Kaffeetisch decken.«
»Warum das denn?« antwortete ich.

Bücherschreiben ist ganz leicht...

Bücherschreiben ist ganz leicht, wenn man:
einen Bleistift zur Hand hat und nicht sämtliche Schreibstifte in der Schulmappe der Tochter verschwunden sind, oder wenn von den ca. fünfunddreißig Kugelschreibern, die seit Menschengedenken in dem leeren Marmeladenglas auf dem Küchenbord stecken, wenigstens einer funktioniert, oder wenn man das Glück hat, unvermutet den Filzstift wiederzufinden, mit dem man eigentlich am besten schreiben kann, der dann aber einem Naturgesetz zufolge (so wie schließlich alles verlorengeht) verlorenging, bis man ihn eines Morgens unvermutet im Blumentopf wiederfindet, wo er den Ableger der rosafarbenen Begonie stützt.
Victor, der niemals mehr schreibt als die elf Buchstaben, aus denen sein Name besteht, besitzt zu diesem Zwecke zwei tadellos funktionierende Parkerstifte, die wohlverwahrt in der Innentasche jenes Anzugs stecken, den er gerade trägt. Dort dürfen sie sich dem Müßiggang hingeben und dem Pochen seines Herzens lauschen, dem zu lauschen ich längst aufgehört habe.
Bücherschreiben ist ganz leicht, wenn man:
sein Manuskript wiederfindet, welches man vor zwei Stunden, drei Wochen oder siebenundzwanzig Mo-

naten wegen wichtiger Termine an Waschmaschine und Kochtopf unvollendet liegenließ und welches dann irgendwie verlorenging, weil jemand dringend etwas notieren wollte. Ich suchte, wenn die Muse und die Muße mich küßten, was selten zusammentraf, meinen so hoffnungsvoll in Kathrinchens Schulheft begonnenen Roman mit jener wilden Verzweiflung im Herzen, die einen überkommt, wenn man sein soeben geborenes Baby auf der Müllhalde verliert. Nach längerem Suchen fand ich das besagte Schulheft dann blümchenverziert und mit Männchen bekritzelt unter der Bügelwäsche wieder oder zwischen einem Stapel alter Zeitungen oder unter dem zu kurzen Bein des Kinderzimmertisches. Hatte ich Manuskript und Bleistift endlich parat, war die Muse davongeflogen, und es war höchste Zeit, das Mittagessen aufzusetzen.
Bücherschreiben ist ganz leicht, wenn man:
einen Bleistift zur Hand hat, sein Manuskript wiederfindet, die Muse einen küßt, die Familie sich satt und zufrieden der Siesta hingibt, und es still ist.
»Ich verlange ja nichts weiter als einen alten, abgekauten Bleistiftstummel und ein Schulheft, in dem wenigstens drei Seiten noch nicht bekritzelt sind, und ein bißchen Ruhe!« sagte ich immer, was natürlich gelogen war, denn was ich mir wünschte, war ein einfacher, gutbezahlter Job, wie Victor ihn hatte, mit der Berechtigung, sich ab vier Uhr nachmittags davon auszuruhen und sich zeitlebens bedienen zu lassen, aber das sagte ich natürlich nicht. In der ersten

Zeit, die der Idee, es als Romanautorin zu versuchen, folgte, schrieb ich an manchen Tagen nicht mehr als drei Zeilen, von denen die dritte meist unvollendet blieb. Ich hatte mir gedacht, meine Werke sozusagen wie nebenbei im Stehen zu verfassen, das eine Auge auf das Manuskript, das andere auf den Suppentopf geheftet, aber dann kam es wieder einmal anders. Ich wachte gewöhnlich auf und dachte: »Heute ist Mittwoch, es ist sechs Uhr dreißig, du wirst jetzt sofort aufstehen und schreiben... das Kapitel könnte die Überschrift tragen... mein Gott, wir haben kein Gemüse mehr im Haus und Kathrinchen ist zur schulärztlichen Untersuchung angemeldet. Wenn Henriette heute nachmittag kommt, müßtest du eigentlich noch vorher einen Kuchen backen...«
Außerdem, so schien es mir, hatte sich die ganze Welt gegen mein schöpferisches Tun verschworen.
»Hast du schon gehört, Bernhard, diese lächerliche Hausfrau aus der Düsseltaler Straße hat sich entschlossen, den Platz in der Sänfte, in der sie ihr Leben bis jetzt verbracht hat, zu verlassen, um ein Buch zu schreiben, ha ha ha ha«, teilten sich die Herren der Stadtverwaltung mit und beschlossen schnell, dem ein Ende zu bereiten, indem sie dem Projekt »Neugestaltung der Düsseltaler Straße« endlich grünes Licht gaben. Ich hatte gerade das zweite Kapitel meines Romans begonnen und war hinter dem efeuumrankten Fenster des Schlafzimmers um schöpferisches Tun bemüht, als unten drei gewichtig aussehende Herren erschienen, die Straße und die umlie-

genden, seit Jahrzehnten vor sich hingammelnden Fachwerkhäuser betrachteten, mit den Köpfen nickten und wieder abfuhren. Am Dienstag tauchten mehrere Bagger auf und man begann die Straßendecke aufzureißen. Gleichzeitig begann man, die umliegenden Häuser mit Gerüsten zu versehen und die zwischen dem Fachwerk liegenden Steine freizulegen. Auf dem still vor sich hin träumenden Hof auf der gegenüberliegenden Straßenseite eröffnete der Besitzer eine Müllsortierstelle, wahrscheinlich weil er beim allgemeinen Treiben nicht nachstehen wollte, und leider handelte es sich bei dem Müll um Altmetallteile, und zwar in Form alter Kühlschränke, Elektroherde und ähnlich großer Brocken, die einen beachtlichen Lärm verursachen, wenn sie von einem Container in einen anderen befördert werden.

Die Container waren hübsch rot gestrichen und sahen harmlos aus, wenn sie sich im Ruhezustand befanden, machten jedoch einen Höllenlärm, wenn sie abgeholt und wegtransportiert wurden. Ich steckte mir die Finger, Wattebäusche oder Ohropax in die Ohren und begann, Taube um ihre Behinderung zu beneiden. »Diese Wohnung hat sich über Nacht in eine Versuchsanstalt zur Ermittlung von Nervenschäden durch Lärmbelästigung entwickelt«, schrie ich Victor zu, der mittags zum Essen kam. Ich mußte sehr laut schreien, weil sich zur selben Zeit hinter den klirrenden Fensterscheiben die Bagger durch den Asphalt fraßen und die Kühlschränke in die

Container donnerten. Ich konnte nicht verstehen, was er antwortete, aber seinen Mundbewegungen nach zu urteilen sah es aus wie: »...arum ...as ...enn?«

Bücherschreiben ist ganz leicht, wenn man einen Bleistift zur Hand hat und ein leeres Schulheft findet, wenn man ruhige Nachbarn und einen verständnisvollen Ehemann sein eigen nennt, und nicht gerade das ganze Viertel saniert wird, wenn man anfängt. Und wenn die »anderen« einen nicht aufregen.

Bei mir war es so:

Was immer in Zukunft anfiel, was immer ich auch versäumte, verschluderte oder verfehlte, jede Unlust, jedes Wehwehchen und jeder Anflug von schlechter Laune wurde von Victor mit der Feststellung quittiert: »Du weißt doch, meine Frau schreibt ein Buch!« Später: »Du weißt doch, meine Frau schreibt...«

Und noch später nur noch mit den Worten: »Du weißt doch...« Woraufhin alle mehr oder weniger hämisch grinsten, und der arme Victor, der so sehr unter den verrückten Ideen seiner Frau zu leiden hatte, in eine Wolke des Mitleids gehüllt wurde.

Wenn ein Kuchen mißlungen war, der Wasserhahn tropfte, ich ihn auf irgendeine tödlich langweilige Party nicht begleitet hatte, es lag immer derselbe Umstand zugrunde, nämlich der, daß ich mir plötzlich einbildete, eine große Romanschriftstellerin zu sein. Mein Roman – inzwischen auf sechzehn Seiten und fünf Zeilen angeschwollen! – war eine Zeitlang das Gesprächsthema Nummer eins auf Partys, vor allem, wenn ich durch Abwesenheit glänzte. Dann erhielt ich am nächsten Morgen diverse Anrufe.

»Hörte gestern von Freddy, daß du ein Buch geschrieben hast! Mutig! Wovon handelt es denn?« wurde ich zum Beispiel gefragt.

»Es handelt von Entropie im Umwandlungszustand«, sagte ich dann, oder: »Es trägt den Titel: China von innen!« Oder: »Vom Sexualleben der Bienen! Eine wissenschaftliche Studie!«

»Ach so!« sagte der Anrufer irritiert.

Manchmal bekam ich auch wohlmeinende Ratschläge zu hören, wie etwa den, doch erst mal klein anzufangen und sich dann langsam emporzuarbeiten, wie in allen anderen Berufen auch. »Schreib doch erst mal 'ne Ansichtskarte, ha ha ha ha!« Oder die wirtschaftlichen Zusammenhänge wurden mir erläutert. »Hörte, daß neunundneunzig Prozent aller unverlangt eingesandten Manuskripte zurückgehen, nachdem der Lektor die Grundidee geklaut hat, um sie selber zu verwerten. Und selbst wenn sie es nehmen sollten, verdient sich doch nur der Verleger dumm und dämlich, und du siehst keinen roten Heller. Also ich würde das nicht unterstützen. Im Ernst, hast du wirklich vor, ein Buch zu schreiben?«

»Nein!« brüllte ich und zuckte zusammen, weil draußen gerade die Straßenbahnschienen herausgerissen wurden und auf dem Ofen zischend die Milch überkochte.

»Und wenn schon! Was wäre dabei? Ich schreib' sowieso etwas ganz Neues, nämlich den noch nie dagewesenen Ein-Kapitel-Roman. Auf den restlichen fünfhundert leeren Seiten kann der geneigte Leser dann die Geschichte nach eigenem Gutdünken beenden.«

Ich telefonierte an diesem Morgen mit Impa, die Victor und ich kürzlich auf irgendeiner Party kennengelernt hatten und die eigentlich Irmgard Paula hieß, bis sie eine Boutique eröffnete und sich seitdem Impa nannte. Die Boutique hieß »Impas Klamottenladen«, und ich hatte noch keine einzige Klamotte bei ihr gekauft, weil ich mir meine Klamotten selber nähe, und das ließ sie mich spüren.

»Autoren kriegen bloß zehn Prozent, und die holt ihnen die Steuer weg«, sagte sie in einem Ton, als ob sie ihre eigene Schriftstellerkarriere unlängst, und nur aus diesem Grunde, aufgegeben hätte.

»Nebenbei«, fügte sie freundlich hinzu, »kein Mensch liest mehr Romane.«

»Ich schreibe keinen Roman, sondern arbeite an einer Studie zur unauffälligen Vernichtung aller Kleingeister und Miesmacher!« brüllte ich und versuchte einen Kaugummi zu entfernen, den irgendwer in die Wählscheibe des Telefons gedrückt hatte.

»Du bist wirklich witzig«, lachte Impa silberhell. »Du solltest vielleicht doch schreiben. Etwas Heiteres!«

Da hatte ich es! Etwas Heiteres! So recht aus dem Leben gegriffen. Ich brauchte mein heiteres Leben ja praktisch nur abzuschreiben, mein urkomisches, beschwingtes Leben an Victors Seite, und die erfrischende Fröhlichkeit, die von seinem Wesen ausgeht, wenn ich zum Beispiel etwas erzähle, das so lustig ist, daß alle vor Lachen von den Stühlen fallen und Victor so aussieht, als ob ihm eine Tarantel in die Kehle gestochen hätte.

Bücherschreiben ist ganz leicht, wenn man einen Bleistift und ein leeres Schulheft hat, die nötige Ruhe findet, einen verständnisvollen Ehemann und eine zu schöpferischem Tun anregende menschliche Umgebung sein eigen nennt und aus einer Familie stammt, die das zarte Pflänzchen schriftstellerischer Begabung frühzeitig entdeckt und von Herzen gefördert hat. Wenn man die Lebensläufe berühmter Leute verfolgt, so fand eigentlich immer zwischen der dritten Lebenswoche und dem zehnten Lebensjahr jener Tag statt, an dem ein Familienmitglied ein Stück Papier findet, welches mit einem Gemälde oder mit einem Gedicht verziert ist und welches meist neben dem Wickeltisch oder, bei Spätentwicklern, in der Sandkiste liegt. Der Finder, meist das Kindermädchen oder die Mama des zukünftigen Genies selber, vertieft sich nun mit weit aufgerissenen Augen und wechselnder Gesichtsfarbe in seinen Fund, um ihn sodann schweigend an den Herrn Papa weiterzureichen, woraufhin sich beide bedeutungsvoll ansehen und der eine stammelt:

»Gütiger Himmel, unser kleiner Hans-Georg, ein Genie!«

Von Stund an hat dann Hans-Georg eigentlich nichts

mehr zu tun, als auf den Durchbruch seines Genies zu warten, was bei manchen einige Tage dauert oder sechs Wochen oder sechzig Jahre.
Aber das Genie bricht sich immer Bahn, einerlei, wie lange es dauert, und den kleinen unscheinbaren Zettel, auf dem es zum erstenmal in Erscheinung getreten ist, kann man später im Museum in einem Glaskasten bewundern.
In meiner Familie war die Stunde X irgendwie verpaßt worden, und anstatt sich zuzuraunen, man habe ein Genie entdeckt, raunte man sich zu, ich sei schon wieder sitzengeblieben und man möge dies doch bitte vor der Nachbarschaft verbergen.
Und das einzige, was man vielleicht später in besagten Glaskasten legen könnte, sind meine miserablen Zeugnisse und der Freischwimmerausweis.
Die Begeisterung der Familie, als herauskam, daß ich im Begriff war, ein Buch zu schreiben, hielt sich merklich in Grenzen und war weitaus gedämpfter als damals, als sie sich bei der Mitteilung, daß ich heiraten würde und sie mich somit vom Hals hätten, freudig erleichtert gegenseitig in die Arme sanken. Eigentlich interessierte sich nur meine Mutter Soldi dafür. Sie hatte am Montag erfahren, daß ich unter die Dichter gegangen war, und rief am Freitag aufgeregt an, um sich zu erkundigen, wie denn der Schlußsatz lauten würde.
»Ich habe bisher fünfzehn Seiten und drei Zeilen geschrieben«, sagte ich, »nein, fünfzehn Seiten und vier Zeilen, die vierte ist allerdings nicht ganz vollendet.

Ich habe Anfang der Woche einen vielversprechenden Satz angefangen, aber dann wurde ich leider unterbrochen, und jetzt weiß ich nicht mehr, wie der Satz weitergehen sollte.«
»Streich ihn weg und schreib etwas Neues!« rief sie. »Paß mal auf, wenn du erst mal richtig im Zug bist, kannst du gar nicht mehr aufhören zu schreiben. Nebenbei – komme ich auch drin vor?«
»Natürlich!« sagte ich, und das schien sie hoch zu befriedigen. Soldi war übrigens die einzige der Familie, die sich zukünftig regelmäßig nach dem Fortgang des Werkes erkundigen sollte, und immer gipfelte ihr Interesse in der Frage:
Wann endlich ist es fertig?

Also, um es für etwaige Nachahmer noch einmal zusammenzufassen: Bücherschreiben ist ganz leicht, wenn man Bleistift und Papier, eine ruhige Umgebung, motivierende Freunde und eine verständnisvolle Familie hat, oder doch zumindest einen einzigen Menschen kennt, der an einen glaubt. Ich hatte das alles nicht, aber immerhin beherrschte ich das große und das kleine ABC.
Warum sollte ich es also nicht versuchen?

Der Anfang ist eine Gewißheit...

»Immer ist der Anfang des Lebens ein Zufall und das Ende eine Gewißheit« steht in meinem »Büchlein der geflügelten Worte«, in dem ich manchmal abends vor dem Einschlafen lese, wenn es für den Zarathustra nicht mehr reicht. Auf meinen unsterblichen Roman bezogen hätte es heißen müssen: »Der Anfang ist eine Gewißheit (ich hatte schließlich achtzehn Seiten und zwei Zeilen verfaßt und konnte es beweisen!), allenfalls wird das Ende ein Zufall sein.« An manchen Tagen glaubte ich fest daran, daß mir der Zufall die nötige Zeit, die nötige Ruhe und vielleicht ein oder zwei Einfälle bescheren würde, und an manchen Tagen erschien mir dies ganz unmöglich. Wochenlang vergaß ich das Unternehmen ganz, und dann kam plötzlich der Tag, an dem ich unter einem Stapel von Kochzeitschriften ein altes Schulheft fand, auf dem in säuberlicher Schrift zu lesen war: *Kathrinchen, Klostermarktschule,* und wenn ich es aufschlug, war ich verblüfft, welch ausgeprägte Handschrift die Kleine inzwischen doch bekommen hatte und wie gut sie über die Ehe ihrer Eltern Bescheid wußte.

Dann erkannte ich meinen inzwischen vergessenen Roman wieder und lächelte unter Tränen. Ich überklebte schließlich das Etikett und gab dem Kind end-

lich einen Namen, auf daß zukünftige Verwechslungen ausgeschlossen seien. Ich nannte es »Das Kampfspiel«, Untertitel: »Ein Ehedrama«, und änderte den Titel im Laufe der Zeit heimlich in »Mein Kampf« um.
Da ich mich inzwischen damit abgefunden hatte, daß ich das unselige Werk niemals zum Abschluß bringen würde, »weil ich euch ja immer alles nachtragen muß«, benutzte ich das Manuskript schließlich dazu, Victor zur Raserei zu bringen. Wann immer wir uns künftig stritten, holte ich es aus der Ecke, schlug es auf, zückte den Bleistift und sah Victor holdselig lächelnd an.
»Was sagtest du soeben, mein Liebling?« flötete ich, zum Mitschreiben gerüstet, woraufhin Victor den Blick gen Himmel hob und dann in seine geliebte Zeitung senkte.
»Victor schlug die Zeitung auf und gab sich seiner Lieblingslektüre hin«, las ich schreibend laut vor.
»Bitte?« fragte er irritiert. »Wer um Himmels willen ist Victor?«
»Du«, antwortete ich vergnügt. »In meinem Roman heißt du Victor, und es soll alles ganz echt sein.«
»Großer Gott«, sagte er nur, »Victor!«
Wir schwiegen eine Weile und schließlich sagte er:
»Es wird die Leute von den Stühlen reißen zu erfahren, wann und wie lange sich dieser lächerliche Victor der Zeitungslektüre hingibt!«
»Es wird sie vielleicht nicht von den Stühlen reißen«, erwiderte ich, »aber es wird bestimmt viele Frauen

geben, die in diesem Victor ihren eigenen Ehemann wiedererkennen und endlich wissen, warum sie eigentlich diese fürchterliche Freßlust haben, ständig mit sich selbst reden oder zum Putzteufel geworden sind.«

»Ich habe es schon immer gewußt«, sagte Victor. »Ganz innen drin bist du nämlich eine Männerhasserin, was auch kein Wunder ist, denn du wurdest zur Männerhasserin erzogen, von diesem Heer frustrierter Weiber, die so geworden sind, weil die Männer sie links liegen ließen! Ihrer großen Klappe und ihrer dicken Beine wegen!«

Von den dicken Beinen einmal abgesehen hatte Victor nicht ganz unrecht. Genau besehen hatten Männer in unserer Familie nämlich nicht viel zu sagen. Sie wurden gehätschelt und geliebt, aber mehr auf jene Art und Weise, auf die man Säuglinge liebt, und wenn sie mit frischer Wäsche versorgt und mit Speis und Trank zufriedengestellt waren und man sie ein- oder zweimal geistesabwesend geküßt hatte, so sollten sie im Stühlchen sitzen oder in ihrem Bettchen liegen und sich hübsch still verhalten, bis man wieder Zeit fand, sich ein wenig mit ihnen zu beschäftigen. Sie hatten alle keine »richtigen«, das heißt keine sonderlich einträglichen Berufe, und den energischen Weibern war es gerade recht so, denn: »Kaum läßt man sie aus dem Haus, bauen sie 'n Unfall oder besaufen sich, oder sie sind hinter den Weibern her, oder machen sonstwie Mist, den du dann ausbaden kannst. Nein, am besten ist, man hält sie schön im

Haus, da kann doch wenigstens nichts passieren, und man hat sie auch besser unter Kontrolle!«
Die Frauen der Familie, nämlich meine Großmutter Klärchen, deren Schwester Illi, Soldi und meine Tante Lissi, die nur T. L. genannt wurde, was ihrer eher kurzen und knappen Wesensart auch am ehesten entsprach, waren energiegeladene Geschöpfe mit lauten Stimmen und Schuhen, deren hohe Absätze von früh bis spät über die Erde dröhnten. Man hörte sie schon von weitem nahen, und sie neigten dazu, mit Ausrufungszeichen zu sprechen. In den Augen dieser Frauen rangierten Männer von vornherein unter dem Begriff »Luxus«. Sie waren zwar nicht unbedingt notwendig, aber wenn man das richtige Exemplar erwischte, konnten sie dem Leben doch eine heitere Note verleihen, so wie etwa der Besitz eines Klaviers oder einer Hollywoodschaukel.
Ich nehme an, daß mein Vater an meinem Entstehen einen gewissen Anteil gehabt hat, aber er hatte nicht viel von seinen Bemühungen. Als ich erst einmal geboren war, nahmen mich die vier weiblichen Mitglieder der Sippe jubelnd in Empfang und, abgesehen von gelegentlichen kurzen Blicken, die ich zwischen den Falten ihrer Röcke hindurch auf die Männer werfen durfte, wurde ich von ihnen ferngehalten.
»Das ist die liebe Oma...«, teilte man mir wenig später mit, »sag mal Oma! Das ist die liebe Illi, eia Illi, eia Illi! Das ist die liebe Ma-mi! Ja, Ma-mi«, lernte ich von ihnen und: »Te-El. Das ist die liebe Te-El, sag mal liebe Te-El.« »Das da ist Onkel Otto, bäh,

Onkel Otto ist bäh! Sag mal bäh...« »Das ist der Bopa«, wurde mir angesichts meines Großvaters erklärt, »Bopa trinkt Bier, pfui, sag mal pfui, Bopa!« Nach diesen kurzen Ausführungen traten die Männer wieder zurück in die zweite Reihe, wo sie hingehörten, und die Versuche, sie in das Familienleben zu integrieren, hörten wieder auf.
Als ich älter wurde und mir ihre Existenz gelegentlich auffiel, fragte ich nach dem Zweck ihres Daseins. Ich fragte Tante Lissi danach, die als einzige der Familie unverheiratet war, und zwar, wie sie stets betonte: »Aus gutem Grund und absolut freiwillig.« Jetzt warf sie mir einen raschen Blick über die Absaugpumpe hinweg zu, mit der sie gerade die Abflüsse der Waschbecken reinigte.
»Mit Männern kann man nicht viel anfangen«, belehrte sich mich. »Ich denke, seit ich überhaupt denken kann, über ihre Daseinsberechtigung nach, aber ich bin noch immer nicht dahintergekommen. 'n paar sollen weltbewegende Erfindungen gemacht haben, ohne die die Menschheit weit besser existiert hätte, und 'n paar setzen die Zahl der Arbeitslosen herab, nämlich die Zahl der arbeitslosen Wirte und Gefängniswärter, aber sonst wüßt' ich wahrhaftig nicht, was man mit ihnen anfangen könnte.«
Lissi drehte mit geschickter Hand den Wasserhahn ab und ersetzte eine defekte Dichtung.
»Wenn man jung ist und die Nerven noch tipptopp sind, macht es vielleicht Spaß, sich ihre lächerlichen Komplimente anzuhören, und du kannst, wenn sie

großzügig sind und gut aussehen, vielleicht in irgendeinem Restaurant auf ihre Kosten essen, aber sie dafür dann hinterher 'n Leben lang bedienen? Nee!« Sie drehte die Hähne wieder zu und sagte noch einmal: »Nee!«

Wir schwiegen eine Weile, und sie fügte vertraulich hinzu: »Weißt du, Schätzken, wenn sie älter werden, sind sie dir nur noch eine Last, und du hast deine Mühe mit ihnen. Sie werden wie Kleinkinder, nur daß sie nicht so niedlich aussehen und nicht so niedlich quietschen, wenn man sie kitzelt. Ich für meinen Teil möchte keinen geschenkt, und ich kenne weiß Gott mehr glückliche Witwen als glückliche Ehefrauen.«

»Wie steht es denn mit den Junggesellinnen?« fragte ich und dachte an Lissis unverheiratete Kollegin aus dem Büro, die einen ausgesprochen verkniffenen, unglücklichen Eindruck machte.

»Die armen Dinger meinen immer, sie hätten was verpaßt«, antwortete Lissi, »weil sie ihr eigenes Geld verdienen und auch ausgeben können, wie es ihnen gefällt, ohne daß ihnen jeder Pfennig vorgerechnet wird. Und weil sie schick in Ferien fahren können und sich flott kleiden und sich rundherum wohl fühlen, weil ihnen kein Mannsbild an allem die Freude nimmt. Die denken, es ist schrecklich, wenn man niemals im Leben seinen Gatten aus der Kneipe holen und ihm die Schuhe ausziehen und ihn ins Bett bringen darf, und weil man sich nicht schämen muß, wenn Besuch kommt, weil er sich wieder unmöglich benimmt. Nee«, fügte sie energisch hinzu, »man muß das Leben an der Seite eines Mannes erst mal so richtig genießen und *dann* wieder Junggesellin werden! Erst dann macht es so richtig Freude, die Bude und sein Leben für sich allein zu haben! Hier, halt mal die Zange, ich will eben das Loch im Abflußrohr zuschweißen.« Lissi entfernte sich, um den großen Handwerkskasten zu holen, der ihr Privateigentum war und den sie niemals einem männlichen Mitglied der Familie zum Spielen gegeben hätte. Sie kehrte zurück und legte sich unter das Waschbecken, um mit hurtigen Fingern das Abflußrohr abzuschrauben.

»Ich sage dir als deine Tante, die dich lieb hat und dein Bestes will«, fuhr sie in ihrem Aufklärungsunterricht fort, »wenn du eigenes Vermögen und Nerven wie Draht und wenigstens zwei wirklich gute Freundinnen hast, die dir notfalls beistehen, wenn du sie brauchst, dann kannst du es mit einem Mannsbild versuchen. Aber hüte dich vor den Akademikern, denn das sind alles Fachidioten, die sich nur auf einem einzigen Gebiet auskennen und auch noch dafür hofiert werden wollen, daß sie keinen Nagel richtig in die Wand schlagen können, und hüte dich vor den Beamten! Die tauchen täglich auf die Minute genau auf und kontrollieren, ob du auch ordentlich geputzt hast, und wenn auch nur ein einziger Pfennig Wirtschaftsgeld fehlt, sind sie dem Wahnsinn nahe, weil sie meinen, du ruinierst sie. Aber 'n Arbeiter kann man auch nicht nehmen, weil die nur Fußball und Kneipe im Kopf haben, und ehe sie dir im Haus

mal zur Hand gehen, machen sie lieber stundenlang ihren Dreckskaninchenstall sauber, weil sie meinen, ihre männliche Ehre steht auf dem Spiel.« Sie machte eine Pause, wohl um mir Zeit zu geben, zu überlegen, welchem der angebotenen Typen ich denn nun den Vorzug geben sollte, und fügte hinzu: »Prüfe, ob sie saufen, spielen, zum Fürchten mundfaul oder zum Fürchten redselig sind oder zur Brutalität neigen. Wenn das alles nicht der Fall ist, kannst du es vielleicht versuchen, aber merke dir eins, mein Schätzken, 'n kleinen Stich haben sie alle! Alle!« wiederholte sie mit Nachdruck.
Wir klappten den großen Handwerkskasten zu und trugen ihn mit vereinten Kräften und leicht eingeknickten Kniekehlen zurück in die Küche, vorbei an Vater und Großvater, die am Tisch saßen und Schach spielten.
Bei unserem Anblick leuchteten die Augen meines Großvaters freudig auf und er rief: »Na endlich! Gibt's noch immer keinen Kaffee?« Lissi schob den Handwerkskasten in die Ecke neben den Küchenschrank und warf ihrem Erzeuger einen schrägen Blick zu. Es hatte den Anschein, als ob sie eine bissige Bemerkung machen wollte, aber dann schluckte sie den bereits im Geiste formulierten Satz wieder hinunter und rief im schönsten Ruhrgebietsjargon: »Gleich, Vatter!«
Die Belehrungen meiner Tante Lissi hatten sich in meinem Gehirn eingenistet und sandten kleine Impulse als Warnung aus, sobald sich in meinen Mäd-

chenjahren ein Wesen näherte, welches mit einem Mannsbild auch nur entfernte Ähnlichkeit besaß. Victor war ein schöner Junge mit edlen Händen und edlen Gesichtszügen. Er war kein Spieler und soff nicht, war ganz sicher nicht redselig, aber auch nicht so stumm wie später, er neigte nicht zur Brutalität, und zu Anfang machte er mir sogar Komplimente, vorwiegend darüber, welch guter Kumpel ich sei und wie fabelhaft ich anstreichen könne, aber es mußte eben doch noch etwas geben, was dem ganz großen Glück im Wege stand, und diesem Phänomen schreibend auf die Spur zu kommen galt mein ganzes Bestreben. Victor wußte natürlich schon lange, woran es lag, daß wir nicht ganz so glücklich waren, wie wir doch eigentlich hätten sein müssen, denn: »Du bist nicht nur ganz einfach zur Männerhasserin erzogen worden, sondern es geht dir auch jede, aber auch jede Weiblichkeit vollkommen ab!« (»Vor allem, wenn du mit dem Vierkantschlüssel bewaffnet unter dem Spülbecken liegst«, vergaß er hinzuzusetzen.)
Und dann, laut Victor, lese ich einfach zuviel, und er ist ein nüchtern und praktisch denkender Mann und kann sich nicht ständig so aufführen wie der romantische Idiot in französischen Romanen oder »Dr. Sascha Steiner« in der Story unserer Samstagszeitung.
Soweit Victor. Ich selber war viel unschlüssiger als er, wenn es darum ging, warum zum Teufel unsere Ehe so wenig Spaß machte, denn, wie gesagt, Victor soff nicht, er verspielte weder sein Geld noch Haus und Hof, er hatte einen Horror vor großen Worten

und zu Beginn unserer Ehe konnte er auch ganz tadellos Nägel in die Wand schlagen und den Christbaum einstielen. Das heißt, nur vor den ersten drei Christfesten konnte er ihn einstielen, dann ließen sein Eifer und seine Muskelkraft ganz erheblich nach, und genau zu dem Zeitpunkt, als ich beschloß, der merkwürdigen Veränderung in seinem gesamten Verhalten schreibend auf die Spur zu kommen, benutzte er seine wirklich gut ausgeprägten Muskeln und seine stattliche Länge von einsneunzig nur noch dazu, ganz allein die Bierflaschen zu öffnen und auf den kleinen roten Knopf an unserem Fernseher zu drücken. Der Gipfel seiner Trägheit war an jenem Tag erreicht, als ich mich vergeblich bemühte, die Sitzfläche unseres großen, antiken Lehnstuhls zu entfernen, weil ich das durchgesessene Rohrgeflecht erneuern wollte. Victor, der sich einige Meter von mir entfernt im Sessel sitzend dem Fernsehgenuß hingab, beachtete mich nicht.

»Kannst du mir eventuell mal helfen, diese verfluchten Schrauben zu lockern«, brüllte ich schließlich, krebsrot vor Anstrengung und mit hervorquellenden Augen. Ich sah, wie sich Victor ein frisches Bier eingoß und zu seinem Autojournal griff. Endlich warf er mir und dem auf der Seite liegenden Ungetüm von Eichensessel einen gleichgültigen Blick zu.

»Bring her«, sagte er dann.

Handwerklich begabt und relativ liebenswürdig war mein Mann bis zu genau jenem Tag gewesen, an dem ihm dämmerte, daß ich nicht nur eine Männerhasse-

rin bin, sondern die ganze grauenhafte Emanzipationswelle in meinem kleinen Gehirn und in meiner kleinen Wohnung ihren Anfang genommen hatte. Von da aus hatte sie sich wie eine tückische Krankheit über die Welt verbreitet und Not und Elend angerichtet. Seit jener Stunde, in der ihm schmerzlich klar wurde, welch grünäugige Natter er an seinem Busen genährt hatte, hieß es nur noch: »Bring her«, ganz einerlei, ob es sich um einen Teelöffel oder einen Küchenschrank handelte, denn: »Die Weiber sollen ruhig merken, was sie von ihrem Geschrei haben, vor allem, wenn sie die Reifen ihres Autos wechseln und die Glasvitrine stemmen.«
Victor hatte nicht ganz unrecht mit seinen Gedankengängen, bloß es klappte nicht richtig, denn das mit den verstopften Abflüssen wieder in Ordnung zu bringen, das beherrschte ich dank Tante Lissi schon, ehe ich Victor kannte, und ich war auch schon mit vier Jahren imstande, mir ganz alleine den Mantel anzuziehen. Deshalb zum Beispiel hätten wir uns nicht so angiften müssen, deswegen nicht.

Zu dem Zeitpunkt, an dem ich beschloß, ein Buch zu schreiben, bestand meine Familie nur noch aus Soldi und meinem Vater, Großpapa und der kriegerischen Lissi. Soldi, die selbst gern schreibt und sich außerordentlich ungern jeglicher hauswirtschaftlichen Tätigkeit hingibt, war begeistert von der Idee und sagte: »Na endlich tust du mal etwas anderes, als Kohlrouladen zu wickeln und deinem großen schönen Gatten die Füße zu küssen«, und Lissi, in deren Augen schon das simple Schreiben einer Geburtstagskarte sentimentaler Unsinn ist, äußerte sich folgendermaßen: »Wenn du schreiben willst, dann besuch einen Schreibmaschine-Steno-Kurs und tritt in ein Büro ein, wo du für ehrliche Arbeit ehrliches Geld verdienst, damit du dir deine Strümpfe endlich selbst bezahlen und die Scheidung einreichen kannst!«

Und Kathrinchen sagte, wann immer sie mich bei meiner neuen Tätigkeit sah: »Sei still, Trudi, meine Mutter schreibt wieder Aufsätze!« Das Thema kursierte eine Weile, dann wurde es still und jeder vergaß die Sache. Es wurde Sommer, wir fuhren in die Ferien. Ich benähte die ganze Familie, die Fenster und mich selbst, kochte fünfzig Gläser Marmelade ein und war sehr hausfraulich und sehr aktiv. Auf der Straße tobten weiterhin die Bagger, die Gabelstapler und die Nachbarskinder um die Wette. Im Herbst hängte ich neue Trockenblumengebinde auf, kochte Punsch und Sahnebonbons und spielte mit Kathrinchen »Fang den Hut« oder »Mühle«. Im Dezember fiel der erste Schnee, wir bastelten Adventsschmuck, und ich dekorierte die ganze Wohnung einschließlich Badezimmer mit Tannenzweigen. Schon nachmittags um drei zündete ich die Kerzen an und stellte die große bauchige Teekanne auf das Stövchen. Kathrinchen und ich trugen wunderschöne lange Kaminröcke aus handgesponnener Wolle und sahen aus wie das Mutter-Tochter-Gespann in den Weihnachtsnummern der Frauenzeitschriften. Wir hatten auch die gescheuerten Tischplatten aus unbehandeltem Holz und aßen genau das richtige Adventsgebäck von genau den richtigen Tellern (Bauernkeramik), aber irgend etwas stimmte nicht. Ich stand manchmal morgens traurig auf und ging abends traurig zu Bett, obwohl ich ein wunderbar warmes, bodenlanges Flauschnachthemd trug und karierte Bettwäsche hatte und fast so aussah wie das Titelblattmädchen des Artikels »Ein wunderschöner Tag zu Hause«.

Auf der Silvesterparty hatte ich wie immer Mühe, Zigarette, Bierglas und Feuerzeug in zwei Händen unterzubringen und ununterbrochen zu lächeln. Ich plauderte, wie es sich gehört, im leichten »Mir gehört die Welt«-Ton und beantwortete etwaige Fragen betreffs meines Romans mit wegwerfender Handbewegung.

»Es war nur wieder so eine Idee von ihr«, teilte Victor den Umstehenden mit, »die sie nicht zu Ende bringt, wie sie nichts zu Ende bringt!«

Es war nicht schlimm, daß ich nichts zu Ende bringe, ein Versager bin und ein nichtsnutziges Mitglied der menschlichen Gesellschaft. Allein die Tatsache, nichts Ungewöhnliches mehr zu wollen, sicherte mir bereits neue Sympathie und ein frisches Bier.

»Der Bauernschmorbraten, den du auf eurer letzten Fete gemacht hast, war einmalig«, sagte Krischa, »du mußt mir das Rezept aufschreiben!«

Der Zufall

Im Januar polierte ich das gesamte Silber und probierte ein neues Rezept für hausgemachtes Brot aus. Ich geriet in einen wahren Backrausch, in dem ich Strietzel, Brötchen, Fladen und sogar schwäbische Laugenbrezeln buk, so daß ich mir tüchtig, sittsam und tugendhaft vorkam, und es in der ganzen Wohnung angenehm ländlich roch. Ich geriet auch wieder in den Möbelrückwahn und dekorierte alle Bilder um. Für das große Bett im Schlafzimmer häkelte ich eine Tagesdecke aus fünfhundertzehn Topflappen. Ich war kurz davor, die Stuhlbeine mit gestrickten Gamaschen zu versehen und den Teppichboden mit einer Bordüre aus Kreuzstichstickerei zu veredeln, als die Karnevalszeit nahte. Ich liebe Karneval und beim Hören des ersten »Rucki-Zucki-Liedes« lasse ich alles stehen und liegen, schunkle mit einem imaginären Karnevalisten oder tanze auf dem Tisch Charleston. In diesem Jahr nähte ich mir ein schwarzes Kostüm, malte mir ein tränendes Auge und ging als Marcel Marceau. Ich sah Marceau zum Verwechseln ähnlich, auch wenn Victor hämisch bemerkte, kein Mensch würde mich als solchen erkennen, weil alle meinen würden, ich sei eine Hausfrau in Trauer, die versehentlich in ihren Mehltopf gefallen ist. Er hätte sich seine Bemerkung sparen können, denn

seitdem ich ihn kenne, malt er sich mit meinem Augenbrauenstift einen mickrigen Schnäuzer und stülpt den alten Cowboyhut auf, den er vor zwanzig Jahren auf der Kirmes gewonnen hat. Obwohl ich weiß, daß die Natur seiner Phantasie Grenzen gesetzt hat, finde ich immer, er könnte sich doch einmal etwas wirklich Originelles einfallen lassen und zum Beispiel als Pippi Langstrumpf oder als Biene Maja gehen, aber sobald dieses Thema aufkommt, wirft er mir einen mißtrauischen Blick zu und sagt: »Ich weigere mich zuzulassen, daß du mich zum Narren machst! Merk dir das endlich!«
In diesem Jahr, zum erstenmal, ließ er sich dazu herab, sich richtig zu verkleiden, wahrscheinlich weil ich ganz von selbst und ohne ein Wort zu sagen Cowboyhut und Augenbrauenstift herausgelegt hatte.
»Du machst es dir einfach, putzt dich wer weiß wie heraus und ich soll jedes Jahr den dämlichen alten Hut aufsetzen«, teilte er mir in beleidigtem Ton mit. »Nein, in diesem Jahr werde ich derjenige sein, der den ersten Preis für das originellste Kostüm erhält!«
Er hatte sich also vorgenommen, sich richtig zu verkleiden, und unglücklicherweise fiel seine Wahl auf das weite, grüne Leinenkleid, das Soldi unlängst bei uns vergessen hatte. Es ließ Teile seiner männlichen Brust und unten seine Knie frei, und er trug eine Perücke aus dem Kaufhaus dazu (blonde Schillerlokken), Perlonkniestrümpfe, rotlackierte Fingernägel, eine überdimensionale Sonnenbrille in Schmetter-

lingsform und an den Füßen alte Strandsandalen. Victor war all die Jahre ein vielleicht nicht gerade origineller, aber bestimmt sehr gut aussehender Cowboy gewesen und in diesem Jahr war er ein beinahe zum Erbrechen dekadenter Transvestit. Die Leute, die zufällig seiner ansichtig wurden, wandten sich zunächst einmal mit allen Zeichen des Entsetzens ab, um nach geraumer Weile einen zweiten Blick zu wagen, um festzustellen, ob sie sich nicht vielleicht getäuscht hätten. Aber Victor erhielt den begehrten ersten Preis, einen Kassettenrecorder, der tatsächlich zwei volle Monate lang funktionierte. Da Karneval war und ein Hauch seines Ruhmes auch auf mich fiel, war ich ziemlich vergnügt, tanzte und hopste wie eine Besessene herum, grölte alle Lieder mit und ersetzte fehlende Textstellen durch trallalla. Wir hatten gerade »unser Omma ihr klein Häuschen« versetzt, ein Lied, dessen unzählige Strophen ich lückenlos beherrschte, als ich einen zackigen Sprung machte, zackig wieder hinunter kam und mir den Fuß brach. Es tat zuerst überhaupt nicht, und dann höllisch weh.

Ich humpelte an der Kapelle vorbei und begab mich zu Victor, der an der Theke stand und seinen Ruhm genoß. Er hielt ein bezauberndes Marienkäferchen mit großen Kulleraugen im Arm, hatte Soldis Kleid vorne mit Senf bekleckert und die Perücke in die Tasche gestopft, so daß er wieder halbwegs normal aussah. »Ich habe mir den Fuß gebrochen«, brüllte ich ihm zu, wobei ich meine Hände trichterförmig um

sein Ohr legte, dieses mit meiner weißen Gesichtspaste beschmierte und dem Marienkäferchen versehentlich auf den Flügel trat.
Victor sah mich an und fragte: »Wo?«
»Letztes Jahr auf dem Erntedankfest«, schrie ich zurück.
»Ihhh, die hat's aber dicke«, sagte das Marienkäferchen und schmiegte sich enger an seine Brust. Ich hörte es genau, weil die Musik gerade in diesem Augenblick aufhörte zu spielen und Marienkäferchen seine Stimme nicht mehr rechtzeitig senken konnte. Nicht nur ich, sondern der ganze Saal konnte hören, was sie sagte. Ich mag Frauen nicht, die nur einsfünfzig groß sind und deshalb an Victors stattlicher Seite so entzückend zart und hilflos aussehen, vor allem wenn sie eine Taille haben, die wie die Mitte einer Eieruhr aussieht.
Ich warf der Innigkeit »Victor-Marienkäferchen« einen erbosten Blick zu und bemühte mich um einen sachlichen Ton. »Wenn du Wert darauf legst, daß ich dich trotz meines Unfalls und des draußen herrschenden Glatteises sicher nach Hause fahre, mußt du dich beeilen, denn ich gehe jetzt«, teilte ich ihm mit, das Wort »Unfall« unnötig betonend. Victor bestellte zwei Gläser Sekt (für sich und den Marienkäfer) und schenkte mir keine weitere Beachtung. So ergriff ich den Arm eines vorbeischlendernden Schornsteinfegers und zwang ihn, mich hinaus und bis zum Parkplatz zu begleiten. Ich hatte gerade den Wagen gewendet und den ersten Gang eingelegt, als

Victor mit geschürzten Röcken wie ein Besessener aus der Tür geschossen kam und sich mir beinahe vor die Räder warf. Ich ließ ihn gnädig herein, und er fiel auf den Beifahrersitz und seufzte zufrieden auf. »Hast recht, es reicht auch jetzt«, sagte er. »Ich kann den verfluchten Sekt irgendwie nicht vertragen«, fügte er hinzu und setzte sich wohlig zurecht. »Und dann, vier Mark das Glas!« Ich hatte den Eindruck, daß er den schmerzenden Grund meines plötzlichen Aufbruchs entweder nicht richtig erfaßt oder schon wieder vergessen hatte. Auf jeden Fall schlief er sofort ein, ohne sich nach meinem Wohlergehen zu erkundigen. Er träumte tief und wohlig vor sich hin, und sein schöner Kopf mit den angeklebten Wimpern und den leicht verschmierten Lippen fiel erst gegen die Kopfstütze und dann auf meine Schulter.

Als wir gegen drei in die Garage fuhren und ich ein bißchen ruckartig stoppte, so daß Victor leider vorne gegen die Windschutzscheibe flog, war er sofort putzmunter und zu neuen Taten bereit. Er klopfte mir wohlwollend den Hals, wie einem braven Droschkengaul, sagte: »Na, da sind wir ja«, stieg unverzüglich aus und eilte von dannen. Ich schloß den Wagen ab, zerrte das Garagentor herunter und hüpfte dann zierlich und auf einem Bein die paar Meter Straße hinunter, die zwischen unserer Garage und der Wohnung liegen. Es hatte wohl etwas länger gedauert als gewöhnlich, denn als ich die Wohnung erreicht hatte, tönten mir aus dem Schlafzimmer bereits friedliche Schnarchtöne entgegen. Ich kühlte meinen Fuß mit Wasser, holte mir ein Glas Pernod, zündete mir eine Zigarette an und suchte mein vergessenes Manuskript. Ich war einfach zu erhitzt, zu erbost und zu wach, um schlafen zu gehen. Es schlug gerade vier Uhr, als ich den vor mehreren Monaten begonnenen Satz vollendete:

»Irgendwann im zweiten Ehejahr kam ich dahinter, daß Verheiratetsein viel Ähnlichkeit mit jener Art von Selbstquälerei hat, bei der man mit dem Kopf vor die Wand rennt, weil es so schön ist, wenn der Schmerz wieder aufhört!«

Unterbrochen von Victors leisen Schnarchtönen und Kathrinchens Selbstgesprächen, die sie immer im Traum führt, unterbrochen von den Glockenschlägen der Turmuhr, welche in regelmäßigen Abständen durch die Nacht tönten, schrieb ich endlich einmal ein ganzes Kapitel hintereinander weg, ohne dabei gestört zu werden. Es waren schöne, friedvolle Stunden, in denen ich Seite um Seite füllte und mein Fuß unbemerkt immer mehr anschwoll. Ich wußte es damals noch nicht, aber diesem Fest und diesem gebrochenen Fuß hatte ich es letztlich zu verdanken, daß mein Roman schließlich doch beendet wurde und nicht schon zu Beginn des dritten Kapitels und mitten im Satz und für immer unterbrochen wurde. Der Bruch bescherte mir Nachsicht mit meinen Launen, ungezählte freie Stunden, die ich alle sitzend verbringen mußte, und viel liebevolle Besorgnis von

Victors Seite, denn das schlechte Gewissen plagte ihn, was sich dahingehend äußerte, daß er mir sogar seinen Parker auslieh und sich seine Butterbrote selbst schmierte. Außerdem entdeckte ich durch diese segensreiche Nacht, die der Karnevalsparty folgte, noch etwas: die himmlische Stille, wenn alle Bagger ruhen, das Telefon schweigt und sich niemand mit der Mitteilung nähert, Hunger zu haben. Allen schreibenden Frauen empfehle ich die Nacht – einen kleinen Beinbruch dann und wann – und ein Leben nach dem Motto: »Ich würde ja gerne für euch kochen, aber der Doktor hat verboten, daß ich aufstehe!«

»Was gab es zu essen?« fragte Kathrinchen am Morgen nach der Party, als sie mich nur halb entkleidet und mit einem roten Punkt auf der Nase schlafend auf dem Sofa vorfand. Ich starrte grämlich mein am Boden liegendes, irgendwie heruntergekommen wirkendes, unendlich trauriges Marcel-Marceau-Kostüm an und sagte:
»Zweihundert verschiedene Sorten Frikadellen, alle mit Knoblauch, Kohlrouladen und Spinat«, um ihren eventuell aufkommenden Futterneid sofort im Keim zu ersticken.
»Na gut, daß ich nicht mit war«, sagte sie. »Du, dein Fuß sieht aus wie ein roher Rollschinken.«
Ich betrachtete das, was einmal mein Fuß gewesen war, hangelte mich an den verschiedenen Möbelstücken entlang ins Bad und dann ans Telefon. Ich

bestellte ein Taxi, das mich ins Unfallkrankenhaus bringen sollte. Victor stand entsetzt daneben und fiel mir in den Hörer.
»Was soll das denn?« sagte er. »Selbstverständlich bringe ich dich hin.«
»Beunruhige dich nicht«, sagte ich. »Wegen so einer Kleinigkeit springe ich noch lange nicht aus dem Fenster. Ich fahr' ja nur mal kurz weg, um mir den Fuß abnehmen zu lassen. Zur Zeit der Sportnachrichten bin ich wieder da.«
»Tut es weh?« fragte er. »Es sieht ja gemein aus!«
»Nicht so wichtig«, winkte ich ab. »Lange nicht so wichtig wie die Verletzung, die ich letzte Nacht dem Kotflügel deines Wagens zugefügt habe, ich konnte mit dem gebrochenen Fuß die Bremse nicht richtig finden und da...«
Victor sah mich leichenblaß an und sprang auf zwei tadellos funktionierenden Füßen die Treppe hinunter.
Fünf Minuten später war er sichtlich verjüngt wieder da.
»Du bist ein Luder«, sagte er voll seltener Zärtlichkeit. »Daß dich noch nie jemand erschlagen hat!«
»Nimm's als Geburtstagsgeschenk«, erwiderte ich freundlich.
»Da siehst du mal wieder, auf welch preisgünstige und einfache Art und Weise man seinem Ehemann eine große Freude machen kann!«
In diesem Moment klingelte es und ich sagte: »Das wird das Taxi sein, komm, trag mich mal eben die

Treppe hinunter!« Ich schlang meine Arme um Victors Hals, und er hob mich vom Boden auf und trug mich hinunter in den Hof.
»Du bist noch genauso leicht wie damals...«, sagte er verträumt. »Wie lange ist das eigentlich schon her, daß ich...«
»Sehr lange«, sagte ich.
Der Arzt im Unfallkrankenhaus sah ebenfalls verkatert aus.
Er befühlte meinen Fuß, bestaunte die Zierlichkeit des anderen bei meiner sonstigen Größe, hörte sich den Unfallhergang an, lächelte väterlich (Sie sind aber ein ganz wildes Tanzmariechen, was?) und stellte dann die Diagnose: »Wahrscheinlich das Sprunggelenk gebrochen.«
Also: Röntgen, Notgips, »Kommen Sie morgen wieder!« Trage, Feuerwehrwagen! Zwei stramme, weißgekleidete Jungs keuchten mit mir die schmale Wendeltreppe hinauf, die zu unserer Wohnung führt. Sie benahmen sich bei dieser Tätigkeit wie Möbelpakker, die ein sperriges Klavier durch ein verbautes Treppenhaus wuchten müssen, und ich ließ mich schütteln und mitsamt meiner Trage quer und längs und auf den Kopf stellen, wie auch immer die bauliche Situation der Treppe es verlangte. Die letzte Biegung nahmen sie ohne jede Rücksicht auf ihre menschliche Last im Eiltempo, wobei sie sämtliche Strohkränze von den Wänden rissen, mit deren Herstellung ich mein leeres Dasein im vergangenen Herbst ausgefüllt hatte. Sie achteten nicht weiter auf

die Kränze, die zu Boden fielen, fegten sich mit ungeduldigen Bewegungen das getrocknete Schleierkraut aus den Haaren und zertraten ein sehr edel wirkendes Arrangement aus Buchsbaum und getrockneten Rosen mit dem Stiefelabsatz. Ich lächelte geduldig und dachte an Lissi. (»Männer *sind* unsensibel.«) In der Diele angekommen, sahen sie mich freudlos an und fragten knapp: »Wohin?«

»Ins Wohnzimmer bitte«, sagte ich freundlich, »in den großen Sessel am Fenster! Ja, da hinein bitte, erste Tür links!« Dort kippten sie mich denn eher eilig und mit allen Zeichen der Erleichterung in den gewünschten großen Sessel am Fenster, so wie man Altpapier auf eine Müllhalde kippt, um sich dann eilig von dem unwirtlichen Ort zu entfernen.

Am nächsten Morgen besorgte mir Victor zwei Krücken. Sie waren in der Höhe verstellbar und hellgrau. Ich hatte bereits die unangenehme Art aller Leidenden angenommen, die sofort vergessen, daß ihre Umwelt ja schließlich arbeiten muß und noch etwas anderes im Kopf hat als ihre Krankheit. Ich musterte die Krücken mit herabgezogenen Mundwinkeln und warf Victor einen klagenden Blick zu.

»Ich wollte aber welche in Rot«, quengelte ich wie ein verzogenes Kind. »Diese hier gefallen mir gar nicht, die Farbe paßt nicht zu meiner Garderobe. Außerdem stimmt sie mich traurig.«

»Alle haben graue Krücken und sind dankbar und zufrieden, also finde dich damit ab, ich will nichts mehr davon hören«, sagte Victor, und er erinnerte

mich stark an meine Großmutter, als ich zehn war.
»Ich habe Durst«, quengelte ich weiter, »hol mir Apfelsaft, ein großes Glas voll, mit viel Eis!«
Victor machte bereits jetzt den Eindruck einer nervlich zerrütteten, total überlasteten Hausfrau, der man zu ihrem Fünfzehnpersonenhaushalt auch noch das Baby der Schwester aufgehalst hat, ein fettes, widerliches Balg, das man am liebsten zum Teufel schicken möchte.
»Los, komm, um zehn müssen wir im Krankenhaus sein«, sagte er mühsam beherrscht, »nun nimm schon die grauen Krücken, oder soll ich dich etwa schon wieder tragen?«
Ich lackierte mir mit Konzentration die Nägel des gebrochenen Fußes, dessen Zehen vorne aus dem Notgips heraussahen. Victor stand mit gequältem Gesichtsausdruck dabei, jenem Gesichtsausdruck, den man bei dem Gedanken hat, daß es einfach unmoralisch ist, Kranke und Behinderte zu prügeln, einerlei, wie widerlich sie sich auch immer aufführen mögen.
Er brachte mich schweigend in das Unfallkrankenhaus, doch beim Anblick der vielen Wartenden in der Eingangshalle hellte sich sein Gesicht augenblicklich wieder auf.
»Na, hier bist du ja stundenlang gut aufgehoben«, sagte er munter, »laß dir nur Zeit, laß dir nur Zeit«, woraus ich entnehmen konnte, daß er nur an Frauen mit zwei tadellos funktionierenden Füßen interessiert ist, und zwar mit Füßen, die hurtig hin und her

laufen und von denen nicht einer in Gips verpackt auf der Tischplatte herumliegt. Ich weiß nicht, warum alle Menschen, die auf eine Untersuchung warten, sofort einen so ungeheuer stumpfsinnigen Gesichtsausdruck bekommen. Entweder stellen sie sich ihre eigene Beerdigung vor, oder sie denken an die Höhe der Versicherungssumme, die jetzt dem verhaßten Ehegatten in den Schoß fällt, oder der kranke Zustand macht sie besonders anfällig für die Lieblosigkeit dieser Welt. Vielleicht sind sie aber auch nur hilflos dem Neid ausgeliefert, der sie beim Anblick der so widerlich gesund wirkenden, kittelraschelnden Ärzte überkommt. Auf jeden Fall wirkten all die Wartenden mit ihren verschiedenen Gipsverbänden so, als ob sie bereits Abschied genommen hätten und es ihnen in der Seele leid täte, dem oft versprochenen Weltuntergang nicht mehr persönlich beiwohnen zu können. Jeder starrte schweigend vor sich hin oder musterte grämlich den Gegenübersitzenden, um sofort und wie ertappt die Augen zu senken, wenn dieser es bemerkte, gerade so, als hätte der so Betrachtete nicht nur den Blick, sondern auch die indiskreten Gedanken bemerkt. Gedanken, die in ärztlichen Wartezimmern gedacht werden, sind immer indiskret. Man denkt nie: »Schicke Frisur das Mädchen, ist auch schön braun, war sicher in Acapulco«, sondern man beguckt sich den Halsverband, den sie trägt, und denkt: »Scheußlich so ein Furunkel, muß sicher aufgestochen werden. Lissis Nachbarin Frau Schöllpeter ist an ihrem gestorben!«

An diesem Morgen waren wie gesagt viele Leute da, die herumsaßen und warteten.
Ein paar Männer blätterten in alten, zerlesenen Zeitschriften, eine Frau strickte etwas Längliches, Rosafarbenes, der Rest saß einfach nur da. Jedesmal, wenn die Schwester erschien, um einen Namen aufzurufen, hoben alle ruckartig den Kopf und verfolgten den von dannen Humpelnden mit den Augen, bis sich die Tür hinter ihm schloß und sich das Schweigen von neuem über den Raum senkte. Schließlich hielt ich es nicht mehr aus und fragte den neben mir sitzenden Herrn leise nach der Uhrzeit. Er lächelte mich freundlich an und sagte: »Warten Se mal, Fräulein, ich knips' eben mein' Hörapparat an!« Er tat es und ich wiederholte meine Frage, woraufhin er umständlich seine Uhr aus der Tasche zog. »Halb elf, zehn Uhr zweiunddreißig, ganz genau!«
Ich bedankte mich und merkte, daß nahezu die Hälfte aller wartenden Patienten ebenfalls auf ihre Uhren sahen. Ich wollte gerade darüber nachdenken, warum sie es wohl taten, als ich merkte, daß ich ihm nunmehr ausgeliefert war. Da er seinen Hörapparat einmal in Gang gesetzt hatte, war der alte Herr zum Plaudern bereit und er erzählte mir die Krankengeschichte seiner Mutter (Darmverschlingung und Geschwüre, »na, Sie wissen schon, wo«) und die Krankengeschichte von Tante Maria in allen unappetitlichen Einzelheiten und dann die Geschichte einer Magenoperation, die er im vergangenen Jahr mit knapper Not überstanden hatte. Er war gerade da-

bei, mir im Detail zu schildern, wie und warum sie ihm die Nierensteine entfernt hatten, als ich aufgerufen wurde. Ich war durch die Schilderung dieser Operation etwas geschwächt, so daß mir beim Aufstehen die Krücken aus der Hand fielen. »Nierensteinchen« drückte sie mir wieder in die Hand und geleitete mich bis zur Tür, wo mich die Schwester erwartete, um mich mit unpersönlicher Geschicklichkeit in einen Rollstuhl zu verfrachten.

Ich bin ein äußerst seltener Gast in Krankenhäusern und Arztpraxen, denn ich mißtraue allen Ärzten und allen Schwestern und würde im Ernstfall allenfalls eine Kräuterhexe oder einen Medizinmann zu Rate ziehen, aber genau an dem Tag, an dem ich mir mal etwas breche, müssen sie in dem für mich zuständigen Krankenhaus den neuartigen Gipsverband mit Reißverschluß einführen. Nicht, daß ich etwas gegen diese wunderbare Erfindung hätte, denn es handelt sich dabei um einen ganz leichten Gips, der den Vorteil hat, daß er leichter anzulegen und leichter zu tragen ist und man ganz problemlos an die Stelle herankommt, wenn die Krankengeschichte in jenes Stadium eintritt, in dem die Haut unter dem Gips anfängt zu jucken. Nein, ich hatte nichts gegen den Reißverschlußgips als solchen, wohl aber gegen die Neueinführung, was zur Folge hatte, daß ich eine Art Versuchskaninchen wurde, das man nahezu täglich ins Krankenhaus bat, auf daß man teste, was sich ergäbe.

Am Montag bekam ich den Gips verpaßt, am Dienstag wurde ich, hingegossen auf ein plastikbezogenes Liegebett, für eine Fachzeitschrift fotografiert, am Mittwoch führte man mich mehreren Professoren und einem Vertreter für Gipsbandagen vor, außerdem einer Studentengruppe und dem Chefarzt des katholischen Krankenhauses, am Donnerstag (ich hatte mir inzwischen die Haare frisch gefärbt und die Nägel rot lackiert) durfte ich sogar in einem medizinischen Film mitwirken, in welchem mich eine besonders hübsche, zähnefletschende Krankenschwester auf dem Liegebett hin und her rollte und ein lächelnder Arzt mühelos den Reißverschluß betätigte, welcher, im Gegensatz zu mir, eine Großaufnahme spendiert bekam. Am Freitag ging der wunderbare neuartige Reißverschluß kaputt, und ich nähte die defekte Stelle mit rotem Zwirn wieder zusammen. Am Wochenende hatten er und ich frei, und am Montag darauf waren wir zur normalen Nachkontrolle bestellt. Die ganze Woche über durfte ich zwei bis drei Stunden lang auf meinen Auftritt warten und mich mit meinem Freund »Nierenstein« unterhalten, der bei meinem Auftauchen sichtlich aufblühte und unverzüglich seinen Hörapparat anknipste. Er mußte täglich zur Spritze und informierte mich, um die Wartezeit abzukürzen, nach und nach über die gesamten Krankheitsabläufe seiner Familie. Ich sammelte auf diese Weise wertvolles Material über die Symptome von Gehörschäden, Magen- und Darmerkrankungen und das »Verwesen der Galle« in allen Stadien, eine Krankheit, die seinen Onkel Willi dahingerafft hatte. Wenn man »Nierensteins« Geschichten so lauschte, so hatte man den Eindruck, daß die ganze Familie einst aus kerngesunden, pausbackigen und lebensfrohen Mitgliedern bestanden hatte, bis sie eines gebrochenen Daumens oder eines gereizten Blinddarms wegen zum erstenmal in ein Krankenhaus geschickt wurden. Von da aus gerieten sie in einen wahren Teufelskreis immer neuer Behandlungen mit immer neuen Nebenwirkungen, die aufs neue behandelt wurden, bis sie schließlich daran zugrunde gingen.

In der zweiten Woche meiner Krankenhausbesuche war »Nierensteinchen« plötzlich nicht mehr da. Ob auch er den Weg seiner Vorfahren gegangen oder ob er durch ein gütiges Geschick plötzlich von seinen Leiden befreit und vorübergehend gesundet war, weiß ich nicht, auf jeden Fall benutzte ich die Wartestunden im Unfallkrankenhaus, um an meinem Roman weiterzuschreiben. So begleitete mich fortan Kathrinchens Schulheft in das segensreich stille Gebäude, und es entstanden die Kapitel drei und vier. Zu Haüse ruhte ich laut ärztlicher Verordnung mit hochgelagertem Fuß auf sämtlichen Betten und Sofas und vertiefte mich in die Muster der Tapeten, Victors geschundenen Gesichtsausdruck (wenn er fluchend gegen die klemmende Kühlschranktür trat) und mein kompliziertes Innenleben. Als ich den Anblick der Tapeten, den Anblick von Victors herabhängenden Mundwinkeln und der immer am gleichen Platz stehenden Möbel nicht mehr ertragen konnte und mein Innenleben mich zu langweilen anfing, erhob ich mich von meinem Lager und begann, meinen Haushalt wieder selbst zu führen, wobei ich über die Verbesserung von Krücken nachdachte. Ich weiß nicht, wieso sie umfallen, sobald man sie auch nur für Sekunden aus der Hand läßt, um zum Beispiel die Kaffeemaschine anzustellen, und bückt man sich danach, so fällt garantiert das andere Herzchen zu Boden, und immer fallen sie außer Reichweite, gerade so, daß man sich bücken und ihnen nachkriechen muß.

Nun, in der vierten Woche entdeckten die Ärzte, daß der neue Patentreißverschlußgips wohl doch nicht so gut gesessen hatte, einerlei, wie fotogen er (und ich) im Film auch gewirkt haben mochten. Meinem gebrochenen Sprunggelenk hatte er jedenfalls nicht viel genützt, und so begann die Prozedur von neuem. Ich fand mich damit ab, vielleicht nie wieder richtig springen zu können oder vielleicht sogar »Nierensteinchens« Weg einschlagen zu müssen, und versuchte mich mit dem Gedanken vertraut zu machen, daß Krücken fortan zu meinem Leben gehörten. Ich gab ihnen zuerst einmal Namen, damit wir von der unpersönlichen Ebene, auf der wir bis dahin miteinander verkehrt hatten, herunterkämen. Dann übte ich Treppensteigen und Spazierengehen auf der Straße. Um Kathrinchen zu erfreuen, benutzte ich meine Stützen zuweilen zweckentfremdet, indem ich wie ein erboster Opa mit der Krücke auf den Boden stampfte, wann immer mir etwas nicht paßte,

oder gelegentlich sogar vorübereilenden Passanten mit ihnen drohte.
Victor, dem mein Benehmen, vor allem bei gemeinsamen Ausgängen, entsetzlich auf die Nerven fiel und der sich sichtlich darüber wunderte, wieso ich noch immer so guter Laune war, noch immer so viel lachte und die Gehwerkzeuge mit der traurigen Farbe sogar als Spielzeug benutzte, begann mich mit neidisch-mißtrauischen Augen zu betrachten, geradeso, als ob das Gehen an Krücken einen gewissen Reiz besäße, den ich hinterlistiges Wesen wieder einmal allein und heimlich genoß. Es war mir schon aufgefallen, kurz nachdem ich Victor kennengelernt hatte und heute, nach zwanzigjähriger Erfahrung, ist es mir zur traurigen Gewißheit geworden: egal, was immer ich auch tat, einerlei, was immer ich auch hatte, Victor beäugte es mißtrauisch und wurde neidisch, und ich bin sicher, daß er in manchen Augenblicken nicht seine Ehefrau in mir sah, sondern den berühmten kleinen Bruder, »der schon immer dein Liebling war und alles bekommt, was ich nicht bekomme!«
Victor hat es nie für nötig befunden, ein Buch zu lesen, das nicht seiner Fachrichtung angehört, und um selbst eins zu Papier zu bringen, hätte man ihn sicher in Trance versetzen müssen, aber von dem Tag an, als ich begann, meinen ersten Roman zu schreiben, umschlich er mich voller Argwohn, sobald ich am Schreibtisch Platz nahm. Sicher, weil ihm die ganze Angelegenheit nicht geheuer war, wahrscheinlich

aber auch deshalb, weil mein Gesicht während des Schreibens einen heiter-gelösten Ausdruck annahm, und ich öfter vor mich hinlachte. Erneut mit Gipsbein versehen, auf Krücken angewiesen und nur in ruhender Haltung zu besichtigen, machte mein Buch die schönsten Fortschritte, und ich hatte bald schon keinerlei Hemmungen mehr, mich bedienen zu lassen und der »Bring mal«-Gruppe beizutreten, wobei ich feststellte, daß es sehr angenehm ist, sich bedienen zu lassen, und man sehr schnell die Fähigkeit verliert, sich ganz allein ein Bier einzugießen. Sobald ich am Schreibtisch saß und Victor sich näherte, hob ich den Kopf, lächelte und sagte in süßester Manier: »Gut, dich zu sehen, mein Schätzchen, mach mir doch schnell einen Käsetoast, ja?« (Oder ein Spiegelei oder ein paar Bratkartoffeln). »Mein Roman macht die schönsten Fortschritte«, teilte ich Victor eines Abends mit, als wir, ich wie üblich mit dem Fuß auf dem Tisch, dem Fernsehprogramm folgten. Victor stand auf und holte, ohne daß ich es noch extra erwähnen mußte, ganz von allein zwei Flaschen Coca Cola und zwei Gläser.

»So?« sagte er. »Warum das denn?«

Ich sah ihm zu, wie er scheinbar ohne es zu merken und ganz automatisch die Aschenbecher leerte und die Tischdecke ausschüttelte. Ich stützte mein Kinn auf die Krücke und küßte ganz leicht und ganz zart das glatte, kühle Metall.

»Darum!« sagte ich.

Etwas Gemeinsames

Von Margaret Mitchell wird des öfteren behauptet, daß sie ihren über siebenhundert Seiten starken Dauerbestseller »Vom Winde verweht« in relativ kurzer Zeit zu Papier gebracht hätte, und das, obwohl sie die ganze Zeit über krank im Bett lag.

Die Behauptung ist nicht richtig, aber sie ist glänzend erfunden, mit dem kleinen Unterschied, daß es nicht heißen müßte »obwohl«, sondern »weil« sie die ganze Zeit über im Bett lag.

Langanhaltendes »ans Bett gefesselt sein« ist für eine Frau sicher die beste Voraussetzung überhaupt, wenn sie ein Romanwerk beginnen und auch beenden möchte, und das ganze schöne Genie kommt gewöhnlich genau an jenem Tage unter den Hammer, an dem der Arzt aufmunternd auf die Bettdecke klopft und einen per »Hopp, hopp, Mütterchen, jetzt geht's aber wieder« erneut ans Ruder jagt, denn erstens hat man ja nun besagtes Ruder und zweitens ein wunderbares Alibi in der Hand, falls sich das Genie doch als weniger ausgeprägt erweisen sollte, als man angenommen hat.

Der heimliche Wunsch nach einer Denk- und Dichtpause (die Einfälle waren zuletzt eher zögernd gekommen) und der Tag meiner Gesundung fielen so ziemlich zusammen, und als Soldi mich anrief und die etwas peinliche Frage nach meinem Roman stellte, konnte ich wahrheitsgemäß antworten, daß das Werk recht nett gediehen sei, wichtige Termine an Kochtopf und Waschmaschine mich jedoch an der weiteren Ausübung des Dichtertums hindern würden.

»Victor hat sich redlich Mühe gegeben, und oberflächlich ist auch alles ganz gut in Schuß, aber dahinter müßte man eben mal gründlich Staub wischen«, sagte ich.

»Ts, ts, ts«, antwortete sie. »Das könnte man von so manchem Alibi auch sagen!«

»Verstehe ich nicht!« sagte ich unwirsch.

Wir schwiegen eine Weile und sie sagte dann: »Wahrscheinlich ist das Erfolgserlebnis beim Anblick frischgewaschener Gardinen ganz einfach sehr viel größer als beim Anblick eines vollendeten Romanmanuskripts. Also dann frohes Schaffen mit Gardinen-Neu, ich muß ins Theater!« Und legte, wie mir schien etwas abrupt, den Hörer auf die Gabel.

Natürlich hatte Soldi total unrecht, denn selbstverständlich möchte jeder lieber einen Roman schreiben, als Gardinen zu waschen, und ganz sicher ist das Erfolgserlebnis bei ersterem auch größer, nur ist es im Falle des Gardinenwaschens sicherer, denn man beherrscht sein Geschäft und weiß, daß es gelingen wird, und wenn man schon keine begnadete Dichterin ist, so möchte man sich doch zumindest nicht nachsagen lassen, daß man sein Kind verhungern läßt.

Und so wanderten die nützlichen Krücken auf den Speicher, wo sie neben der Kiste mit den alten Fotos und anderen Gegenständen mit Erinnerungswert ihr Dasein fristen, und mein schöpferisches Leben zwischen Filmkamera und Schreibmaschine hörte wieder auf. Als ich meine leichtfüßige Beweglichkeit erst einmal wiedererlangt hatte, sanken Victors Fähigkeiten auf dem hauswirtschaftlichen Sektor schlagartig auf den Nullpunkt zurück, und er begann erneut damit, sich wie ein Kleinkind zu benehmen, welches beim Anblick von Mamas blauer Küchenschürze automatisch zu quengeln anfängt, hauptsächlich mit den Worten: »Gib mal« und »Ich will!« Auch registrierte ich bei meinem ersten Inspektionsgang durch »meine Firma« eine gewisse Vernachlässigung derselben und bemerkte mit Befremden, daß alles irgendwie klebte und die Gemüseschale im Kühlschrank nur mit äußerster Mühe hervorzuzerren war, da sie eine innige Verbindung mit ausgelaufenem Himbeersaft eingegangen war. Ich versenkte mein so schön gediehenes Manuskript in der Küchenschublade, in der ich Plastikbeutel und die Ringe für die Einmachgläser aufbewahre, stülpte die Haube über die Schreibmaschine und warf hundert Seiten Manuskriptpapier in das Bücherregal. Schon am nächsten Tag mußte ich die schmerzliche Erfahrung machen, daß man mein Projekt »Schriftstellerei« als gestorben ansah. Es fehlte das Manuskriptpapier, es fehlte das Kohlepapier und es fehlten die beiden Bleistifte, die ich mehrmals als mein persönsönliches Eigentum deklariert und wie ein Schießhund bewacht hatte. Alles hatte seinen Weg ins Kinderzimmer angetreten, jene Drachenhöhle, aus der noch niemals irgend etwas wieder zu Tage gefördert wurde und für immer verloren blieb, wenn es erst einmal darin verschwunden war. Es kam mir fast so vor, als wenn jemand gestorben sei, oder doch bereits auf dem Totenbett ruhe, und die Verwandten schon das Silber aus dem Haus schleppen, noch ehe der Verblichene seinen ewigen Frieden gefunden hat. Victor blühte angesichts seiner emsig vor sich hin werkelnden Ehefrau kurzfristig richtig auf, und beim Anblick des frischgebohnerten Küchenbodens empfand ich tatsächlich so etwas wie hausfraulichen Stolz, denn wie gesagt: Wenn auch Soldi sich mehrmals darüber aufregte, daß ich es immer noch nicht zur erfolgreichen Romanautorin gebracht hatte, so konnte mir niemand nachsagen, daß ich flüchtiger Träume wegen mein Familienglück aufs Spiel setzte.

Das Quentchen Glück, das ich zu jener Zeit in der Ehe fand, war eigentlich nur mit Hilfe eines wirklich guten Mikroskops überhaupt noch erkennbar, aber schließlich hatte Victor in der Zeit meines Beinbruchs doch gewisses Entgegenkommen gezeigt, und während ich nun den Haushalt einer Generalüberholung unterzog, dachte ich über Möglichkeiten der Generalüberholung unseres Ehelebens nach und darüber, wie man das verdurstete Pflänzchen unserer einstigen Zuneigung wieder aufpäppeln könnte.

»Bestimmt nicht, indem du dich hinsetzt und 'n gehässiges Buch über deinen Mann schreibst«, bemerkte Impa, als sie nachmittags kam, um mir einen Stapel Rezepte für »Schmorbraten in Bier« zu bringen.

»Schau«, sagte sie und legte jene dunkle Warmherzigkeit in die Stimme, mit der man gewöhnlich einen ausgeflippten Teenager wieder zur Vernunft bringen will. »Du hast ein entzückendes Kind und ein entzückendes Heim und bist jung, hübsch und gesund und im Besitz eines gutaussehenden Ehemannes und eines wirklich netten Bekanntenkreises... für all das, meine ich, lohnt es sich doch zu kämpfen!«

Ich sah sie zweifelnd an, denn bislang war ich der Meinung gewesen, daß es ja gerade der sinnlose Kampf ums Glück an Victors Seite gewesen war, der mich so müde und zuweilen so verbittert gemacht hatte, und sie fügte hinzu:

»Mit den Waffen einer Frau!«

»Du spinnst ja wohl!« sagte ich empört, denn sekundenlang tauchte vor meinem inneren Auge ein sehr unschönes Bild auf. Ich sah mich im enganliegenden, tigergemusterten Kleid und mit tizianrot gefärbten Haaren auf unserem fleckigen Teppichboden herumliegen und »Vic – tooorch« hauchen, mit diesem bewußten Blick, von unten nach oben und halbgeöffneten Lippen, wenn Victor müde aus dem Betrieb nach Hause kommt, geistesabwesend über mich hinwegsteigt und unverzüglich im Sessel Platz nimmt. Dann gibt er sich seiner Lieblingslektüre hin, um

mich nach einer geraumen Weile über den Rand der Zeitung hinweg zu fixieren und gereizt zu fragen: »Sag mal, warum liegst du eigentlich mitten im Zimmer herum, und was zum Teufel hat der komische Fummel wieder gekostet, den du da anhast...«
»Ich glaube nicht, daß ausgerechnet Victor zu jener Sorte von Männern gehört, denen man mit den Waffen einer Frau beikommen könnte«, war das einzige, was ich von meinen unschönen Gedanken äußerte. »Außerdem habe ich gerade diese Waffen nicht auf Lager, nie auf Lager gehabt und bestimmt nicht vor, sie jemals in mein persönliches Sortiment aufzunehmen«, fügte ich hinzu.
»Schade«, sagte Impa. »Ich finde, du setzt eine Menge aufs Spiel.«
Sie überlegte eine Weile, in der sie mich zögernd musterte, und ich fürchtete schon, sie könnte auf den unseligen Gedanken kommen, meinen Kleiderschrank zu inspizieren, um mir dann einen Besuch in ihrem Klamottenladen vorzuschlagen, aber statt dessen sagte sie:
»Was euch fehlt, ist etwas Gemeinsames, etwas, worauf ihr euch gemeinsam freuen könnt, etwas, das zum Beispiel euren Wochenenden einen Sinn gäbe.«
Daß Victor und ich dringend etwas finden mußten, das unseren Wochenenden einen Sinn gab, war ein Gedanke, den ich schon lange hegte. Unsere Wochenenden entbehrten nämlich nicht nur jeglichen Sinns, sondern sie waren darüber hinaus derart lang-

weilig, daß ich regelmäßig wie eine Inhaftierte den Sonntagabend herbeisehnte, mit dem trostlosen Gefühl, zwei lange, öde Tage im Wartesaal eines Bahnhofs verbracht zu haben, von dem zwar Züge in alle Richtungen fuhren, ich jedoch für keinen einzigen eine gültige Fahrkarte besaß.

»Bei uns war es früher genauso!« sagte Impa, als ob sie meine Gedanken gelesen hätte. »Heiner und ich fuhren samstags morgens in die Stadt zum Einkaufen, und nachmittags sah er sich sämtliche Sportnachrichten im Fernsehen an, während ich mit den Kindern ›Mensch ärgere dich nicht‹ spielte oder bügelte, weil ich einfach nicht wußte, was ich sonst tun sollte. Und sonntags kamen gewöhnlich die Verwandten zu Besuch, und die Männer spielten Karten oder sahen sich gemeinsam die Sportnachrichten im Fernsehen an. Wir Frauen hockten in der Küche und ereiferten uns im Flüsterton über die Männer.«

»Genauso ist es!« sagte ich bitter.

»Unwürdig!« sagte sie.

»Ja, und was treibt ihr jetzt?« fragte ich.

»Wir haben einen Schrebergarten übernehmen können, ganz günstig, von Heiners Schwager, und obwohl wir zuerst gar nicht so recht wollten, haben wir es keine einzige Sekunde bereut. Du glaubst gar nicht, wie sehr wir uns jetzt auf die Wochenenden freuen. Den Kindern tut die frische Luft gut, und Heiner hat immer was zu ackern und zu jäten, und als wir die ersten eigenen Radieschen geerntet haben, gab's ein kleines Fest für die ganze Sippe und alle Nachbarn.«

»Wie schön«, sagte ich ziemlich leidenschaftslos. »Und im Winter?«

»Ach, da wälzen wir die neuen Gartenprospekte und planen die Beete, die wir im Frühjahr anlegen wollen, und die Kinder basteln Adventsschmuck aus Kürbissen, die wir selbst geerntet haben... Ich sage dir, wir haben ein ganz neues Zusammengehörigkeitsgefühl entwickelt, seitdem wir den Garten haben. Ich weiß, es klingt kitschig, wenn ich das so sage, aber wenn man gemeinsam die Ernte einfahren will, muß man zunächst ja gemeinsam was säen.«

»Natürlich«, sagte ich, »aber es soll auch schon vorgekommen sein, daß der eine sät und der andere erntet, oder daß beide nur ernten wollen, oder daß sich das große Glücksgefühl beim Betrachten des schönen gelben Kürbisses einfach nicht einstellen will. Du kannst ja die Freude nicht in deine Ehe hineinzwingen wie das Weiß in deine Gardinen«, fügte ich ironisch hinzu.

Impa lachte und umarmte mich zum Abschied.

»Es klingt sicher altmodisch«, sagte sie, »aber glaube mir, nur die Energie, die du in dein Familienleben steckst, zahlt sich letzten Endes aus, deshalb habe ich auch meinen Laden wieder aufgegeben und den Entschluß keine Sekunde bereut.«

»Aha«, sagte ich und verscheuchte das Bild, das sich vor meinem inneren Auge auftat. Das Bild eines La-

dens, der kurz vor der Pleite stand und aufgegeben wurde, »weil es für die Familie besser war«.
Alle deine Gedanken bekommen in letzter Zeit einen Stich ins Gehässige, dachte ich später, als Impa gegangen war und ich mich in die Rezepte vertiefte, die sie mir dagelassen hatte. Das bringt der ewig gleiche Kreislauf ewig gleicher Gedanken mit sich, die hin und her irren und sich überall stoßen, an der öffentlichen Meinung, dem schlechten Gewissen und schließlich an der eigenen Unzulänglichkeit, und die ihrerseits zwei Krücken brauchten, die man ihnen irgendwann einmal abgenommen hat. Zwei stabile Krücken mit Namen: Mut und Selbstbewußtsein.

Am nächsten Morgen wuchtete ich meine Schreibmaschine auf den Eßtisch und stellte sie zwischen den nicht abgeräumten Frühstückstellern und dem Brötchenkorb ab. Ich las die vor mehreren Wochen niedergeschriebenen letzten Zeilen und sie gefielen mir nicht. Während ich noch darüber nachdachte, wie die Geschichte weitergehen könnte, und ob ich, wie ich anfangs vorgehabt hatte, wirklich nur Wahres niederschreiben oder aber mir dichterische Freiheiten herausnehmen sollte, fiel mein Blick auf die seit Wochen nicht geputzten Fenster und mit allen Zeichen der Erleichterung schleppte ich die Leiter ins Wohnzimmer und bereitete mir einen großen Eimer schöner Putzlauge mit Zitrofrische. Ich war gerade dabei, die Rahmen abzuledern, als das Telefon klingelte.

Es war Impa.
»Hör zu«, sagte sie ohne Umschweife. »Du hast mir ja gestern gesagt, daß du auch einen Schrebergarten haben möchtest, und ich habe von einer Sache gehört, die dich sicher sehr freuen wird. Ein ehemaliger Nachbar von uns besitzt ein Wochenendhaus mit Waldgrundstück in der Nähe von Hattingen, und er ist bereit, es ganz billig abzugeben, wenn ihr bereit wärt, es wieder 'n bißchen herzurichten. Ich sage dir, es ist herrlich, und wir würden es selbst nehmen, wenn wir nicht schon den Schrebergarten hätten, und Victor mit seiner handwerklichen Begabung ist genau der richtige Typ dafür.«
»Ich kann mich nicht daran erinnern, jemals von einem Wochenendhaus geträumt zu haben, und wenn die Rede auf Heimwerkerei kommt, verhält sich Victor neuerdings eher unwillig«, sagte ich, »aber ich will mir die Sache mal durch den Kopf gehen lassen.«
Am Nachmittag nahm ich endlich den großen Bügelberg in Angriff, den ich schon seit einiger Zeit tapfer übersah und welcher seinerseits die Gelegenheit wahrgenommen hatte, in aller Heimlichkeit zu reifen und zu wachsen, wie die Kürbisse in Impas Schrebergarten.
Während ich so stand und bügelte und mir unterdessen die Werbesendung im Radio anhörte, dachte ich wieder über Impas Vorschlag mit dem Wochenendhaus nach, und leider muß ich zugeben, daß etwas eintrat, das mir schon des öfteren Kummer gemacht

hat und das Victor mit »Claudias wilde Phantasie« zu bezeichnen pflegte.
Meine wilde Phantasie gaukelte mir nämlich plötzlich und unerwartet die schönsten Bilder vor. Ich sah »unser« Haus auf einer grünen Wiese stehen, umgeben von tiefgrünen Tannenwäldern, sah Bambi direkt vor unserer Haustür äsen, sah Victor lächelnd und mit der Pfeife im Mundwinkel durch den Garten gehen, sah Kathrinchen jauchzend über blumenübersäte Wiesen laufen und schließlich mich selbst, hingegossen in einer Hängematte, versunken in den Anblick meiner glücklichen Familie.
Und im Hintergrund dieser Idylle unser holzgezimmertes Glück im Bärenmarkenstil. Am Abend hatte ich mich bereits derartig in meine Wunschvorstellungen hineingesteigert, daß ich das Gefühl hatte, ganz allein der Besitz dieses Hauses würde alle meine Probleme lösen und mich für immer von der Qual unserer langweiligen Wochenenden befreien.
Als Victor nach Hause kam, überfiel ich ihn gleich in der Tür mit der Mitteilung, daß wir, wenn wir nur wollten, ein wunderbares Haus inmitten grüner Wiesen haben könnten und wir fortan unsere Wochenenden gemeinsam und in frischer Luft verbringen würden.
Er sah mich mißtrauisch an und fragte: »Warum das denn?«
»Nun ja, du kannst doch nicht abstreiten, daß unsere Wochenenden ein bißchen... nun, sagen wir mal... ein bißchen reizlos geworden sind«, sagte ich. »Es

wäre doch nett, sie einmal ganz anders zu gestalten!«
»Finde ich nicht!« sagte Victor, während er sich die Schuhe auszog.
»Was?«
»Daß unsere Wochenenden reizlos sind!«
»Ich auch nicht«, schrie Kathrinchen, die der Erörterung über die Veränderung, die unser Leben erfahren sollte, mit weitaufgerissenen Augen beiwohnte. »Mein Freund Lutzi hat auch ein Wochenendhaus und er sagt, es wäre fürchterlich langweilig, und immer alles voll von toten Fliegen, wenn sie hinkommen. Ich möchte lieber am Wochenende zu Hause bleiben und mit meiner Freundin Trudi Rollschuh laufen.«
»Mein Gott, deine Freundin Trudi kannst du ja meinetwegen mitnehmen«, fuhr ich sie an, »daran soll es doch nicht liegen.«
»Ich glaub' nicht, daß Trudi Lust hat, mit in unser dämliches Wochenendhaus zu kommen«, sagte sie und zog sich wieder in ihr Zimmer zurück.
»Ist gut«, sagte ich und war jetzt schon erschöpft. »Es ist doch nicht zu fassen, wie in diesem Hause jede, aber auch jede Idee im Keime erstickt wird, noch ehe sie überhaupt das Licht der Welt erblickt hat.«
Ich ging erbost in die Küche (diesen Raum ewiger Selbstbesinnung und ewiger Selbstgespräche) und setzte die Kartoffeln auf.
Am nächsten Abend besuchte ich Lissi, und ich er-

zählte ihr alles ganz genau, und sie gab mir in allen Punkten recht, was wohltuend war, das Problem jedoch nicht beseitigte. Als ich zurückkam, sah ich Heiners Auto vor unserem Haus parken, und als ich den Flur betrat, hörte ich ihn sagen: »Für Claudia ist es unbedingt nötig, hier mal raus zu kommen, schon damit sie aufhört, an ihre wahnwitzige Schriftstellerkarriere zu denken, die ja doch nie was wird und sie nur von der Familie ablenkt.«
»Sie denkt ja gar nicht mehr daran«, sagte Victor zufrieden.
»Ist es ganz umsonst? Ich meine das Haus?«
Zu meiner Schande muß ich gestehen, daß ich mir sehr viel Zeit ließ, meinen Mantel auszuziehen, und bis ich ihn sorgsam auf einen Bügel gehängt hatte, verging eine Viertelstunde.
In dieser Viertelstunde erfuhr ich durch die angelehnte Tür, daß es sich bei dem Haus um ein Paradies mit kleinen Mängeln handelte, die jedoch leicht zu beheben waren, und wir das Paradies unentgeltlich haben konnten, wenn wir uns bereit erklärten, die kleinen Mängel zu beseitigen.
»Es hat früher dem Vater meines Nachbarn gehört, der auch drin wohnte, bis er zu alt wurde, und wenn ihr wollt, könnte ich ganz unverbindlich ein Treffen arrangieren, damit ihr mal hinfahrt und es euch anseht. Es liegt ganz einsam, mitten im Wald, und es wird phantastisch, wenn ihr bereit seid, ein bißchen zu investieren.«
»Ja, wenn es ganz umsonst ist...«, sagte Victor.

Zu diesem Zeitpunkt war ich bereits wieder von dem Wunsch abgekommen, ein Wochenendhaus haben zu wollen, und Victors Übellaunigkeit, die mir schon zu Hause auf die Nerven ging, nunmehr ins Grüne zu verlagern. Auch hatte mir seine sichtliche Leidenschaftslosigkeit, als ich das Thema aufs Tapet gebracht hatte, jede Freude im Keim erstickt, und ich hatte nicht vor, noch irgend etwas, schon gar nicht meine Zeit und meine Arbeitskraft in das Haus anderer Leute und Victors schlechte Laune zu investieren.

Zudem war mir soeben auf dem Rückweg von Lissi ein ganz herrlicher Kapitelanfang eingefallen, den ich jetzt am liebsten sofort zu Papier gebracht hätte.

Statt dessen betrat ich die Szene nun ganz unbefangen, lächelte und vernahm, daß die Idee mit dem Wochenendhaus am Ende doch nicht so übel sei, und wir am Samstag mal nach Hattingen fahren wollten, um uns das Projekt anzusehen.

Am nächsten Tag besuchte uns Heiners Nachbar Hans-Ferdinand, angeblich, um sich vorzustellen, in Wirklichkeit jedoch, um die Größe meiner Hände und die Kraft von Victors Armmuskeln zu inspizieren. Er schien mit dem Ergebnis seiner Musterung äußerst zufrieden zu sein.

»Hab' mir schon gedacht, daß Sie die richtigen Leute für mein Haus sind«, sagte er. »Ich heiße übrigens Hans-Ferdinand, meine Freunde nennen mich Nänni! Morgen früh hole ich Sie ab, damit Sie sich das Häuschen mal ansehen können. Fließendes Wasser ist übrigens nicht drin, aber die Lichtanlage ist ganz neu.«

Am Sonntag war das denkbar günstigste Wetter, das man sich denken konnte, um ein Wochenendhaus zu besichtigen. Ich packte meinen Einkaufskorb voller guter Sachen, zog mein rot-weiß kariertes Baumwollkleid an, und wir fuhren los.
Hans-Ferdinand erwähnte während der Fahrt, mit wieviel Überzeugungskraft er seinen Papa, »der unendlich an seinem Besitz hängt«, davon überzeugt hätte, daß wir genau die richtigen Leute wären, und schilderte uns unsere bemerkenswerten handwerklichen Fähigkeiten, daß mir fast die Tränen kamen.
»Mein Vater will gar keine Miete haben«, plauderte er weiter, »er ist schon froh, wenn's wieder mal bewohnt ist, und wenn jemand mal überall so'n bißchen Ordnung schafft.«
»Wieso überall?« fragte ich voller Argwohn und bekam dafür von Victor einen Puff, daß ich gegen die Tür flog.
»Nun, so im Wald, es gehören ja zwanzig Morgen Wald dazu«, sagte der Verführer.
Wir hatten inzwischen Langenberg hinter uns gelassen und fuhren durch grünes, hügeliges Land, das friedlich, von der Sonne beschienen dalag, als Hans-Ferdinand plötzlich sehr munter wurde. Er zeigte auf eine am Horizont auftauchende langgestreckte, bewaldete Höhe und rief: »Da ist es!« Mir kam es gerade so vor, als wollte er uns, einzig und allein, weil

wir so reizende Leute waren, einen Koffer mit Goldstücken oder sein Sparkassenbuch schenken, und deshalb blieb ich mißtrauisch. Victor zwängte den Wagen eine sehr enge, steil ansteigende Straße hinauf, welche uns unserem Wochenendglück näher brachte. Oben angelangt, parkte er den Wagen und wir schritten im Gänsemarsch einen sonnenüberfluteten Wiesenpfad entlang, von dem man einen wirklich bezaubernden Blick hinunter ins Tal hatte. Victor warf mir einen Blick zu, wie ihn gewöhnlich nur Kinder am 24. Dezember vor der verschlossenen Tür des Weihnachtszimmers haben, und ich dachte, wie schön sich die Bläue des Himmels in seinen Augen spiegelt. Endlich erschien, nach einer längeren Wanderschaft, am Ende des Pfades »unser Wald«. Er erwartete uns hochaufgerichtet, schwarz und schweigend und sah nicht gerade aus wie einer, der sich über Besucher freut. Ich hatte sofort ein unbehagliches Gefühl, doch als wir den ersten Schritt hinein getan hatten, zerstoben meine Träume vom Ferienglück wie Seifenblasen. Es war, als hätte man den dusterkalten Keller eines sonnendurchtränkten Hauses betreten. Der Waldweg war laubbedeckt und unter dem Laub war er glitschig vor Feuchtigkeit, so daß ich mich an Victors Ärmel festhalten mußte, um nicht lang hinzufallen. Etwa zweihundert Meter weiter unten, da, wo der Wald am dichtesten und dunkelsten war, entdeckten meine Augen im Dämmerlicht eine Bretterhütte, deren Vorderfront fast gänzlich von einem riesigen Ilexbaum verdeckt

wurde. Es wäre die wunderschönste Kulisse für eine Theateraufführung von »Hänsel und Gretel« gewesen, nur ohne Plätzchen. Unser frohgestimmter Nänni jedoch ließ sich die Laune durch unser spürbares Entsetzen keineswegs verderben.
»Es ist ja ganz umsonst, ganz umsonst, kostet ja keinen Pfennig«, wiederholte er so oft, daß ich schon befürchtete, er hätte versehentlich eine kaputte Grammophonplatte verschluckt, und bei Victor verfehlte dieser Hinweis auf die Preiswüdigkeit des Unternehmens die Wirkung auch nicht. »Es *ist* ein bißchen dunkel«, gab er zögernd zu, »aber man muß auch bedenken, wie erfrischend kühl es hier an einem glühendheißen Sommertag ist!«
Ich hatte die Sommer in unseren Breitengraden eigentlich noch nie als glühend empfunden, zumindest nicht als so glühend, als daß ich den Wunsch verspürt hätte, mich in ein feuchtes, dunkles Waldloch zu verkriechen, aber ungeachtet meines stummen Protestes öffnete unser heiterer Nänni die quietschende Tür und lud uns mit großer Geste ein, doch näher zu treten. Schlagartig wurde mir klar, wieso er das Vorhandensein der Lichtanlage so hervorgehoben hatte, denn ohne dieselbe einzuschalten konnte man selbst am hellichten Tage nichts erkennen. Das Haus hatte einen winzigen Vorraum, und die beiden schlauchförmigen Kammern, die dahinter lagen, waren mit Möbeln ausgestattet, denen man ansah, daß sie einst für städtische Wohnungen angeschafft und dann ausrangiert worden waren. Besonders scheußlich

und deplaciert erschien mir ein riesiges Eßzimmerbuffet mit geschnitzten Obstmedaillons an den Türen und Füßen, die die Form von furchterregenden Tigerkrallen hatten. Es erdrückte das kleine Kämmerchen gänzlich und war wirklich atemberaubend häßlich. Im Nebenraum befanden sich ein moderner Kleiderschrank und ein »Himmelbett«, wie man unschwer an der durchlöcherten Wachstuchdecke erkennen konnte, die irgendwer an den hohen Eckpfosten befestigt hatte.

Es sah grotesk aus und Hans-Ferdinand entfernte mit spitzen Fingern zwei tote Mäuse, die auf dem Baldachin lagen.

»Papa hatte immer Angst vor Zugluft«, sagte er.

»Ein Wunder, daß er nicht an Gelenkrheumatismus gestorben ist«, dachte ich im stillen. Es war mir klar, daß ich dieses Gruselkabinett nie wieder betreten würde, und ich ging durch die hintere Tür hinaus ins Freie. An der Rückseite der Hütte war ein kleiner, gänzlich verwilderter Garten mit einem schönen Bestand alter Obstbäume. Dazwischen aber hatten sich wilde Brombeeren ausgebreitet, die einen tückischen Teppich unter dem Farnkraut bildeten. Ich machte vorsichtig einen kleinen Rundgang, und als ich zurückkam, hörte ich entsetzt, wie Victor sagte: »Ein Paradies ist es ja nicht gerade, aber wenn wir es wirklich ganz umsonst bekämen, könnte man ein Paradies daraus machen!«

»Wieso das denn?« fragte ich entsetzt.

»Sieh mal, Schätzchen«, sagte mein Mann und legte

mir den Arm um die Schulter, und ich wußte sofort, wenn er »Schätzchen« sagt, hat er einen Köder ausgelegt, den ich schlucken soll.
Diesmal hieß der Köder »Bäume fällen« und Victors Stimme gaukelte mir eine Lichtung vor, in der unser Haus von der Sonne beschienen stehen sollte. Aus dem Garten würden wir eine schattige Waldwiese machen, und im Geiste sah ich erneut Bambi aus dem Wald treten und auf unserer Wiese äsen. »An die Südseite des Hauses werden wir eine Terrasse bauen«, führte Victor das Gespräch fort, als wir wieder im Wagen saßen und nach Hause fuhren, »und du kannst dich schon mal auf deine Hängematte freuen.«
»Mein Vater wird begeistert sein, wenn er hört, daß Sie sich entschlossen haben, das Häuschen zu übernehmen«, sagte Hans-Ferdinand, »es ist ja auch eine Schande, so ein Kleinod einfach verrotten zu lassen, wenn eine so entzückende Familie wie Sie ihr Wochenendglück dort finden kann!« Er lächelte mich herzlich an, aber in den Augenwinkeln sah er listig aus.
»Ich würde ganz gern dieses schreckliche Vertiko zerhacken und durch schlichte ländliche Fichtenholzmöbel ersetzen«, sagte ich zögernd.
»Tun Sie das, tun Sie das«, rief unser Nachbar anfeuernd, »und wegen der zu fällenden Bäume werde ich heute abend noch mit dem zuständigen Förster sprechen.«
»Ich bitte sehr darum«, sagte Victor, »ich würde

meine Wochenenden ganz gern bei Tageslicht verbringen.«

Hans-Ferdinand versprach, alles zu tun, um uns möglichst bald zu der ersehnten Lichtung zu verhelfen, und wir schieden in innigster Freundschaft.

»Falls Sie vielleicht doch schon mal anfangen wollen, hier sind die Schlüssel«, sagte er zum Abschied.

»Vielleicht ist das Ganze doch nicht so übel«, sagte Victor, als wir abends zu Hause saßen und uns über das Haus unterhielten. »Im Grunde hat es mir nicht schlecht gefallen, ich meine, wenn man bedenkt, was schon die Abstandszahlung für so 'n dämlichen Schrebergarten kostet, und...«, er grinste mich an, »wir haben endlich was, worüber wir reden können. Das wolltest du doch immer!« fügte er mit Nachdruck hinzu.

»Ich weiß nicht, ob es sich lohnt, das ganze Wochenende schuftend in einem dusteren Waldloch zu verbringen, bloß um am Abend etwas zu haben, worüber wir reden können«, sagte ich unwirsch. »Und schließlich, worüber werden wir denn reden? Ich teile dir mit, wieviel Blasen ich an meinen Händen habe, und du erzählst mir, wie erledigt du bist.«

»Ach, du weißt ja nicht, was du eigentlich willst!« sagte Victor erregt. »Hausfrau sein willst du nicht, und für die große Karriere mangelt es dir wieder an Geist und an Durchhaltevermögen, und ein gemütliches Wochenende zu Hause ist dir zu langweilig und du wimmerst einem die Ohren voll, daß du ein Wochenendhaus haben willst, und kaum hast du es, ist dir das bißchen Arbeit schon zuviel, noch ehe du überhaupt angefangen hast.«

»Du hast vollkommen recht, entschuldige!« sagte ich. »Wenn wir das Haus erst mal in Schuß haben und die Bäume gefällt sind, wird es sicher ganz nett. Dann können wir auch mal grillen und Freunde einladen und hin und wieder vielleicht sogar in der Hütte übernachten.«

»In der Hütte übernachten geht nicht«, sagte Victor. »Weil ich nämlich demnächst jeden Sonntagmorgen in den Betrieb muß, aber es reicht ja auch, wenn wir samstags hinfahren.«

»Natürlich«, sagte ich, »reicht auch!«

»Ich fahr' bloß mit, wenn ich Trudi mitnehmen darf«, sagte Kathrinchen. »Trudi sagt, sie fänd's ganz toll, mit uns aufs Land zu fahren, weil sie sonst nämlich sonntags immer ihre Oma besuchen und spazierengehen muß!«

»Na, allein dafür lohnt es sich ja!« sagte Victor trokken. »Zum Grillen werden wir übrigens vorerst nicht kommen, weil die ganze Nordwand neu verschalt werden muß, sah ziemlich vergammelt aus«, fügte er hinzu.

»Nehmen wir aus dem Leben die wenigen Augenblicke der Kunst und der reinen Gefühle, was bleibt, ist eine Reihe trivialer Gedanken«, zitierte ich einen Satz aus meinem »Buch der geflügelten Worte«, der mir gerade so in den Sinn kam.

Victor warf mir einen schweigenden Blick zu, dem unschwer zu entnehmen war, daß er bei Gott immer noch lieber mit einer elektrischen Kreissäge verheiratet wäre als mit einer Frau, wie ich es bin.
Ich starrte schweigend zurück.
Schließlich sagte er: »In Zukunft kannst du dich mal in die Gebrauchsanweisungen für Mäusegift und Holzlasuren vertiefen, anstatt deinen Geist immer und immer mit diesem blödsinnigen Zeug vollzustopfen, das sich Leute aus dem Gehirn gesogen haben, die nichts Besseres zu tun haben.«
Ich räumte den Tisch ab und ging trällernd in die Küche.
Unser Gespräch hatte vielleicht einer gewissen Tiefe und einer gewissen Innigkeit entbehrt, aber immerhin: seitdem wir etwas Gemeinsames planten, sprachen wir doch wieder miteinander.
Immerhin!
Was diesen Punkt betraf, so hatte Impa unbedingt recht gehabt.

Happy Weekend

Kürzlich las ich das Interview, das ein bekannter Rockstar in irgendeiner Frauenzeitschrift gegeben hat. Auf die Frage, in welcher Aufmachung er seine hübsche junge Frau denn nun am attraktivsten fände, hatte er lange überlegt und schließlich geantwortet: »Ach, wissen Sie, ich liebe meine Frau eigentlich in jeder Aufmachung. Ich finde sie nämlich in meinem alten Bademantel ebenso sexy wie im schulterfreien Abendkleid, im Supermini oder in dem teuren Topmodell, das ich ihr kürzlich aus Paris mitgebracht habe.«

Zu jener Zeit, in der wir damit begannen, die blödsinnige Idee mit dem Zweitwohnsitz auf dem Lande in die Tat umzusetzen, hatte ich Gelegenheit festzustellen, in welcher Aufmachung denn nun Victor mich am attraktivsten findet, nämlich in alten, ausgebeulten Cordhosen, einem Trainingshemd und alten, dreckverkrusteten Gummistiefeln. Ein lange entbehrter, schmerzlich selten gewordener Glanz trat in seine Augen, als er mir die dritte Lage jener Bretter auf die Schulter hob, mit denen er die verfaulte Nordwand verschalen wollte.

Als ich noch ganz neu in Victors Leben war und sich seine Verliebtheit gelegentlich zu jener selbstvergessenen Raserei steigerte, in der er mir (ohne zu wissen,

was er tat) ins Ohr flüsterte, daß er ohne mich nicht leben könnte, hatte ich dazu geneigt, mir zuweilen vor dem Spiegel stehend die Frage zu stellen, ob es der Schwung meiner Schultern wohl mit dem Schwung der Schultern hochbezahlter Titelblattschönheiten in Modejournalen aufnehmen könnte. Soweit ich mich erinnern kann, war ich mit der Ausstrahlung und dem Schwung meiner Schultern recht zufrieden gewesen, und Victor war ebenfalls recht zufrieden gewesen, vor allem von jenem Tage an, an dem er festgestellt hatte, daß man meine Schultern auch belasten kann. Dann jedoch hatte er irgendwann angefangen, mehr an die Lasten zu denken, die ich auf meinen Schultern trug, als an die Schultern selbst, und anstatt sie vor dem Spiegel auf ihren schönen Schwung hin zu prüfen, hatte ich künftig das Bedürfnis, sie mit Franzbranntwein einzureiben, vor allem nach unserem Weekend auf dem Lande.
Von Juni bis Ende Oktober verbrachten wir jedes Wochenende und jeden freien Tag in unserem Wochenendhaus. Es war bestimmt der widerlichste Sommer meines Lebens, obwohl ich mit einigem Erstaunen feststellte, wieviel Kraft noch in meinem ermüdeten Gatten schlummerte und mit wieviel Geschicklichkeit er Säge und Hammer handhabte. Von Hans-Ferdinand hatten wir nichts mehr gehört, nachdem er Schlüssel und Verantwortung für sein Wochenendhaus erst mal in unsere Hände gelegt hatte, aber seine Frau Gustl rief an und sagte, sie hätte mit dem Förster gesprochen, und im Frühsom-

mer könne man leider nicht fällen, »weil dann der Saft schießt!«
Ich schlug Victor erleichtert vor, das ganze Projekt zu verschieben und mit den Renovierungsarbeiten erst zu beginnen, wenn die Bäume gefällt waren, aber davon wollte er nichts hören, sondern krempelte die Ärmel mit einem solchen Elan hoch, daß ich schon glaubte, er wolle sich ein Liebesnest schaffen, in dem ihn die Marienkäferchen besuchen sollten, doch ich hatte mich getäuscht.
Victor gehörte ganz einfach zu jenen Leuten, die es nicht übers Herz bringen, etwas liegen zu lassen, das es umsonst gibt, einerlei, wie unattraktiv und überflüssig es auch immer sein mag.
»Von dem Tag an, an dem die Lichtung geschlagen ist, und die Sonne Terrasse und Haus bescheinen wird, möchtest du doch auch lieber im Liegestuhl liegen und nicht schwitzend im Walde schuften«, spann er seine Argumente weiter aus, doch schon in diesem Sommer mit der Arbeit zu beginnen, und ich konnte nichts dagegen tun, da das, was er sagte, logisch war.

Zuerst rodeten wir den Garten, indem wir kleinere Bäume fällten, Buschwerk entfernten und dann die Brombeerranken einzeln mit den Händen herausrissen, und ich würde mich eher verpflichten, dem Teufel die Fußnägel zu schneiden, als mich noch jemals im Leben mit Brombeerranken abzuplagen, die eine Million feinster Stacheln besitzen, welche sich durch jeden Handschuh, jeden Pulloverärmel und sogar die Unterwäsche hindurchbohren, so daß man sie nach getaner Arbeit mühselig und mit Hilfe der Pinzette aus der Haut entfernen muß. Zudem war es eine mühselige Arbeit, da die tückischen Ranken offensichtlich schon seit Jahrhunderten Wohnrecht in diesem Garten hatten und ihre Wurzeln metertief ins Erdreich hineingewachsen waren. Unter den Brombeerranken entdeckten wir zu unserer größten Freude Millionen kleiner Steine, welche Victor in Eimern sammelte, um sie den Hang hinab zu tragen und in eine Grube zu entleeren. Ich sammelte nur zehn Eimer voll und warf die Steine heimlich in eine Senke direkt hinter dem Haus. Dann glätteten wir den Boden, der irgendwie grau und trostlos aussah, und kauften Grassamen, der einhundertfünfzig Mark kostete. Aber er ging nur unvollkommen auf, und der Gesamteindruck blieb irgendwie unbefriedigend. Dann machten wir uns über das Innere des Hauses her, entrümpelten es bis auf den Kleiderschrank und hatten riesige Feuer, die den ganzen Tag über brannten. Mit Freude im Herzen sah ich zu, wie Victor eines Sonntagmorgens das geschmacklose Vertiko zerhackte, die Teile ins Feuer warf und die Tigerkrallen und Obstmedaillons zu Asche zerfielen. Irgendwann im August kamen wir endlich dazu, das Bett näher in Augenschein zu nehmen. Es enthielt sämtliche Matratzen, die die Familie im Laufe der Zeit ausrangiert hatte, und man konnte an den einzelnen Lagen den jeweiligen Wohlstand ablesen.

Die oberste Schicht wurde von zwei sehr ordentlichen Federkernmatratzen gebildet, die man noch hätte verwenden können, wenn nicht dazwischen eine zerquetschte Maus gelegen hätte. Ich schrie auf und zwang Victor, die leicht angehobene Matratze fallen zu lassen und beide mitsamt ihrem scheußlichen Inhalt zu verbrennen. Er murmelte etwas von der Verschwendungssucht der Weiber, aber dann schleppte er sie doch hinter das Haus und übergab sie dem Feuer, vermutlich weil ich bereits die Jacke angezogen hatte und mit den Autoschlüsseln klapperte. Die nächste Schicht im Wunderbett förderte zwei sehr stark durchgelegene Matratzen und eine Armeedecke zutage, die auf die Kriegsjahre schließen ließ. Zu meiner Überraschung fand ich auch eine Zeitung aus dem Jahre dreiundvierzig und zog mich mit diesem Fund zufrieden in den alten Sessel neben der Stehlampe zurück. Ich war so vertieft in meine Lektüre, daß ich gar nicht mehr an Victor dachte und unsere gemeinsame Tätigkeit an der Lagerstätte total vergessen hatte. So fuhr ich erschreckt in die Höhe, als mein ruhiger, besonnener, schweigsamer Victor geradezu hysterisch aufschrie, wie besessen an mir vorbeihastete und ins Freie flüchtete. Ich schmiß die Zeitung hin und rannte ihm nach, insgeheim ein Erdbeben oder eine Explosion befürchtend. Draußen lehnte mein großer Gatte schweratmend an einem Baum und erzählte mir stoßweise, er wäre ganz unten im Bett auf einige total zerfressene Seegrasmatratzen gestoßen, und als er sie hätte aufnehmen wol-

len, hätte er mit der bloßen Hand in ein Mäusenest gefaßt.
»Es muß jedenfalls so etwas gewesen sein, denn es fühlt sich entsetzlich an, ganz nackt und zittrig«, setzte er in der Annahme, daß ich mir das Gefühl am Ende nicht vorstellen könnte, sehr plastisch hinzu.
»Vielleicht war es auch ein Rattennest«, sagte ich bebend vor Aufregung.
»Sei doch nicht blöd«, sagte Victor und bewies mir damit, daß er seine Fassung wiedergefunden hatte. »Überleg lieber, wie wir die Matratzen ins Feuer kriegen.«
»Du willst doch nicht etwa die lebenden Tiere verbrennen«, schrie ich entsetzt, »ich glaube, Mäuse können entsetzlich schrill quietschen.«
»Das ist man als Ehemann gewöhnt«, sagte Victor trocken.
Ich schlug ihm schließlich vor, das ganze Bett samt Inhalt in den Wald zu tragen und da irgendwo abzustellen, um Familie Maus Gelegenheit zu geben auszuziehen, und nachdem ich etwa zweitausend Worte in diesem Sinne gesprochen hatte, war Victor bereit, meinem Vorschlag zu folgen, wobei er etwas von Männern erzählte, die von ihren Frauen zum Wahnsinn getrieben würden, oder so ähnlich.
Nachdem wir dieses Problem zu Victors sichtlicher Unzufriedenheit gelöst hatten, ergab sich ein neues, nämlich dasjenige, wie man die zahlreichen Verwandten der Mäusefamilie entfernen könnte, die bereits das Zeitliche gesegnet hatten. Ich schrie auf, als

ich das Mäusegrab sah, welches sich unter dem ins Freie beförderten Bett befand, und Victor entfernte die Verblichenen schließlich – wie und wann, entzieht sich meiner Kenntnis.
Ich machte derweil einen ausgiebigen Spaziergang und war begeisterte Ehefrau, die für alle Zeiten und mit Freude im Herzen auf das Recht der Gleichberechtigung verzichtete. Als ich erfrischt zurückkam, war das Schlafzimmer leer und aufgeräumt, der Boden sauber gefegt, das Fenster geöffnet und die Luft frisch und rein. Ich sah Victor draußen stehen und mit einem alten Stuhlbein im Feuer herumstochern.
»Los, koch Kaffee«, rief er wenig freundlich, als er mich müßig am Fenster stehen sah.
»Gern, mein Liebling«, rief ich liebevoll zurück und setzte das Wasser auf.
Im September riefen wir Hans-Ferdinand an, aber er war nicht zu Hause. Nur Gustl war da und sie sagte, der Förster wäre schrecklich überlastet. Er müsse überall Bäume fällen, aber im November wären wir an der Reihe.
Wir hatten inzwischen das Haus gesäubert und neu tapeziert. Wir hatten den Bretterboden gestrichen und mit Strohmatten ausgelegt. Victor hatte jede freie Minute dafür geopfert, eine sehr hübsche Bank und Küchenregale aus Fichtenholz zu schreinern. Ich nähte geblümte Gardinchen und dekorierte liebevoll die Fenster. Mit vereinten Kräften trugen wir einen alten, sehr gut erhaltenen Eßtisch, einen kleinen Küchenschrank und zwei Klappbetten bis zu

unserem Haus. Es hätte alles sehr hübsch sein können, wäre es bei Licht zu betrachten gewesen, aber die Zwanzig-Watt-Funzel, die unsere Beleuchtung ausmachte, brannte weiterhin den ganzen Tag.
Der Oktober war noch sehr warm und trocken und wunderbar für herbstliche Spaziergänge geeignet, aber Victor beschloß, statt dessen mit dem Bau der Terrasse zu beginnen. Ich strich sie später grün an, und sie wurde sehr hübsch, nur das Tageslicht fehlte.
Im November rief Victor erneut bei Hans-Ferdinand an, aber der war zur Kur gefahren und Gustl sagte uns, sie wüßte es auch nicht so genau, aber ihr Mann hätte vor seiner Abreise noch mit dem Förster gesprochen, und der hätte jetzt keine Zeit, weil er doch die Christbäumchen fürs Weihnachtsfest schlagen müßte! »Sie wollen ja auch nicht auf ein Tannenbäumchen verzichten, nicht wahr?« sagte sie und appellierte an unser Verständnis. Im Januar erzählte uns Gustl, ihr Mann wäre nicht da und der Förster hätte keine Zeit, weil er mit der Neubepflanzung und dem Anlegen von Schonungen beschäftigt wäre.
»Was pflanzt man denn im Januar?« fragte ich Victor.
»Man bepflanzt sicher die Stellen, die man im November kahlgeschlagen hat«, antwortete er düster.
Im Februar rief Victor wieder an und Gustl vertröstete uns auf März.
»Ich dachte, im Frühjahr kann man nicht schlagen, weil da der Saft schießt?« fragte Victor erstaunt.

»Ach wo«, sagte Gustl und hängte ein.
»Wir werden im kommenden Sommer wieder nichts von dem Haus haben«, bemerkte ich und dachte an die vielen Wochenenden des vergangenen Jahres, die wir schuftend im Wald verbracht hatten. »Ich habe ja von Anfang an gesagt, daß ich gar kein Wochenendhaus will!«
»Jetzt mach du mich nicht auch noch verrückt«, entgegnete Victor.
Im April lehnte sich das Haus mitsamt der schönen neuen Terrasse leicht zur Seite und Victor stellte fest, daß einer der Stützbalken verfault war.
»Wir müssen den Besitzer anrufen und ihm sagen, daß wir einen Fachmann brauchen«, sagte ich kraftlos.
»Ich brauch' keinen Fachmann«, sagte Victor, und ich wußte, was von mir erwartet wurde.
Wir mieteten also einen Kombiwagen und kauften Holz für neue Stützbalken und Bretter für den Fußboden. Ich war schon sehr lustlos, als wir Anfang Mai das Holz über den nichtbefahrbaren Wiesenpfad schleppten und hinter dem Haus stapelten, aber das liegt eben daran, daß ich keinen Funken Ehrgeiz und Energie besitze und immer nur genießen will.
»Du mußt viel mehr Durchhaltevermögen entwikkeln und endlich lernen, daß der, der ruhen will, vorher arbeiten muß«, sagte Victor, als er mir die sechste Lage Bretter auf die Schulter hob, ohne mich noch groß dafür zu bewundern, daß ich sie klaglos trug.

»Ich glaube, meinen gesamten Vorrat an Durchhaltevermögen habe ich bereits für das Aufrechterhalten unserer ehelichen Gemeinschaft verpulvert«, antwortete ich zähneknirschend.

Ende Mai organisierte Victor einen Hilfstrupp von Freunden und Arbeitern aus dem Betrieb, und sie zogen zwei neue Stützbalken ein und erneuerten den Fußboden im Wohnzimmer.

Ich saß derweil müßig auf der düsteren Terrasse und hatte Wahnvorstellungen von Sonne, Hitze und Wüstensand.

Im Juni erschienen plötzlich und unerwartet die Waldarbeiter und fällten etwa doppelt soviel Bäume, wie wir angestrichen hatten. Leider transportierten sie sie nicht ab, so daß sie mit ihren ausladenden Kronen kreuz und quer um das Haus herum und auf dem spärlichen Rasen lagen. Wir hatten jetzt genug Sonne, aber der Umstand, daß man das Ferienparadies nur per Kletterpartie erreichen konnte, stand dem letzten Glück im Wege. Am Wochenende darauf lagen wir zum erstenmal richtig müßig in der Sonne, und am Wochenende darauf kam unser Freund Nänni mit seiner Frau Gustl, den beiden Kindern und dem Dackel Erwin, um zu sehen, ob der Förster auch gute Arbeit geleistet hätte. Sie lobten die Einrichtung des Hauses und unsere Energie und legten sich dann auf die Terrasse, derweil ich in der entzückenden Küche stand und Kaffee kochte. Durch das geöffnete Fenster hörte ich, wie Victor sich seiner Lieblingsbeschäftigung hingab: er ließ

sich bedauern. Gustl lobte eine Arbeitskraft und seinen Eifer derart überschwenglich, daß mir bald übel wurde und ich mir nicht versagen konnte, mich durch das Fenster an der Unterhaltung zu beteiligen.
»Wir haben bis jetzt fast jedes Wochenende wie die Verrückten gearbeitet, bis ich schließlich aufgab, die Blasen an meinen Händen zu zählen, ha ha ha ha«, sagte ich im munter-bissigen Plauderton, das Wort »wir« stark betonend.
Gustl rieb sich mit Andacht die Beine mit meinem Sonnenöl ein, legte sich genüßlich im Liegestuhl zurecht und schloß die Augen. »Na ja, 'n kleines Hobby braucht ja jede Frau, nich?« sagte ihr Gatte und klopfte Victor leutselig den Rücken. »Sie«, meinte er zu mir gewandt, »können hier in der himmlischen Ruhe doch sicher wunderbar schreiben. Hab' gehört, daß Sie Autorin sind und Bücher schreiben, da haben Sie so ein stilles Fleckchen Erde doch sicher schon lange gesucht!«
»Natürlich«, sagte ich schwach und goß den Kaffee auf.
»Gemütlich bei euch«, sagte Gustl und richtete sich auf, um die Tasse entgegenzunehmen, die ich ihr reichte. »Wirklich, ich finde, wir sollten uns duzen. So 'n steifes Sie paßt irgendwie nicht zu einem Wochenendhaus, hab' ich recht?«

In den folgenden Monaten hatte ich Gelegenheit festzustellen, daß es noch so einiges gab, was nicht zu einem wirklich gelungenen Wochenende auf dem Lande paßte, meine Müdigkeit und meine schlechte Laune zum Beispiel. Es war merkwürdig, wir hatten eine gewisse Vorstellung gehabt, wie unsere Wochenenden verlaufen würden, wenn wir das Haus erst einmal fertig hätten, und genau so, wie wir gedacht hatten, wurde es auch, nur die rechte Freude wollte nicht aufkommen. Gewöhnlich sah es so aus:

War das Wetter schön und versprach schön zu bleiben, bekamen wir spätestens am Freitag den Anruf von Bert und Ilse oder Gustl oder Lis und Tommy und sie fragten an, was wir denn am Wochenende so vorhätten. Da wir gastfreundliche Leute sind und uns überdies alleine schnell langweilen, hörte ich mich dann jedesmal sagen: »Wir fahren wahrscheinlich in unser Wochenendhaus. Wenn ihr Lust habt, würden wir uns freuen, wenn ihr auch hinkämt.«

Die Folge davon war, daß ich freitags wie besessen einkaufte und Listen anfertigte, um ja nichts zu vergessen. Am Samstag hätten wir eigentlich gern einmal so richtig ausgeschlafen, aber es ging nicht, wenn wir noch gemütlich frühstücken wollten. Danach räumte ich im Eiltempo die Wohnung auf und machte die Betten, und danach fing ich an, anhand der Listen die diversen Taschen zu packen. Nachdem Kathrinchen aus der Schule gekommen war, wir alles im Auto verstaut und dann im Stau vor uns hin gebrütet hatten, parkten wir endlich um die Mittagszeit in der Nähe unseres Waldes.

Ich sage »in der Nähe«, denn der Reiz des Wochenendhauses lag ja gerade in seiner Lage, nämlich der Lage fernab jeder befahrbaren Straße, und so schleppten wir dann die Tasche mit den Eßwaren und die Tasche mit dem Zubehör für Grill und Tisch und die große und die kleine Kühlbox und schließlich den Kanister mit dem Trinkwasser über den Wiesenpfad und durch den Wald, und wenn wir endlich ankamen, waren meine Finger so steif, daß ich sie einzeln von den Griffen lösen mußte. Leider war die Hütte nicht dicht und sehr alt, und bei Regenwetter hatte sich immer die Tür verzogen, so daß man sie mit Gewalt aufreißen mußte, und dann zerrte ich die innen angebrachten Holzverschalungen von den Fenstern und entfernte mit spitzen Fingern die Spinnweben aus den Haaren, die dabei herunterfielen.

Während ich mir noch ein paar tote Fliegen aus dem Kragen zupfte, betrachtete ich die hübschen Fichtenholzmöbel, die inzwischen von den Mäusen als Klo benutzt und dementsprechend verunziert worden waren. Derweil ich die Möbel säuberte, ging Victor umher und registrierte Schäden: »Tischdecke angefressen, die Spanschachtel auf dem Küchenbord zerfetzt, Fenster klemmt, was zum Teufel haben die kleinen Häufchen unter dem Kleiderschrank zu bedeuten, gütiger Himmel, Holzwürmer... das Dach leckt, verflucht, hier vorne ist alles naß!« Ich arrangierte derweil unsere Grillzutaten draußen unter der Linde, und in den Körben und irdenen Gefäßen sah

alles genauso aus, wie es uns das Titelblatt mit dem Motto: »Ein Grillspaß für die ganze Familie« vorschreibt. Der Anblick befriedigte mich sehr, ebenso wie der Anblick des gedeckten Tisches unter der Pergola und der Anblick meiner zufrieden schmausenden Gäste, die sich um den ländlichen Tisch herum versammeln, während Victor über die etwas feucht gewordene Grillkohle schimpft und der Wind sich immer so dreht, daß wir die Rauchschwaden ins Gesicht kriegen. Aber über solche Kleinigkeiten regt man sich ja nicht auf, auch nicht über die vielen Gewitterfliegen, die man ständig aus den Gläsern und von seinem Fleisch polken muß, und über die Berge von Geschirr, welche man in Wasser abwäscht, das man entweder von zu Hause mitbringen oder von der Quelle hundert Meter unterhalb des Hauses den Berg hinaufschleppen muß.
Irgendwie ließ meine Lust, aufs Land zu fahren, bedenklich schnell nach, und das Schlimmste war, daß ich mich so schrecklich schämte, daß ich das Ganze nicht halb so entspannend und amüsant fand, wie es angeblich doch ist. Natürlich, man beschäftigt sich haargenau mit den gleichen Problemen wie während der Woche, nur ist alles ein bißchen kräftezehrender und mühsamer und in vielen Fällen ausgesprochen eklig. Das Kochen ist viel schwieriger als das Zubereiten einer Mahlzeit zu Hause, denn immer ist die Grillkohle etwas feucht, und der Ofen zieht nicht, weil ein Käuzchen im Schornstein nistet, und immer muß das Wasser zum Spülen, Händewaschen und

Saubermachen von wer weiß wo herbeigeschleppt werden, nachdem man irgendwie den ganzen Tag über schon geschleppt hat, und immer hat eine Maus das Trockentuch zernagt, und in der Spülschüssel liegt etwas, von dem man nicht ausmachen kann, ob es ein Wollflusen oder ein verendeter Schmetterling ist. Aber trotzdem, wenn man das Haus in Ordnung gebracht hat, und die Mäusefallen geleert sind, und die zerfressenen Handtücher und Schachteln beseitigt wurden, wenn alles endlich ausgepackt ist und das Feuerchen brennt und die Rauchschwaden alles einhüllen und man den Tisch gedeckt und die Flaschen geöffnet hat, dann könnte es doch gemütlich werden, dann *muß* es doch einfach gemütlich werden, und so schämt man sich schließlich nur noch ganz heimlich, daß man nicht so ausgelassen und fröhlich ist, wie es bei dem Grillspaß für die ganze Familie doch eigentlich sein müßte. Ich war immer glücklich, wenn ich endlich alles abgewaschen und weggeräumt hatte, die Taschen gepackt waren und das Haus abgeschlossen wurde, so daß wir schwerbeladen und im Gänsemarsch den Rückweg antreten konnten, uns gegenseitig versichernd, wie nett es doch wieder gewesen sei, und jeder sich heimlich auf unser gemütliches, mäusefreies Zuhause freute. Dort angekommen, stürzte Victor sofort ins Badezimmer, während ich unsere diversen Taschen auspackte, und danach gönnte auch ich mir ein ausgiebiges heißes Wannenbad, um all den Grillspaß loszuwerden. In einem Schmalfilm, den wir an einem solchen Wo-

chenende gedreht haben, kommen wir übrigens prima heraus, und jeder, der ihn sieht, ist hellauf begeistert und zutiefst betrübt, wenn er an seine eigenen wochenendhauslosen Feiertage denkt. Der Film mit dem Titel »Unser Sonntag auf dem Lande« erweckt alle diesbezüglichen Sehnsüchte, mit denen der Städter gelegentlich zu tun hat, und besonders schön ist die Szene, in der unser kleines, wildumwuchertes Landhäuschen friedlich im Abendsonnenschein zu sehen ist, und dann Victor in der geöffneten Tür erscheint, mit Gummistiefeln an den braungebrannten, nackten Beinen und die Hände tief in den Taschen. Mit der Pfeife im Mund blickt er still und zufrieden über das weite Land, und besonders wirkungsvoll macht sich das Kuhglockengeläut, welches wir vom Band dazu servieren. Nett ist auch die Szene, in der ich braungebrannt und ländlich im geöffneten Fenster zu sehen bin und spüle und das Spülwasser ganz einfach zum Fenster hinausschütte, womit ich demonstriere, wie einfach und praktisch es auf dem Lande zugeht.
Kathrinchen gab schließlich das Mißtrauen, das sie unserer neuen Wochenendbeschäftigung anfangs entgegengebracht hatte, auf und tobte mit ihrer Freundin Trudi genauso frisch-fröhlich um das Haus herum, wie ich es mir vorgestellt hatte. Auch liebte sie die Grillspezialitäten und die netten bunten Salate und das Schaukeln in der Hängematte, aber sie hatte von Anfang an erklärt, daß sie sich weigere, jemals, auch nicht in Ausnahmefällen, die toten Flie-

gen von den Fensterbrettern zu entfernen, und soweit ich mich erinnere, hat sie ihr Gelübde auch kein einziges Mal gebrochen.
Victor und ich dagegen taten uns sehr viel schwerer, wenn es darum ging, die Früchte, die wir gemeinsam gesät hatten, nun auch gemeinsam zu genießen. Als alles erst einmal ganz fertig war und das gemeinsame Schleppen von Brettern und das gemeinsame Werkeln und Schuften aufhörte, war es genauso, wie an allen Sonntagen auch, die wir zu Hause verbrachten, nur in grüner Kulisse. Ich stand in der Küche und war um das Essen bemüht, und Victor lag im Liegestuhl und las die Sonntagszeitung. Er las sie, bis ich zum Essen rief, und nach dem Essen las er sie wieder, derweil ich in der entzückenden Küche stand und das Geschirr abwusch. Hatten wir keine Gäste, so wurde nämlich nicht gegrillt, weil es sich, laut Victor, für uns allein nicht lohnte.
Eines Morgens rief ich Impa an, die ich seit ewigen Zeiten nicht gesehen hatte, weil ich wegen der Wochenendhausgeschichte nicht mehr dazu gekommen war, alte Freundschaften zu pflegen.
Ich lud sie ein, uns am kommenden Wochenende doch einmal zu besuchen.
»Sonntag geht nicht«, sagte sie, »weil wir am Samstag und am Sonntag jetzt nämlich immer Tennis spielen.«
Ich staunte stumm vor mich hin.
»Ja, und euer Garten?« fragte ich.
»Ach, den haben wir aufgegeben«, sagte sie.

»Seit Heiner Abteilungsleiter ist, hat er die ganze Woche über einfach zuviel am Hals, als daß er am Sonntag noch Lust hätte, ewig im Dreck zu wühlen, und die Kinder hatten zum Schluß auch keine Lust mehr, und deshalb haben wir den Garten an einen Arbeitskollegen von Heiner abgegeben und sind statt dessen lieber in einen Tennisclub eingetreten. In diesem Sommer haben wir beinahe jede freie Minute im Club verbracht, und es gefällt uns sagenhaft gut.«

»Ich muß schon sagen, daß du ziemlich oft etwas Neues anfängst«, sagte ich spitz, denn irgend etwas ärgerte mich an ihren Worten, ohne daß ich direkt hätte sagen können, was das eigentlich war. »Erst gründest du deinen Klamottenladen, dann brauchst du plötzlich einen Schrebergarten, und jetzt muß es der Tennisclub sein!«

»Wieso?« antwortete sie. »Man muß sich doch schließlich weiterentwickeln.«

»Natürlich«, sagte ich, »entschuldige!«

»Wie ist es euch denn mit dem Häuschen ergangen?« fragte sie. »Ist es nicht netter, am Wochenende rauszufahren und etwas Gemeinsames zu unternehmen, als immer und immer bloß zu Hause rumzusitzen?«

»Wenn du mich fragst, so hat der Besitz eines Häuschens im Grünen denselben Einfluß auf eine angeknackste Ehe wie der Besitz eines Zweitwagens, einer Penthousewohnung oder eines neuen Babys. Nach anfänglicher Zerstreuung kommen all die alten Probleme wieder aus ihren Verstecken und versauen

dir in alter Manier die Freude an dem schicken Wagen, der Penthousewohnung oder dem neuen Baby.«
»So ein aufwendiges Zweithaus ist vielleicht auch nicht das richtige«, sagte sie nachdenklich. »Ich hab' das ja mit unserem Schrebergarten auch gemerkt, zum Schluß wollte keiner mehr hinfahren, und wenn wir es doch taten, so haben wir uns entweder zu Tode gelangweilt oder doch wieder gestritten. So ein Tennisclub schafft mehr Ablenkung, und ich würde vorschlagen, daß ihr zu unserem großen Herbstball ganz einfach mal mitkommt. Das heißt, wenn Victor einen Smoking besitzt«, fügte sie hinzu. »Und die Damen erscheinen selbstverständlich in lang.«
Ich sagte, Victor besäße jede Menge Smokings, und versprach ihr, mich recht bald wieder zu melden.
»Wenn ihr euch übrigens entschließen solltet, auch in einen Tennisclub einzutreten, so müßtet ihr euch beeilen«, sagte sie. »Bei uns ist bald Mitgliederaufnahmestopp, und dann muß man unter Umständen ewig warten, bis man aufgenommen wird.«
Ich sagte, daß wir weit davon entfernt seien, in einen Club einzutreten, und sie sagte, dann sei es ja gut.
»Euer Haus im Grünen scheint euch ja dann wohl doch besser zu gefallen, als du zugibst«, lachte sie. »Wahrscheinlich hast du eben nur wieder deine Witze gemacht, und in Wirklichkeit sitzt ihr in eurem grünen Nestchen und turtelt wie die Tauben.«
Im Gegensatz zu Impas Annahme verloren wir bald jede Lust, unser grünes Nestchen überhaupt noch

aufzusuchen. Ich begann damit, kleine Krankheiten zu erfinden, um zu Hause bleiben zu können und ungestört zu schreiben, denn ich hatte die Arbeit an meinem Manuskript wieder aufgenommen und, gemessen am Aufbau einer zusammengebrochenen Bretterhütte, schien mir die Tätigkeit an der Maschine auch außerordentlich leicht zu sein.
Auch Victor fuhr schließlich immer seltener in unser Landhaus, und eines Abends überraschte er mich mit der Mitteilung, Hans-Ferdinand hätte ihm den Vorschlag gemacht, sein Haus gegen Erstattung der Unkosten, welche wir gehabt hatten, wieder selbst zu übernehmen.
»Geschickter Bursche«, dachte ich, »verdammt gut eingefädelt!« War aber doch froh, als Victor den Schlüssel zum Paradies wieder abgab, und ich damit aufhören konnte, freitags wie besessen einzukaufen und das sonntägliche Menü auf einem stinkenden, qualmenden Herd zuzubereiten, der nicht richtig zog, weil im Kamin ein Käuzchen nistete.
Wir verbrachten unsere Sonntage also wieder wie gewohnt, was soviel heißt, daß wir uns langweilten und ich kochte und Victor die Zeitung las, aber wir mußten uns doch zumindest nicht vorher wie die Verrückten abstrampeln, nur um dies zu erreichen.
Im großen und ganzen waren die Wochenenden dieses Winters aber doch recht friedlich, und eine gewisse Portion gepflegter Langeweile gehört ja wohl ganz einfach dazu. Es wäre übrigens ratsam gewesen, diese Stunden ganz bewußt zu genießen, und ich

hätte dies sicher auch getan, wenn ich geahnt hätte, daß dies der letzte Zeitabschnitt unserer Ehe war, in dem wir unsere Wochenenden überhaupt noch miteinander verbrachten und doch auch hin und wieder mal ein Wort miteinander wechselten. Denn nachdem wir den großen Herbstball besucht hatten, den Impas und Heiners Tennisclub veranstaltete, jenen Herbstball, auf dem Victor im nagelneuen Smoking glänzte und so phantastisch aussah, daß sich die Damen um ihn rissen, keimte in ihm ein Gedanke, der den Winter über still und heimlich reifte und im Frühjahr in die Tat umgesetzt wurde. Victor plante, seine lästig gewordene Familie an die Wand zu stellen, sein ungeliebtes Heim künftig nur noch als Waschanstalt und Tankstelle zu mißbrauchen und sich im Club ein neues Zuhause zu schaffen. Ein Zuhause, in dem man seine Anwesenheit besser zu schätzen wußte und in dem ihn weit attraktivere Dinge erwarteten als eine übelgelaunte Ehefrau und der Fernseher.
Es fing ganz harmlos mit dem Kauf einer kleinen weißen Tennishose an und endete damit, daß Victor es vorzog, statt meine Rundungen die des Tennisschlägers zu küssen.
So was beleidigt einen, ich meine (um mit Impa zu sprechen) als Frau!

Vorteil auf

Ganz zu Anfang, als ich noch nicht wußte, welch geradezu tödlichen Einfluß das Tennisspiel auf unser Familienleben haben würde, gehörte ich noch zu jenen Frauen, die keinerlei Verständnis dafür aufbringen, wenn eine Ehefrau ihrem Mann das Bierchen in der Kneipe oder den ausgiebigen Aufenthalt in seinem Taubenverein mißgönnt. Ich gehörte eher zu jenen Frauen, die sich in ihrer Großzügigkeit sonnen und bemerken: »Meine Güte, wie kann man nur eifersüchtig auf einen Taubenschlag sein oder auf ein Schachbrett oder auf einen Ping-Pong-Ball, meine Güte, 'n kleines Hobby muß man dem Ehepartner doch wohl gönnen, oder?«
Und ich hätte den dummen kleinen Frauchen vorgeschlagen, die Stunden der Abwesenheit ihres Gemahls doch dazu zu nützen, ein gutes Buch zu lesen oder Italienisch zu lernen. Ich ging davon aus, daß diese nörgeligen, einfältigen Weibchen ihrem Mann jedes kleine Vergnügen mißgönnen und täglich ungeduldig darauf warten, daß er von seiner Arbeit nach Hause eilen und dann unverzüglich ihre Hand halten soll. Nachdem ich dann die Frau eines Tennissüchtigen geworden war, und zwar aus heiterem Himmel und ohne jede Vorbereitung oder psychologische Beratung, wußte ich es besser:

Ein Mann, der sein Hobby bis zur Manie betreibt, macht einen rasend.
Als ich erst einmal dahintergekommen war, »wohin der Hase läuft«, nämlich immer hinter einem Ball her (und immer weiter von mir weg), hätte ich Zeit und Gelegenheit genug gehabt, jede Menge guter Bücher nicht nur zu lesen, sondern auch zu schreiben, oder doch wenigstens Italienisch zu lernen. Ich tat nichts von alledem, sondern wurde nörgelig und weinerlich und dachte des öfteren an meine Freundin Linda, die ich vor einigen Jahren aus den Augen verloren hatte, nachdem *sie* so weinerlich und nörgelig geworden war, daß man nichts Rechtes mehr mit ihr anfangen konnte. Als ich Linda kennengelernt hatte, war sie ein fröhliches und lebenslustiges Mädchen gewesen, zumindest solange sie noch Schuhverkäuferin bei Hünters war, am Wochenende ins Kino oder ins Konzert ging und immer, wenn drei freie Tage aufeinanderfolgten, zum Baden an die holländische Küste fuhr.
Eines Tages hatte sie aber in einem Anfall geistiger Umnachtung Freddy geheiratet. Freddy hatte wunderbar dichtes schwarzes Haar und ein bezauberndes Grübchen am Kinn und er konnte »La Paloma« pfeifen, und Linda war gern bereit, sonntags morgens, wenn alles noch schlief, mit ihm zum Angeln zu fahren. Nachdem die beiden geheiratet hatten, war Linda auch weiterhin bereit, mit Freddy sonntags zum Angeln zu fahren, aber doch vielleicht nicht jeden Sonntag und nicht in allen Urlauben. Und

dann stellte Linda eines Morgens, es war ein Sonntagmorgen nach dem alljährlichen Sommerfest im Anglerverein, blinzelnd und im Halbschlaf fest, daß Freddys Bett bereits leer war, und auf der Kaffeemaschine fand Linda einen Zettel mit den Worten: »Bin zum Fischen, Kuß F.«
In den nächsten Wochen und Monaten wurde Linda schmerzlich klar, daß sie keinen Mann geheiratet hatte, der gern mal die Angel auswirft, sondern einen Suchtkranken, der ohne Angel in der Hand ein unglücklicher Mensch ist und dessen Gedanken sich ausschließlich um Fischgewässer, Köder, Angelhaken und den Fischereiverein drehten. Dieser Mann, mit den schönen schwarzen Haaren und dem zauberhaften Grübchen am Kinn, war nur unter Strafandrohung dazu zu bewegen, einen einzigen Sonntag im Jahr nicht den Fischen oder dem Anglerverein zu widmen, sondern zum Beispiel mit Linda im Wald spazierenzugehen, und da schlich er maulig und schweigsam daher, wie ein Fünfzehnjähriger, der seine Mama zum Kaffeekränzchen begleiten muß, derweil »alle anderen« Fußball spielen.
Seit der ersten bösen Stunde der Erkenntnis begann Linda die Angel als ihre Todfeindin anzusehen, sie betrachtete die Schöne, Schlanke, wie man das Foto der Geliebten des Gatten betrachtet, sie verfolgte alles, was mit Angeln zu tun hatte, mit Haß und Eifersucht, und übergab sich schließlich schon beim bloßen Anblick von Fischstäbchen aus der Tiefkühltruhe.

Linda kämpfte tapfer und zäh um ihren Freddy und um seine Liebe und Aufmerksamkeit, aber sie verlor den Kampf natürlich, denn was ist Linda denn schon gegen ein Rotauge oder jene Stunde, in der »sie beißen«!

Und was ist Linda mit ihrer kleinkarierten Borniertheit denn schon gegen die anderen Angler, jene Menschen, die Freddy dieses wohltuende, tiefe Verständnis entgegenbringen, welches Linda so total abgeht?

Nun gut, bei meiner Freundin Linda war es der Anblick einer Angel, wenn sie plötzlich diesen schmaläugigen, bösartigen Gesichtsausdruck bekam, bei meiner Großmutter Klärchen waren es Schachfiguren, bei Ruthli ein ganz bestimmtes Gasthaus und bei Annemie gar so etwas Kleines, Harmloses wie ein Ping-Pong-Ball.

Als ich Victor kennenlernte, schien er nur an einer einzigen Sache Interesse zu haben, nämlich mich vor den Traualtar zu schleppen, und ich fand die Idee ganz nett und dachte, daß wir unsere freien Stunden künftig gemeinsam und mit einer Sache, die uns beiden Spaß macht, verbringen würden. Zu diesem Zeitpunkt hätte ich niemals begriffen, wieso ein so vernünftiges Mädchen wie Linda sich derartig über eine harmlose Angelschnur aufregen kann, aber viele, viele Jahre später mußte ich verbittert zugeben, daß sich bei mir ähnliche Anzeichen einer echten Allergie bemerkbar machten und ich mich beim bloßen Anblick eines Tennisschlägers schlagartig verfärbte und mit Würgen in der Kehle abwenden mußte. Wie weit so etwas gehen kann, wurde mir erst kürzlich wieder klar, als ich in einer Gastwirtschaft den Waschraum aufsuchte und in den Spiegel schaute. Der Spiegel war gut beleuchtet, aber dummerweise hatte man originell sein wollen und ihn in einen ausrangierten Tennisschläger montiert, und ich wunderte mich sehr, welch häßliches, wutverzerrtes Gesicht mir aus dem Spiegel entgegenblickte, bis ich entsetzt bemerkte, daß es mein eigenes war. Dabei hatte alles ganz harmlos angefangen.

Nachdem wir den großen Herbstball besucht hatten, auf dem Victor von allen Seiten jene wohltuende Bewunderung entgegengeströmt war, die ich schon so lange vermissen ließ, und er von allen Seiten gehört hatte, wie sehr gerade das Tennisspiel das Dasein bereichert, und daß gerade er jene seltene konstitutionelle Voraussetzung mitbringt, die man braucht, um eine wirklich harte Rückhand zu schlagen, hatte er des Sonntags zuweilen seinen Platz im Sessel verlassen und sich in die Halle begeben, um dem sonntäglichen Tennismatch seines Freundes Heiner zuzusehen. Ich merkte nichts und empfand sein Tun als positiv, da er merklich zufrieden von seinen Ausflügen zurückkehrte und unser Abendessen sogar mit kleinen Schilderungen würzte, die allerdings ausschließlich davon handelten, wie sehr sich Heiner durch das Tennisspielen verjüngt hätte, und wie nett die anderen Spieler seien, die er inzwischen kennengelernt hatte.

Dann, an einem schönen Tag Ende März, teilte er mir plötzlich mit, daß er sich entschlossen hätte, uns beide im Club anzumelden.

»Warum das denn?« fragte ich entsetzt, denn ich bin kein Vereinsmensch und verabscheue die kumpelige Schulterklopferei, die in den meisten Vereinen gang und gäbe ist.

»Weil wir auch nicht jünger werden und es an der Zeit ist, etwas für unsere Figur und für unsere Gesundheit zu tun!« sagte Victor.

Ich war mit Figur und Gesundheit eigentlich noch ganz zufrieden, aber anstatt an Linda zu denken und mich trommelnd auf den Teppich zu werfen und »Tennis oder ich!« zu brüllen, und zwar mit rasender Stimme und unter Androhung fürchterlichster Konsequenzen, bemerkte ich lediglich mit wenig Überzeugungskraft in der Stimme, daß ich immer ziemlich unsportlich gewesen wäre und schon beim Völkerballspiel in der Schule gänzlich versagt hätte.

»Aber Tennis ist doch etwas ganz anderes!« sagte Victor. Er gestattete seiner Phantasie, die er gewöhnlich in einem sehr engen Gatter unter Verschluß hielt, ausnahmsweise zügellos davonzugaloppieren, und spann die Idee aus. »Stell dir doch mal vor, wie ehefördernd es auch wäre, wenn wir abends noch losziehen und 'n kleines Match haben und hinterher an der Bar noch zusammen was Schickes trinken!«

Ich wirkte wenig begeistert, aber Victor wertete mein Schweigen als Zustimmung.

»Ich werde einmal damit beginnen, Trainerstunden

zu nehmen«, sagte er, »und wenn ich es dann kann, bringe ich dir das Spielen bei, Rückhand, Vorhand, Aufschlag und sogar die Aktionen am Netz, wirst sehen, es wird herrlich!«

Ich war zu diesem Zeitpunkt im hundertsten Jahr Ehefrau, aber in meinem Reifeprozeß auf der vorehelichen Stufe stehengeblieben, sonst hätte mich das Süße in Victors Stimme eigentlich mißtrauisch machen müssen.

»Du kannst ja erst einmal allein eintreten«, sagte ich und stellte die Tassen zusammen, nicht ahnend, daß Victor uns innerlich bereits beide bis zum Hals in den weißen Dreß gesteckt hatte und es kein Entrinnen mehr gab.

In den darauffolgenden Tagen entwickelte er eine ganz bestimmte Zielstrebigkeit, vor der ich mich fürchte, weil ihm mit Hilfe eben dieser ganz bestimmten Zielstrebigkeit nahezu alles gelingt, einerlei, ob es sich darum handelt, unerwünschte Gäste (von mir) für immer zu vergraulen, am Sonntag frisches Fleisch aufzutreiben, eine Karte für das angeblich ausverkaufte Fußballspiel zu bekommen, oder kleine unmündige und unwissende Mädchen vor den Traualtar zu schleppen. Victor braucht sich eine Sache nur vorzunehmen und sie wird ihm gelingen, einerlei, wie lange es dauert und wie beschwerlich der Weg zum Ziel ist und ob ich zum Beispiel dabei draufgehe oder nicht.

Zuerst besorgte er sich jede Menge Literatur über das Tennisspiel und übte die perfekte Rückhandstellung, indem er sich im Wohnzimmer in Positur stellte. Wie ich zugeben mußte, wirkte er auf Anhieb genauso sportlich gestählt und genauso attraktiv wie der braungebrannte Bursche auf der Abbildung. Stufe zwei bestand in der gleichen Übung, nur diesmal mit weißer Hose, Hemd und Tennisschuhen, und er vergnügte sich den ganzen Nachmittag damit, mit einem imaginären Schläger imaginäre Bälle über das »Netz« zu schlagen, sich mit dem »Ball« zu drehen und dazu »pffff« zu machen, was die pfeilschnelle Geschwindigkeit des Schmetterballes anzeigen sollte.

Als er damit begann, in jeder freien Minute in seinem neuerworbenen Tennisdreß herumzulaufen und wie der lebendige Beweis der Waschkraft eines Weißwaschmittels aussah, nahm ich innerlich wieder Abstand von dem Gedanken, diesem Treiben jemals beizuwohnen, da der Verstand offensichtlich darunter zu leiden schien.

Victor ließ sich durch meine hämischen Bemerkungen nicht beirren und nahm auch mein Training auf, indem er mir, an die Küchentür gelehnt, ganze Kapitel aus dem Tennisbrevier für Anfänger vorlas, derweil ich am Herd stand und unser Abendessen kochte.

Dann meldete er sich offiziell im Club an, zahlte ohne mit der Wimper zu zucken die hohe Eintrittsgebühr, nahm Trainerstunden, zahlte ohne mit der Wimper zu zucken die hohen Trainergebühren und fuhr an trainingsfreien Tagen in die Stadt, um seine

Ausrüstung zu ergänzen. Wie ich feststellte, benötigte er, um Tennis spielen zu lernen, außer den diversen Hemden, Hosen und Socken auch weiße Handtücher mit aufgesticktem Tennisschläger, einen Koffer für den Schläger, ein Futteral für den Schläger, einen weißen Pulli für kühle Tage und zwei weiße Tennisjacken mit bunten Kragen. Und überall stellte er ohne mit der Wimper zu zucken einen seiner kostbaren Schecks aus.

»Ziemlich teuer so Tennisklamotten«, bemerkte ich und glaubte seine Zustimmung erringen zu können, aber ich bekam nur einen verächtlichen Blick zugeworfen.

»Du würdest natürlich in 'nem abgeschnittenen Sommerrock und 'nem alten Turnhemd von Kathrinchen gehen«, sagte er. »Und dich sofort bei allen unmöglich machen!« Er breitete liebevoll seine weiße Tennisgarderobe auf dem Bett aus und streichelte die Firmenzeichen, die an auffälliger Stelle angebracht waren und jeden darüber aufklärten, daß dies wirklich ein Tennishemd für siebenundsechzig Mark fünfzig war und nicht etwa ein ausrangiertes Turnhemd von Kathrinchen. Auf jeden Fall hatte Victor es geschafft, daß seine äußere Erscheinung über jeden Zweifel erhaben war und er sich zumindest außerhalb des Platzes nicht von den anderen Spielern unterschied. Er nahm an fast jedem Abend Trainerstunden und kam sehr zufrieden mit sich nach Hause, was man unschwer daran erkennen konnte, daß er sich nicht gleich von der weißen Mon-

tur trennen wollte und erst einmal durch sämtliche Räume schritt und überall die schicken roten Spuren der Platzasche hinterließ.
Wenn ich später versuchte, die Teppiche wieder einigermaßen in Ordnung zu bringen, dachte ich darüber nach, wie schick es doch ist, einen Tennis spielenden Mann zu haben und auf welche Weise mein eigenes Leben dadurch bereichert wurde.
Ich nähte mir einen kurzen weißen Faltenrock und eine Polobluse und weißte meine alten Tennisschuhe, die ich mir irgendwann einmal für einen Seeaufenthalt gekauft hatte. So ausgerüstet wartete ich auf meinen großen Auftritt.
Dann kam schließlich jener Tag, an dem mir Victor mit gemessenem Ton mitteilte, daß der Trainer sehr zufrieden mit ihm sei und er morgen mit seinem Partner spielen müsse.
»Mit wem?« fragte ich.
»Mit meinem Partner«, sagte Victor gewichtig, so als ob er von dem millionenschweren Partner einer Coproduktion spräche. »Er ist schon ein Jahr im Club, und mein Trainer hat mir das Spiel vermittelt!« fügte er hinzu, meine Enttäuschung geflissentlich übersehend. Ich bügelte die Falten meines Tennisröckchens neu auf und hängte es in den Kleiderschrank. Victor spielte also mit seinem Partner und in der Woche darauf mit der Frau seines Partners und in der Woche darauf regnete es. Aber am ersten regenfreien Tag – ich glaube, es war ein Sonntag – eilten wir endlich zu jener Freizeitbeschäftigung, die

Victor als ehefördernd bezeichnet hatte. Victor durchschritt das Tor wie einst der siegreiche Feldherr den Triumphbogen, und ich schlich verlegen hinterher, als gälte es, das Podest einer Guillotine zu erklimmen. Unser erstes Spiel, welches damit begann, daß Victor irgendeinem Päule zurief: »Ich muß mal eben schnell mit meiner Frau spielen, dann komme ich«, möchte ich nicht näher schildern. Victors anfängliche Geduld verwandelte sich bald in zähneknirschende Verachtung und artete letzlich zu groben Beleidigungen aus.

»Du siehst unglaublich dämlich aus, wenn du krebsrot im Gesicht wie eine Verrückte hinter jedem Ball herrast und doch keinen erwischst«, gestand er in eheförderlicher Offenheit, nachdem wir das Spiel frühzeitig abgebrochen hatten, vorwiegend deshalb, weil Päule mit beleidigtem Gesicht und winkenderweise an unserem Spielfeldrand aufgetaucht war.

»Lassen Sie Ihren armen Mann jetzt noch mal zur Erholung mit mir spielen«, sagte er freundschaftlich. »Sie müssen noch viel üben, und immer schön ausholen und den Schläger nicht eng halten!«

Ich bedankte mich für seine weisen Ratschläge und zog ab, derweil Victor und Päule sich darüber ausließen, daß der verfluchte Wind immer die Bälle »abdriften« läßt. Dann winkte mir Victor freundlich und ein klein bißchen verlegen zu, und ich blickte ihm nach, wie er davonging, wobei er mir wie der berüchtigte Verräter aus der biblischen Geschichte vorkam, und ich mir wie derjenige, den er verraten hat.

Obwohl es mir unendlich schwerfiel, schleppte ich mich brav weiterhin zu der schicken Clubanlage und stand stumm mit meinem unbenutzten, nagelneuen Schläger in der Hand im Clubhaus oder am Eingang herum, ohne jemals jemanden zu finden, der vielleicht bereit gewesen wäre, einmal mit mir zu spielen. Dann lernte ich eines Tages Rhabi kennen, einen Mann, der offensichtlich ein mitleidiges Herz besaß, denn er sagte: »Komm mit mir, ich bringe es dir bei!«

Rhabi war Inder und hatte einen naturbraunen Teint, der beneidenswert gut zu dem weißen Tennisdreß paßte, und außerdem besaß er eine sagenhafte Geduld. Ihm allein hatte ich es zu verdanken, daß ich nach einiger Zeit nicht mehr aussah wie ein Akrobat Schööön, sondern nur noch wie jemand, der nicht Tennis spielen kann, was schon einen beachtlichen Vorteil ausmachte. In den Spielpausen versuchte er, mir Sätze in seiner Sprache beizubringen, indem er die Zeichen in Riesenausmaß in die Platzasche schrieb, bis wir daran gehindert wurden, weil wir angeblich die ganzen Plätze ruinierten. Rhabi sagte mir, er würde mich vom Fleck weg heiraten, wenn ich nicht schon verheiratet wäre, und zwar aus dem einzigen Grund, weil ich von allen fünfhundert Mitgliedern eine der ganz wenigen sei, die Tennis »spielte« und dies nicht als Pflicht ansah. Ich mochte Rhabi gern und wenn ich auch nicht vorhatte, mich für ihn scheiden zu lassen, so bedauerte ich doch zutiefst, daß er von seiner Firma nach Süddeutschland versetzt wurde und sich unvermutet verabschiedete. Ich sah ihn nie wieder. Inzwischen konnte ich so gut spielen, daß es nicht mehr ganz so problematisch war, jemanden zu finden, der bereit war, das Spielfeld mit mir zu teilen, wie am Anfang. Ich spielte regelmäßig zweimal in der Woche, was Victor mit Zufriedenheit erfüllte, denn man will ja schließlich wissen, wofür der Beitrag draufgeht. »Außerdem«, meinte er, »ist es ganz gut, daß dieser Inder nicht mehr hier ist, der immer nur über alles lachte, anstatt es besser zu machen. Für den Anfang war er vielleicht ganz gut, aber auf die Dauer verdirbt sowas den Stil, und er hatte eine miserable Fußarbeit!« Victor selber gab natürlich nach kürzester Zeit einen handfesten Partner ab und hatte jederzeit genügend Mitspieler zur Hand. Schließlich kam ich auch dahinter, daß sein Verhalten mir gegenüber nicht auf Gemütsverrohung, sondern auf perfekte Anpassung der Clubregeln schließen ließ, die ungeschrieben, doch unumstößlich sind und in etwa besagen:

1. Einerlei, wie gut oder schlecht du auch immer zu spielen vermagst, verzichte lieber auf ein Match, als daß du mit deiner eigenen Frau spielst. Dies ist eine peinliche Sache, die dich bloßstellt, und unter allen Umständen zu vermeiden.

2. Wenn du gezwungen bist, dem Spiel deiner Frau zuzusehen, so vermeide jedes Wort des Lobes, lächele von oben herab und behandle deine Tennis spielende Frau wie deine dreijährige Tochter, die im Sandkasten Kuchen bäckt.

3. Halte deine Frau davon ab, auch Trainerstunden zu nehmen, die ein Schweinegeld kosten, ohne daß sie ihren Stil wesentlich verbessern wird. Deine Frau wird allenfalls mit dem Tennislehrer flirten, und du darfst dessen Spaß bezahlen. Miete dir für das Geld lieber einen Winterplatz in der Halle.

Damit die Frauen bei diesen freundschaftsfördernden Regeln nicht zu kurz kommen, gibt es auch für sie einige Punkte, welche gewissenhaft befolgt werden.

1. Sobald du es selbst geschafft hast, das Stadium des blutigen Anfängers zu überwinden, behandle alle anderen Frauen, so sie nur ein bißchen schlechter spielen als du selbst, mit herablassender Arroganz und lächle ironisch über jeden verpatzten Ball.

2. Bemerkungen wie »Wie lange will diese Stümperin denn noch den Platz belegen?« oder »Na, die sollte es auch lieber drangeben oder Federball spielen« geben dir das Flair, ein ehrwürdiges, alteingesessenes Mitglied zu sein, dem man Respekt zu zollen hat.

3. Spiele niemals mit einer Partnerin, die nicht ganz deine Spielstärke erreicht hat, und lehne ihre diesbezügliche Bitte mit der lässigen Bemerkung ab, daß dies deinen Stil verdürbe. Solltest du dich doch einmal dazu herablassen, so demonstriere deine Qual, indem du laut seufzt und die Augen gen Himmel hebst, sobald eine »richtige«, ebenbürtige Spielerin am Rand auftaucht, um eurem Match zuzusehen. Damit erreichst du, daß eine Krampe dich nie wieder um ein Spiel bitten wird.

Ein Punkt, der für alle gedacht ist und tunlichst befolgt wird:
Setze sofort beim Betreten der Clubanlage deine Erfolgsmiene auf, der zu entnehmen ist, daß du gerade mit lässiger Handbewegung deine Unterschrift unter einen millionenschweren Vertrag gesetzt hast, und überdies die ganze Welt und alle Tennisplätze der Erde persönlich kennst.
Merke: Dein Erfolg im Beruf geht mit dem Erfolg im Tennisclub Hand in Hand, solange du den Erfolg auch richtig umsetzen kannst und dein Gehalt dazu benutzt, den richtigen Wagen vor dem Clubtor zu parken. Lasse im Gespräch ab und zu einfließen, welche gesellschaftlichen Verbindungen du hast, dafür ist die Theke im Clubhaus gebaut worden. Behandle alle, die nicht zu deiner Clique gehören, ein bißchen von oben herab, begrüße Auserwählte mit Küßchen und lade den Club zu aufwendigen Partys ein. Zu diesen Partys kannst du auch die Stümper einladen und jene armen Wesen, die es nicht richtig geschafft haben und die du im Club möglichst gar nicht begrüßen solltest. Auf deiner Party werden sie im Gewimmel untergehen, und du brauchst dich nicht weiter mit ihnen zu beschäftigen, aber sie sind unerläßlich, wenn es darum geht, die Party mit der höchsten Personenzahl der Saison zu feiern. Bedenke, wenn du sechzig Personen einlädst, kannst du mit mindestens dreißig Gegeneinladungen rechnen und im nächsten Winter darüber stöhnen, daß man vor lauter Feiern gar nicht mehr in den Club kommt.

Victor beherrschte diese Regeln bald aus dem Effeff und bekundete seine Clubzugehörigkeit dadurch, daß er stets ein weißes Handtuch um den Hals trug und die Leute mit lässig erhobener Hand begrüßte. Ich bemühte mich redlich, aber irgendwie gelang mir nie der richtige Ton. Außerdem erschien ich immer zu Fuß, und mein Handtuch war nie weiß mit gesticktem Tennisschläger, sondern immer irgendwie bunt. Und was am schlimmsten war: meinen Tennishemden fehlte das aufgenähte Firmenzeichen. Unsere Ehe aber wurde durch den gemeinsamen Beitritt in den Tennisclub vorwiegend dadurch gefördert, daß unsere Hemden und Hosen in einer gemeinsamen Waschlauge schwammen und später nebeneinander an der Leine hingen. Ansonsten sah man sie nie nebeneinander, unsere verschiedenartige Spielstärke ließ es nicht zu.
Bei Victor sollte sich dagegen das Versprechen, das Dasein erfahre allein durch den Beitritt in einen Tennisclub eine ganz andere Dimension, auf das schönste bewahrheiten.
Als er erst einmal das Anfängerstadium überschritten und festgestellt hatte, daß auch er imstande ist, Tennis spielen zu lernen, als man begann, seinen Aufschlag und seine Rückhand zu loben, und ständig Leute anriefen, die ihn zu sprechen wünschten, um Spieltermine auszumachen, muß ähnliches in ihm vorgegangen sein wie in jemandem, der plötzlich entdeckt, wie angenehm und sorglos es sich doch durch den Genuß von Kokain leben läßt und wie un-

erträglich öde ein Tag verläuft, an dem man sich diesen Genuß nicht verschaffen kann.
War Victor früher matten Schrittes die Treppe heraufgekrochen gekommen, um mir schon anhand der schleichenden Gangart zu demonstrieren, wie unendlich müde er doch wieder von seiner schweren Arbeit sei, und daß ich um Gottes willen nicht auf die vermessene Idee kommen möchte, ihn um kleine Tätigkeiten zu bitten, wie etwa die, sich den Kaffee einzuschenken oder einen Blick aus dem Fenster zu werfen, so kam er nun voller Vorfreude elastisch die Stufen heraufgeeilt, um sofort, und ohne seine Familie auch nur eines einzigen Blickes zu würdigen, im Bad zu verschwinden, wo er sich aus einem eher unscheinbaren leitenden Angestellten in einen sportlich gestählten, strahlend weiß gekleideten Tennisspieler verwandelte. Fünfzehn Minuten später hastete er, den Tenniskoffer mit hinten herausragenden Schlägergriffen in der Hand, an mir vorbei, und wäre ich so vermessen gewesen, seinen Weg zu kreuzen, so hätte er mich sicher mit einer astreinen Rückhand »vom Platz geputzt«.
Von Stund an war ein Tag ohne Tennis ein verlorener Tag, und das einzige, was ihn, abgesehen von einem sintflutartigen Regenguß, davon abgehalten hätte, auf den Platz zu eilen, wäre seine eigene Beerdigung gewesen, denn, wie ich manchmal verbittert dachte, um *meiner* Bestattung beiwohnen zu können, hätte er den Verzicht sicher nicht auf sich genommen.
Ich muß gestehen, und ich gestehe es ungern, denn es

spricht nicht für mein Talent als Köchin, Unterhalterin und Ehefrau und ganz bestimmt nicht für meine Verführungskunst, aber sobald Victor die Clubanlage betrat, wurde er ein anderer Mensch.
Schlich er zu Hause lustlos und gequält daher, wie ein schönes, aber müdes Tier nach jahrelanger Gefangenschaft, und entbehrte schon seine äußere Erscheinung jeder Freude und Schaffenslust, so spannte sich beim Erreichen des Clubtores sein Brustkorb, er trug den Kopf frei und aufrecht und begrüßte jeden entgegenkommenden Vereinskameraden mit einer Wärme und einer Herzlichkeit, die ich schon lange an ihm vermissen mußte. Nach einiger Zeit wurde mir klar, daß ich, wenn ich meinen Mann überhaupt einmal sehen wollte, um etwa den Kauf einer neuen Waschmaschine, Kathrinchens Eintritt ins Gymnasium oder den Mord an Tante Louise mit ihm zu besprechen, ebenfalls in den Club gehen mußte, denn nur dort war er in jener leutselig-lockeren Stimmung, die er braucht, um einige zusammenhängende Sätze zu formulieren. Am Anfang dachte ich noch, es müßte möglich sein, eine solche Stunde etwa monatlich einmal auch zu Hause zu haben, aber das war ein Irrtum gewesen.
Ich seufzte gottergeben, nähte mir zwei weitere Tennisröcke, nahm ebenfalls Trainerstunden und wurde schließlich eine Spielerin, die »den Ball trifft«, wie es im einschlägigen Jargon von jemandem heißt, der zwar als Spieler nicht ganz ernst zu nehmen, ansonsten aber lieb und bemüht ist. Die richtigen Spieler

behandeln ihn so, wie etwa die Herrschaften feiner Häuser »ihre gute Frau Schulz«, die die Hauswirtschaft versorgt und »fast zur Familie gehört«.
Daß ich eben nur »fast« zur Familie gehörte, aber nie mit am Tisch sitzen durfte, wenn ebenbürtige Gäste kamen, war ein Problem, das ich Victor nie begreiflich machen konnte. Jemanden zu finden, der bereit war, öfter und nicht nur in Ausnahmefällen und aus Gutmütigkeit mit mir zu spielen, war für mich ähnlich schwierig, wie für einen pickeligen Knaben mit Nickelbrille und Mundgeruch die Brautschau. Es war auch mit ebensoviel Aufmerksamkeit und Werbung verbunden und es gab Eifersüchteleien und Abwerbungen, wie zum Beispiel, als mir Mara meine Partnerin Anita abspenstig machte, mit der ich als einziger einigermaßen gut spielen konnte und die ich gern mochte, weil sie sich beim Anblick meiner Fußstellung beim Aufschlag nicht lang auf den Platz legte und sich vor Lachen in der Platzasche wälzte. Es besteht ein gewaltiger Unterschied zwischen Tennis spielenden Männern und Tennis spielenden Frauen (eben jenen Unterschied, den Victor anzuerkennen sich weigerte), denn die beiden Damen müssen auch gesellschaftlich zueinander passen. Männer sind in dieser Hinsicht weit weniger eigen. Es genügt ihnen, daß man mit dem guten alten Jupp prima einen saufen gehen und über die Ergebnisse beim Pferdelotto diskutieren kann, und es bleibt immer der gute alte Jupp, auch wenn dieser fünfmal in der Woche betrunken ist und einen Wortschatz von drei

Worten hat. Es ist auch vollkommen egal, wo Jupp etwa zum Friseur geht und ob seine Hemden der Mode entsprechen oder nicht. Bei Frauen ist es etwas ganz anderes: Die andere soll einem selber möglichst genau entsprechen, und die Kleinigkeiten, die fehlen, hofft man ihr im Laufe der Zeit noch beizubringen, sonst erweist sich die Freundschaft von Anfang an als schwierig. Im Tennisclub machte sich diese weibliche Eigenschaft ganz besonders bemerkbar. Gehörte man zum Beispiel zu der Gilde »Nur in Düsseldorf bei Serge kann man sich den Haarschnitt machen lassen, der auch nach dem dritten Satz noch sitzt«, und war die andere Mitglied der Gruppe »Wenn es heiß ist, bind' ich mir die Haare mit 'nem Schnürsenkel zusammen«, wird es schon schwierig, denn die Sergeanhängerin wird sich bald mit einer anderen zusammentun, die auch zu Serge geht, und von nun an fahren die beiden jeden Dienstagnachmittag zusammen nach Düsseldorf, und die mit dem Schnürsenkel im Haar sitzt allein im Club herum und kann an ihrem Schläger nagen.
Ich muß es sicher nicht extra erwähnen: die mit dem Schnürsenkel im Haar war immer ich.
Ich war auch diejenige, die sich während des großen Endspiels der Stadtmeisterschaften zu langweilen anfing und dem neben ihr sitzenden Herrn unverblümt mitteilte, wie häßlich und dickbeinig sie den weiblichen Tennisstar doch fände und daß deren äußere Erscheinung nie über die noch so guten Schmetterbälle hinwegtäuschen könne. Der Herr lief rot an

und sagte: »Gestatten, aber Sie reden von meiner Frau, und weiß Gott, *die* kann Tennis spielen, einerlei, wie ihr Röckchen aussieht, und einerlei, was Stümperinnen, die den anderen den Platz wegnehmen, von ihr halten!«

Daß es einerlei ist, wie das Röckchen aussieht, kann natürlich nur ein Mann sagen. Ich muß gestehen, daß ich Victor niemals dabei erwischte, wie er etwa an der Clubtheke stehend seinem Freund Ferdi ins Ohr tuschelte: »Zugegeben, der Rolf ist ja 'n guter Spieler, aber hast du mal gesehen, wie dick seine Oberschenkel in der neuen Tennishose aussehen?«

Frauen im Tennisclub verändern sich dagegen auf sehr unangenehme Weise. Ich mag meine Geschlechtsgenossinnen im allgemeinen gern und sah bestimmt nicht in jeder Frau eine Konkurrenz, die mir den schönen Victor ausspannen wollte, aber sobald ich sie im weißen Dreß auf mich zukommen sehe, kann ich sie nicht ausstehen.

Es ist, als ob sie in ihrem Tennisköfferchen neben dem Handtuch mit dem gestickten »T« auch ihr Clublächeln, die Clubmeinung und eine ganz bestimmte Clubarroganz bei sich trügen und jeden anderen Menschen ausschließlich danach beurteilen, ob dieser rechtzeitig begriffen hat, was gerade »in« ist und was »out«. Diesen schmalen Grat der augenblicklichen Gängigkeit immer aufs Haar zu treffen erfordert großes Geschick, ständige Information, viel Aufmerksamkeit und die Aufgabe sämtlicher anderer Interessen. Trägt man heute noch die Hemden mit dem kleinen, geringelten Kragen oder macht man sich bereits unmöglich damit. Kann man es wagen, noch »Samtkragen« zu trinken, oder bestellt man besser gleich mit lauter Stimme Appelkorn. Kann man eigentlich sofort und weil es praktisch ist, die Anlage im Tennisdreß betreten, oder macht, wer es weiß, wie man's macht, die Begrüßungsrunde mit dem gefrorenen Clublächeln erst einmal im teuren Freizeitschick, um zu demonstrieren, daß man nicht *nur* in Weiß todschick ist. Ich mußte betrübt feststellen, daß, wer wirklich ernsthaft Tennis spielen will, es so betreiben muß, wie Victor es betreibt, denn sonst bleibt man ewig der Außenseiter, der niemals richtig anerkannt werden wird und der niemals in einem Doppel mitspielen darf. An der Clubtheke steht er nicht mit den anderen zusammen, sondern abseits, auch wenn er den haargenau richtigen Pulli über die Schultern geworfen hat. Er kommt ja nur manchmal, er hat ja noch etwas anderes, außer Tennis, er war schon drei aufeinanderfolgende Sonntage nicht im Club und besaß sogar die Frechheit, dem Doppel der Herren gegen Rot-Weiß fernzubleiben. Jetzt soll er ja nicht denken, daß man auf ihn gewartet hat und den roten Teppich für ihn ausbreitet. Er muß begreifen, daß man immer, das heißt täglich, dazu gehört oder nie. Haben Urlaub oder Feierlichkeiten wie die eigene Hochzeit das Erscheinen auf der Clubanlage unmöglich gemacht, so kann man den Fauxpas nur dadurch wieder ausbügeln, indem man *sofort* nach Rückkehr der Reise im Club erscheint und in der

Hochzeitsnacht, wenn die Angetraute endlich schläft, rasch noch anruft, um wenigstens zu erfahren »wie sie heute gespielt haben«!
Dann sollte man unbedingt einen sportlich-schnellen, nicht spießigen Wagen der Oberklasse fahren, die gängigen Lokale als Geheimtip verkaufen und weitersagen, von Zeit zu Zeit mit Prominenz aus anderen Clubs gesehen werden, einen vorzeigbaren Partner haben (armer Victor!) und wissen, daß wer Tennis spielt auch Ski läuft, und zwar in Orten von Arosa an aufwärts. Aber das alles nützt ihm gar nichts, wenn er nicht zu der richtigen Party einladen kann, und zwar in die Kellerbar seines vorzeigbaren Eigenheims. Hier muß ich einmal ein bedauerndes Wort für all jene armen Hascherl einflechten, welche alle Clubregeln perfekt beherrschen und es mit Wahnsinnsanstrengung und unter Ausschöpfung aller Mittel auch geschafft haben, die Kellerbar und das Haus drum herum zu bauen und dann mit immer größer werdenden Herzbeklemmungen dem Tag der Hauseinweihung entgegensehen. Denn an diesem Tage X müssen sie Farbe bekennen, daß es für das ganz große Wohnzimmer mit Galerie und tiefergelegenem Kaminplatz eben doch nicht gereicht hat und beim Ausbau der Kellerräume wirklich auffallend gespart werden mußte. Die funkelnagelneue Hausbesitzerin, die nun endlich auch in die Kellerbar einladen kann, weiß, was ihr blüht, nämlich das mitleidig-nachsichtige Lächeln jener Damen, deren eigenes Haus über jeden Zweifel erhaben ist. Dabei han-

delt es sich meist genau um jene Damen, deren Mitwirkung am Entstehen der Villa, die sie so zum Erbrechen arrogant vorweisen, darin bestanden hat, die Farbe der Badezimmerkacheln auszusuchen.
Als ich anfing, dabei mitzumachen, waren gerade aufwendige Buffets in Mode, und man konnte sich Lachs und Hummerschwänze und Garnelen und Aal ansehen oder ganze Spanferkel und riesige Schinken in Brotteig. Ich sage ansehen, denn der Gastgeber weiß natürlich, was augenblicklich von ihm erwartet wird, und läßt es aufbauen, und der Gast weiß, daß, wer etwas ist, gelangweilt die Platten beguckt und denkt: »Diese verdammte Krischa, wirklich perfekt gemacht, wird schwer sein, dies zu übertrumpfen.« Laut hört man den meist weiblichen Gast dann jedoch sagen: »Wo habt ihr den Hummer gekauft... bei Seegers... ach, nicht von Käfer aus München einfliegen lassen, wie damals bei Musch und Herm..., da war es aber auch erstklassig!« Dabei nagt bereits die Panik am Herzen, und während sie ein Radieschen von der Dekoration knabbert, das einzige, was sie an diesem Abend von dem ganzen Buffet zu sich nehmen wird, weiß sie mit tödlicher Sicherheit, daß ein grauenvoller Tag näher und näher rückt, nämlich der Tag, an dem die eigene Party stattfinden wird, und sie ihren Mann Hansi, der gerade furchtbar viel Ärger im Geschäft hat, noch immer nicht dazu hatte bewegen können, vorher den Swimming-pool umbauen zu lassen, so daß man sich wahrscheinlich tödlich blamieren wird. Irgend etwas wird ganz sicher

Anlaß geben, hinter der vorgehaltenen Hand zu tuscheln, und seien es auch nur die Armaturen im Bad.

Ich haßte es, Victor in die verschiedenen Kellerbars zu begleiten, obwohl ich zugeben muß, daß sich die Männer auch hier weit natürlicher bewegten als die Frauen. Die Männer erblickten die Theke, fühlten sich sofort an zu Hause erinnert, womit ich die Theke im Clubhaus meine, standen alsbald mit seligem Gesichtsausdruck dahinter und davor, tranken und zapften Bier, spielten an der Stereoanlage herum und erörterten unermüdlich, wer wen vom Platz geputzt hatte und warum. Dabei schien es ihnen auch ziemlich egal zu sein, ob es sich nun um eine Theke im Rancherstil oder eine moderne Schöpfung aus Plastikkugeln handelte. Die Damen aber hatten Probleme. Wohl war ihnen einerlei, warum wir die Meisterschaft im Herreneinzel nicht gewonnen hatten, aber das festgefrorene Lächeln schmerzte sie sichtlich und der Anblick der Garderobe der Konkurrentinnen verursachte Seitenstechen und Völlegefühl im Magen. Obwohl es in allen Partykellern genügend Tische und Bänke gab, war es offensichtlich verboten, sich hinzusetzen, und so lehnte ich mich meist in einer weniger belebten Ecke an die Wand, balancierte Ascher, Zigarette und Bierglas gleichzeitig in meinen beiden Händen und versuchte mich mit der dröhnenden Musik abzufinden.

»Ist bald zu Ende, und dann darfst du nach Hause gehen«, tröstete ich mich gewöhnlich selber, so wie man ein quengeliges Kleinkind tröstet, das sich bei Onkel und Tante langweilt. Meist vergnügte ich mich damit, die Gastgeberin zu beobachten, die oft einen total erschöpften Eindruck machte, vor allem, wenn ihr entgangen war, daß man seit gestern oder gar seit vorgestern nicht mehr zu Lachs und Hummer einlädt und seine Gäste damit zu Tode quält, sondern es ganz einfach rustikal macht, zum Beispiel mit einem riesigen Topf Kartoffelsuppe mit Speck oder einer Pfanne voll Reibeplätzchen. Der Zweifel, warum zum Teufel sich jeder beim Anblick der perfekt arrangierten und sichtlich teuren Buffets mit hochgezogenen Augenbrauen und herabgelassenen Mundwinkeln abwenden mußte, brauchte allerdings nicht lange an ihr zu nagen. Irgendwer steckte es ihr sicher, »daß wir letzten Samstag bei Ute und Ulli waren, nämlich zu ganz tollen Pfannkuchen nach dem Rezept von Ullis Großmutter, und daß das endlich mal ein Fest gewesen war, auf dem man sich königlich amüsiert hatte!« Nicht so stinklangweilig wie hier, wurde unausgesprochen hinzugefügt. Die Männer neigten dazu, sich gegen Mitternacht zu verbrüdern, was sich dahingehend äußerte, daß sie leutselig und kumpelhaft miteinander umgingen, sich alles, selbst die verpatzte Netzarbeit bei den Meisterschaftsspielen, gegenseitig verziehen und engumschlungen im Kreis herumstanden. Es gab auch immer den besonders lässig gekleideten Partygast, dessen einzige Mitwirkung am Gelingen des Abends darin bestand, müde und ungeheuer gelangweilt an

der Theke zu hängen und den übrigen seinen Überdruß mitzuteilen. »Es wird mir einfach zuviel in der letzten Zeit«, flüsterte er zum Beispiel und blickte sein Gegenüber mit vor Erschöpfung halb herunterhängenden Augenlidern an, »zwanzig Partys die Woche und überall soll man erscheinen, ich leg' schon immer drei auf einen Abend, aber ich schwör' dir, meistens kenne ich den Gastgeber gar nicht, obwohl *mich* natürlich alle kennen!«
Derselbe Gast neigte auch dazu, erst gegen elf zu erscheinen, ohne jemanden zu begrüßen, ein oder zwei Bier zu trinken, die dämlichen »Den-ganzen-Abend-Hierbleiber« zu belächeln und ohne Verabschiedung zu verschwinden, »weil der gute alte Gunther wartet oder die gute alte Soraya«! Ich begleitete Victor höchstens auf jede zweite Party, und dann nur sehr widerwillig, und machte keinen Hehl daraus, daß ich mir wie eine Schaufensterpuppe vorkam, die man saisongerecht eingekleidet und in dekorativer Stellung irgendwo hingestellt hat, und daß die Eisstückchen in meinen Mundwinkeln auf die Dauer ungeheuer schmerzten. Victor wußte natürlich sofort, warum ich wieder querschoß. Ich will nämlich immer im Mittelpunkt stehen, und »das gelingt dir im Tennisclub ein einziges Mal nicht!!!« Denn ich kann da ein einziges Mal nicht mitreden, weil ich sogar zu dämlich dazu bin, die Spielregeln zu lernen. Ich war wirklich zu dämlich, das Zählsystem zu begreifen, und so konnte ich nie an der richtigen Stelle »Vorteil auf« rufen, wie die anderen. Aber die

Aprèsregeln beherrschte ich mit der Zeit ganz gut, und brachte es sogar so weit, daß niemand etwas an meinen Tennisröckchen aussetzen konnte, und mein Clublächeln war über jeden Zweifel erhaben.
Ich muß hier noch ein Geständnis machen, und es ist mir ebenso peinlich, wie anderen das Geständnis, Kleptomane oder Bettnässer zu sein, aber anstatt mich dem Clubleben ein für allemal fernzuhalten und Victors ständige Abwesenheit dazu zu nutzen, mein Romanwerk zu vollenden, habe ich einen ganzen kostbaren Frühling, Sommer und Herbst damit vergeudet, nicht Tennis spielen zu lernen. Anstatt zu schreiben produzierte ich am laufenden Band weiße Röckchen und weiße Blüschen, und da wir keine Kellerbar besaßen, erfand ich das kleine französische Abendessen. Mit unendlicher Energie schaffte ich es, daß unsere Abende berühmt wurden und es auf großen Partys zuweilen hieß: »War kürzlich bei Victor und Claudia zum Coq au vin eingeladen, im ganz kleinen Kreis, es war sagenhaft...« Und wenn wir eine größere Anzahl von Gästen zu bewirten hatten, überlegte ich mir vorher alles ganz genau und achtete auch auf die wichtigen Kleinigkeiten, wie zum Beispiel die Modefarbe für Gästehandtücher und ob man die weiße Klopapierrolle einfach drauflassen konnte, ohne sich unsterblich zu blamieren. Ich hatte es vielleicht nicht geschafft, an den richtigen Stellen »Vorteil auf« zu brüllen, aber ich hatte es geschafft, daß unsere eher bescheidene Wohnung unter dem Dach ein Geheimtip wurde und man mich zu-

weilen sogar nach meinem Einrichtungsrezept und den Zutaten meines letzten französischen Abendessens fragte. Schließlich fand ich sogar Nachahmerinnen der Schnürsenkelfrisur und kreierte einen neuartigen Schnitt für Tennisröckchen zum Wikkeln.

Als Soldi zu Besuch kam und mich beiläufig fragte, was denn eigentlich mein Roman mache und ob er nicht inzwischen so weit gediehen sei, daß ich endlich ein paar Kapitel daraus vorlesen könnte, sagte ich eifrig, daß es mit der Schreiberei in letzter Zeit leider nicht so recht vorwärts gegangen sei, ich aber neuerdings zuweilen einen richtigen Rückhandschlag hinkriegen würde, und Victor mich erst gestern dafür gelobt hätte, daß ich den Schläger nicht mehr so eng hielt wie am Anfang.

»Außerdem hatte ich ganz einfach zuviel im Haushalt zu tun«, fügte ich hinzu.

Soldi musterte mich schweigend und sehr nachdenklich und zündete sich eine neue Zigarette an.

»Des Menschen Fähigkeit zum Selbstbetrug ist grenzenlos!« sagte sie schließlich, und ironisch fügte sie hinzu: »Ich versteh' schon, du *kannst* gar keine Romanautorin werden, weil du, um deine Ehe zu retten, dauernd Tennis spielen mußt!«

Bele

Wenn Soldi gesagt hatte, daß ich, nur um meine Ehe zu retten, dauernd Tennis spielen müsse und nur aus diesem Grunde noch immer keine erfolgreiche Romanautorin geworden sei, so war diese Aussage natürlich erstens von beißender Ironie gefärbt und zweitens überhaupt Blödsinn, denn Victor war es schon bald absolut gleichgültig, ob ich ihn in den Club begleitete (und dort zuweilen seinen Weg kreuzte) oder nicht.

Sein Dasein hatte jedenfalls jenen Aufschwung erfahren, welcher ihm einst versprochen worden war, und ob mein Dasein ebenfalls bereichert wurde, war ihm schnurzegal, schon deshalb, weil ihn mein Dasein als solches nicht mehr im mindesten interessierte.

Wenn ich dennoch regelmäßig in der Anlage auftauchte, so aus dem alleinigen Grund, weil mir zu Hause die Decke auf den Kopf fiel und ich es einfach nicht aushielt, vom frühen Morgen bis zum späten Abend allein dort zu sein, und zwar an jedem Tag in der Woche und an allen Sonn- und Feiertagen. Als ich an einem Nachmittag wieder einmal im Club war und dümmlich grinsend herumsaß, weil Anita, mit der ich verabredet gewesen war, nicht kam und ich leider noch immer nicht zu jener Sorte begnadeter

Spielerinnen gehörte, die es sich leisten können, einfach »so« zu erscheinen, weil sich ein jeder um ein Match mit ihnen reißt, entdeckte ich Bele, die im Clubhaus saß und Briefe schrieb. Sie war mir schon des öfteren aufgefallen, weil sie ebenso schlecht Tennis spielte wie ich und es ihr ebensowenig wie mir gelingen wollte, ihre Fußarbeit am Netz zu verbessern.

»Hast du vor, deinen Clubbeitrag durch Adressenschreiben zu begleichen?« fragte ich sie und setzte mich zu ihr.

»Ich schreibe meine Briefe hier, weil mir zu Hause die Decke auf den Kopf fällt und ich ganz einfach das Lächeln brauche, welches mir mein Mann Karl-Heinz dann und wann zuwirft, wenn er mit dem Schläger in der Hand an mir vorbeihastet!« sagte sie, und ich dachte »Oha!«

Ich dachte dasselbe »Oha!«, welches wohl Victor einst durch den Sinn geschossen war, als er zum erstenmal mit seinem Freund Rolfi gespielt und festgestellt hatte, daß sie denselben Spielrhythmus und dieselbe Spielstärke haben und daß es zwischen ihnen so richtig »hinhaut«.

Ich fragte sie, ob sie Lust hätte, einmal mit mir zu spielen, und sie sagte »ja«, aber ich solle mich nicht ärgern, wenn ich sähe, wie erbärmlich ihr Rückhandspiel sei.

Wir belegten also Platz 1, den ich immer bevorzugte, weil er von der Terrasse aus nicht so gut einsehbar ist, und Bele lachte, als sie mich beim Aufschlag beobachtete. Aber sie lachte nett, und ich nahm es ihr nicht übel. Wir mühten uns eine Weile redlich miteinander ab, aber das Spiel wollte nicht so richtig in Fluß kommen, weil wir beide zu schlecht spielten, um die Fehler der anderen auszugleichen, und weil unsere Fußarbeit ganz einfach unter aller Kritik war.

So gaben wir die Partie bald wieder auf und beschlossen, statt dessen einen Spaziergang im Stadtpark zu machen. Ich war schon ziemlich lange nicht mehr spazierengegangen, so wie ich schon ziemlich lange nicht mehr im Schwimmbad, in der Bibliothek und im Kino gewesen war, und irgendwie fand ich es angenehm, wieder einmal von normal gekleideten Menschen umgeben zu sein, die mir nicht in weißer Montur entgegenkamen und kein weißes Handtuch um den Hals trugen.

Bele erzählte, sie würde den Club verabscheuen, sämtliche Mitglieder verabscheuen, den Schläger samt Schlägerfutteral verabscheuen und die ewig aschenverschmierten Tennisschuhe am liebsten auf den Misthaufen werfen. Außerdem stände sie im Begriff, nach Amerika auszuwandern, da sie sich dabei ertappt hätte, daß der Abscheu bereits auf ihren Mann Karl-Heinz übergeschwappt wäre, diesen Mann, der einst versprochen hatte, sie auf jenen Händen zu tragen, welche jetzt lediglich noch die Griffe des Tenniskoffers umklammerten, und der ihr entweder in »Weiß« oder aber in jener unpersönlich korrekten Flanellmontur entgegentrat, in der er ge-

wöhnlich seinen Alltag meisterte. »Manchmal sehe ich ihn natürlich auch zwischen Bad und Bett im Pyjama, wobei sein Gesichtsausdruck deutlich verrät, daß er innerlich mit dem Problem beschäftigt ist, wie man die Personalkosten senken und das Rückhandspiel verbessern könnte«, sagte sie.
»An manchen Tagen«, fuhr sie fort, »stehe ich morgens auf und möchte am liebsten sofort die Scheidung einreichen, aber dann sehe ich unsere Kinder mit dem Schlüssel um den Hals vor der Tür stehen und mich selbst abgehetzt zwischen Büro, Kindergarten und Supermarkt hin- und herpendeln, und dann denke ich wieder, daß meine Probleme vielleicht tatsächlich daher rühren, daß es mir, wie Karl-Heinz immer sagt, ganz einfach zu gut geht. Bloß, zu wissen, daß es einem gut geht, nützt einem ja nichts, wenn man sich nicht auch gut *fühlt.*«
Ich sagte lachend, daß es mir genauso ginge und daß ich sogar schon versucht hätte, der seltsamen Kombination des »Zugutgehens gepaart mit Migräne und Weinanfällen« schreibend auf die Spur zu kommen, und daß ich sogar mehrere Kapitel eines Romans über das Thema geschrieben, das Unterfangen jedoch wegen Zeit- und Talentmangels wieder aufgegeben hätte.
»Ich hab' vor meiner Ehe bei der Zeitung gearbeitet«, sagte Bele, »und nie wäre ich auf den Gedanken gekommen, daß ich meinen Job auch zu Hause und sozusagen nebenbei hätte ausfüllen können, so nach dem Motto: ich schreib' den Artikel sofort, wenn ich

meine Betten überzogen, fünfzehnmal telefoniert und die Fenster geputzt habe, und wenn ich heut nicht dazu komme, dann schreib' ich ihn morgen, denn die Betten gehen vor.«

Ich sagte, daß sie unbedingt recht hätte und mir die ganze Idee, ein Buch zu schreiben, eigentlich nichts weiter eingebracht hätte als ein schlechtes Gewissen, und zwar deswegen, weil ich nicht mal mehr soviel Mumm hätte, wenigstens einmal im Leben etwas zu Ende zu bringen.

»Wenn du ein eigenes Arbeitszimmer und wenigstens drei Tage in der Woche hättest, an denen du das Wohl deiner Sippe nicht am Hals hast, so würdest du es schon dazu bringen!« sagte sie mit Nachdruck. »Sieh mal, Karl-Heinz zum Beispiel hat festgestellt, daß sich sein aufreibender Job als Leiter des Personalbüros seiner Firma nicht mal mit der kleinen Aufgabe vereinbaren läßt, ganz allein seinen Anzug in den Schrank zu hängen.«

Ich dachte so an all die Anzüge, die ich schon in den Schrank gehängt hatte, und fühlte mich bei ihren Worten richtig wohl.

Wirklich, ich hätte ihr stundenlang zuhören können, so wohl fühlte ich mich an diesem Nachmittag, und als wir uns schließlich voneinander verabschiedeten, beschlossen wir, uns nun regelmäßig zu verabreden. Das taten wir auch, und bald mußte ich zugeben, daß ich die Spaziergänge und vor allem die Gespräche mit Bele mit derselben Sehnsucht herbeiwünschte wie Victor das Tennisspiel. Ich wurde richtig süchtig

danach zu hören, daß es mir nicht allein so ging und meine Unlustgefühle nicht Anzeichen beginnenden Schwachsinns, sondern völlig normal waren.
»Ich brauche eigentlich eine eigene Arbeitsecke«, sagte ich am nächsten Abend zu Victor, als wir nach dem Essen zusammensaßen, weil es in Strömen goß. »Eine Ecke, in die ich mich zurückziehen kann, um zum Beispiel an meinem Roman zu arbeiten, und in der ruhig mal was liegenbleibt und ich nicht immer alles wegräumen muß, wenn der Platz für anderes gebraucht wird.«
Victor warf mir über den Rand des Tennisbreviers einen erstaunten Blick zu und sagte nicht etwa: »Warum das denn?«, wie ich es insgeheim erwartet hatte, sondern etwas sehr Logisches.
Er sagte: »Wozu brauchst du eine eigene Ecke, wo dir doch die ganze Wohnung gehört, und ich den ganzen Tag über nicht da bin. Mit Ausnahme des Kinderzimmers und meines Fernsehsessels steht doch praktisch alles zu deiner Verfügung, es sei denn, du hättest den Wunsch, dein Schreibmaschinchen ausgerechnet in meinem Bett aufzustellen.«
Am nächsten Morgen, nach dem Frühstück, rief ich Bele an, und wir sprachen über das Thema. Sie lachte und sagte:
»Bei uns ist es ganz genauso. Die Tatsache, daß ich die ganze Wohnung für mich allein habe, und zwar öfter, als mir lieb ist, und trotzdem keine einzige Ecke und kein einziges Schränkchen wirklich mir gehört, ist genauso eigenartig wie das Phänomen, daß

ich, bloß weil es mir zu gut geht, dauernd unter Schlaflosigkeit und Magendrücken leide. Es ist überhaupt alles so unlogisch. Früher, als ich noch ganztags berufstätig war, fand ich trotzdem noch genügend Zeit und Energie, nebenbei Sprachkurse zu besuchen und zweimal die Woche Fechtunterricht zu nehmen, und ich sehnte mich danach, nur noch Hausfrau sein und mich all diesen Dingen noch intensiver widmen zu können. Jetzt bin ich es und habe eigentlich massenhaft Zeit, aber es fehlt mir der Schwung, die Zeit auch sinnvoll zu nutzen. Irgendwie ist man wie gelähmt, obwohl die Gedanken glasklar sind, und oft bin ich den ganzen Tag über müde, und an manchen Tagen möchte ich gleich nach dem Frühstück wieder ins Bett kriechen und mein Gesicht unter dem Kopfkissen verstecken. Dabei weiß ich genau, daß ich etwas tun müßte, bloß ich tu's nicht, und manchmal betrachte ich es schon als Leistung, wenn ich die Betten gemacht und das Essen auf den Ofen gestellt habe, wenn Angi aus der Schule kommt.«

»Verflucht noch mal, woran liegt denn das?« fragte ich.

»Du stirbst an der Gleichgültigkeit«, sagte Bele sachlich. »Weil jeder in der Familie nur an seinen eigenen Kram denkt und du nur noch so am Rande vorkommst, wo du dich aufhalten und ihnen den Kram richten darfst. Mit der Zeit fühlst du dich ganz einfach total allein gelassen und bist eigentlich ständig unzufrieden und dokumentierst das auch, ohne daß irgend jemand Notiz davon nähme, was ungeheuer lieblos ist. Das ganze Elend«, fuhr sie fort, nachdem sie unser Gespräch kurz unterbrochen hatte, um die Waschmaschine anzustellen, »hängt auch damit zusammen, daß die Männer dazu erzogen werden, alles der beruflichen Karriere unterzuordnen, und natürlich haben sie neben all dem beruflichen Streß dann das Bedürfnis nach einem entspannenden Ausgleich, und dieser entspannende Ausgleich bist leider nicht mehr du. Denn unweigerlich machen sie den Engel, den sie einst angebetet haben, irgendwann zu ihrer Putzfrau. Was Wunder, wenn sie dann das Interesse an der Putzfrau verlieren und nichts Besonderes mehr an ihr finden? Wenn du mich fragst«, fuhr sie fort und lachte ein ganz kleines bißchen bitter, »so sind sie ganz große Meister im Zerstören ihrer eigenen Träume.«

»Kann sein«, sagte ich. »Aber das merkst du erst sehr viel später, wenn dir aufgeht, daß sie die ihnen eigene Zielstrebigkeit, mit welcher sie dich einst in ihr Himmelbett gelockt haben, nunmehr für andere Ziele einsetzen, zum Beispiel dafür, Parteivorsitzender zu werden oder Meister im Bogenschießen. Zu diesem Zeitpunkt hast du selbst dann gewöhnlich deinen Beruf aufgegeben und anstelle eines eigenen Einkommens kleine Kinder, die dich ans Haus fesseln.«

»Und wo wir gerade so schön dabei sind«, sagte Bele, »wirst du, wenn du einmal darauf achtest, feststellen, daß sie mit demselben leicht gesenkten Kopf, mit dem sie früher an ihrer Mutter vorbeihasteten, um in deine Arme zu kommen, nunmehr an dir vorbeihasten, um zu ihrem ›Ausgleich‹ zu kommen, damals wie heute gut gefüttert und im frischgewaschenen Hemd und damals wie heute mit einem etwas schlechten Gewissen. Ich muß Schluß machen«, rief sie unvermittelt, »Karl-Heinz kommt, und er kann's nicht ausstehen, wenn ich telefoniere.«

Die Gespräche, die ich von nun an regelmäßig mit Bele über »das Thema« führte (und wir führten sie mit derselben Intensität, die unsere Männer dazu verwandten, ihr Rückhandspiel zu verbessern), gingen mir im Kopf herum, wenn ich meinen einsamen häuslichen Pflichten nachging. Ich muß gestehen, daß ich meinen Pflichten immer liebloser und immer nachlässiger nachging und meine Tagesleistung des öfteren darin bestand, eine äußerst einfache Mahlzeit auf den Tisch zu bringen und die Betten zu machen, obwohl ich den ganzen Tag irgendwie herumgewirtschaftet hatte.

Ich machte einen schüchternen Versuch, mir in unserem geräumigen Abstellraum eine Arbeitsecke einzurichten, aber als der Schreibtisch dann zwischen dem Bügelbrett und den Bierkästen stand, hatte ich nicht die rechte Lust, die Arbeitsecke auch zu benutzen, und so stapelten sich neben der Schreibmaschine bald die ausgelesenen Zeitungen und die Bügelwäsche. Schließlich zog ich mit dem Arbeitstisch ins Schlafzimmer und stellte ihn quer vor unser Ehebett, aber in der unpersönlich-kühlen Atmosphäre wollte sich die rechte Stimmung auch nicht recht einstellen, und als es Winter wurde, bestand Victor darauf, daß in dem Raum, in dem er schläft, weder geheizt noch geraucht würde, woraufhin der Platz meiner inneren Sammlung wieder aufgegeben wurde und der Tisch zurück auf den Speicher wanderte, wo ich ihn zum Zusammenlegen der Bett- und Tischwäsche benutzte. So kann es nicht weitergehen, dachte ich, aber es konnte, und es ging. Montags brachte ich die Wäsche zum Mangeln und freitags wanderte, sie mit abgesprungenen Knöpfen zurück in den Schrank.

Lissi kam zu Besuch, brachte eine Adventsdecke mit, rauchte, trank Kaffee und erwähnte mehrmals, daß die Männer eben Verbrecher seien, man sich jedoch, wenn man nun einmal in ihre Falle gegangen sei, damit abzufinden hätte oder aber mit unbekanntem Ziel verschwinden müsse.

Kurz vor Weihnachten nahm ich die Gardinen von den Fenstern, wusch sie, bügelte sie, hatte dann jedoch aus irgendeinem geheimnisvollen Grunde einfach nicht mehr die Kraft, sie auch wieder aufzuhängen, so daß sie wochenlang zusammengerollt unten im Kleiderschrank herumlagen.

Der erste Schnee fiel, und die Heizung arbeitete nur unvollkommen, aber Victor weigerte sich, jemanden kommen zu lassen oder doch wenigstens den Hauswirt zu informieren.

»Wenn du richtig arbeiten und nicht immer bloß so rumsitzen würdest, wäre dir auch nicht kalt«, sagte er, womit er unbedingt recht hatte.

Weihnachten kam und verging. Ich briet eine Gans für den ersten und zwei Flugenten für den zweiten Weihnachtstag, die wir in ritueller Form zu uns nahmen. Jeder tat mehrmals kund, wie ganz besonders schön der Baum doch in diesem Jahr geschmückt war.

»Tannen werden Jahr für Jahr teurer«, sagte Victor grämlich und erwähnte, daß er elektrische Kerzen bevorzuge, sich aber leider gegen meinen Romantikwahn nicht durchsetzen könne. Sichtlich sehnte er das Ende der Feiertage herbei, an denen man gezwungen war, zu Hause zu sitzen, und nicht in den Club konnte.

Im Januar fror die Ruhr zu und Kathrinchen ging hocherfreut mit Trudi zum Schlittschuhlaufen. Ich stellte ihnen Zimttee und Kerzen und selbstgebackene Laugenbretzeln in Kathrinchens Zimmer, als sie mit roten Gesichtern wiederkamen und dachte, daß mir all das doch früher einmal Freude gemacht hatte, was jetzt nur noch mühevoll war.

Ich erschrak darüber und hatte ein schlechtes Gewissen.

Der Wasserhahn im Bad tropfte, und die Heizung streikte nach wie vor, und Victor sagte, das gebe sich von allein und *ihm* wäre nicht kalt. Die Gardinen lagen noch immer zusammengerollt unten im Kleiderschrank, und ich fand noch immer nicht die Energie, sie wieder aufzuhängen oder doch wenigstens die Fenster zu putzen.

Victor schien es weder zu stören noch überhaupt aufzufallen.
So *kann* es nicht weitergehen, dachte ich, es ist einfach unmöglich, daß das immer so weitergeht.
Aber es ging.
»Du hast Depressionen«, sagte Bele, »aber du willst es nicht zugeben. Deshalb lachst du so viel und so laut.«

Die große Freiheit

Ich weiß nicht, ob ich damals wirklich unter Depressionen litt, aber wenn es so war, so schienen meine Depressionen auf geheimnisvolle Art und Weise an die Gegenwart einer ganz bestimmten Person gebunden zu sein, denn sobald ich die Wohnung verließ, um spazierenzugehen oder mich in irgendeinem Café mit Bele zu treffen, waren sie wie weggeblasen und schlichen mich erst am Abend wieder auf samtenen Pfoten an, wenn Victor schon schlafen gegangen war und ich noch eine Weile am Fenster stand und auf die dunkle Straße hinunterblickte. Und dann, an einem herrlichen Tag im Frühling, ich glaube es war der erste oder der zweite April, verschwanden sie ganz und sollten mich fortan auch nie wieder in dieser Form quälen.

An jenem wunderbaren Tag im April fuhren Victor und Kathrinchen zum erstenmal ohne mich in die Skiferien.

Ich konnte in diesem Jahr nicht zum Skilaufen fahren, weil ich eine Sehnenzerrung auskurierte, die ich mir durch mein ungeschicktes Herumhantieren mit dem Tennisschläger zugezogen hatte. Ich machte Victor den Vorschlag, die traditionellen Aprilferien doch einmal anders zu verbringen und in den Süden zu fliegen, aber Victor gehört zu jenen Leuten, die es

nicht schätzen, mit Gewohnheiten zu brechen, und er buchte wie immer das große Südzimmer im Schweizer Hof.
Ich empfand sein Tun als lieblos und egoistisch, ohne zu ahnen, daß mir die schönsten Ferientage seit Beginn meiner Ehe, die Hochzeitsreise mit eingeschlossen, bevorstanden, denn bis jetzt waren wir immer gemeinsam verreist, und das seit scheinbar hundert Jahren. In meinen Erinnerungen an Reisen, an denen Victor noch nicht teilgenommen hatte, spielten Sandkästen und Jugendherbergen tragende Rollen, und all das war sehr lange her.
Ich sah also in diesem Jahr den schönen Reisevorbereitungen nur zu und war allenfalls indirekt daran beteiligt. Ich sah, wie Victor seine geliebten »Bretter« vom Speicher holte, die verschiedenen Ski- und Loipeanzüge anprobierte, neue Schnallenskischuhe kaufte und sich abends im Wohnzimmer »einwedelte«, um festzustellen, ob Hüft- und Knieschwung übers Jahr gelitten hätten.
Schließlich packten wir gemeinsam die Koffer, bei deren Anblick mir wehmütig ums Herz wurde, weil mir beim Anblick von Koffern immer wehmütig ums Herz wird, wehmütig und fernwehkrank. Ich setzte mich auf die Deckel, damit Victor die Schnallen schließen konnte, und er sagte: »Laß mal, im nächsten Jahr kannst du ja wieder mitfahren!«
Am nächsten Tag, früh um vier, standen wir auf und tranken im Stehen noch eine letzte Tasse Kaffee.
Ich küßte meine abreisende Familie zum Abschied

und kam mir tapfer, selbstlos und zurückgeblieben vor.
»Ruft an, wenn ihr da seid«, sagte ich. »Und schreibt mal eine Ansichtskarte.«

Am ersten Tag meines Junggesellendaseins konnte ich mich von den alteingefahrenen Verhaltensweisen noch nicht trennen, und so stöberte ich auf dem Speicher herum und verfolgte den Wetterbericht aus den Skiorten. Am zweiten Tag putzte ich endlich alle Fenster und räumte sämtliche Schränke auf. Am dritten Tag wachte ich wie gewöhnlich auf, verschränkte die Arme im Nacken und starrte die Stubendecke an.
»Bist du eigentlich verrückt, oder was ist los?« dachte ich. Ich dachte darüber nach, was los war, und dann kam ich dahinter: Der an Victor festgewachsene Teil zuckte im gewohnten Rhythmus weiter, obwohl die Maschine abgestellt und zur Seite geräumt war!
Ich war frei!
Ich war gerade dabei, im Morgenrock zu frühstücken und Patiencen zu legen, als Soldi anrief. Ich holte mir das Telefon auf den Kaffeetisch, stellte es vorsichtig zwischen den Brötchenkorb und die Butterdose und richtete mich auf ein gemütliches Pläuschchen ein.
»Wollte nur mal eben anfragen, auf welche Art und Weise du die ersten Tage als Strohwitwe verbracht hast«, fragte Soldi, und ich hörte, wie sie sich eine Zigarette anzündete und den Rauch so stark ausblies, daß ich unwillkürlich die Augen schloß.

»Ich habe den Speicher aufgeräumt, die Fenster geputzt und die Schränke ausgewischt«, antwortete ich wahrheitsgemäß, »aber jetzt bin ich im Begriff, auch in die Ferien zu gehen. Im Moment sitze ich sehr zufrieden im Morgenrock am Frühstückstisch und lege Patiencen!«

»Hast du die Absicht, den Rest deines Lebens mit Fensterputzen und Patiencenlegen zu vergeuden, Claudia Keller, oder möchtest du dich endlich daran erinnern, daß du beinahe einwandfrei das kleine und das große ABC beherrschst und eine Menge Geld verdienen könntest? Also hol deine Schreibmaschine hervor, und schreib endlich weiter«, fügte sie hinzu.

»Das Farbband ist verbraucht, und ich kann's nicht auswechseln, außerdem ist mir der Stoff ausgegangen, und es fällt mir bestimmt nichts mehr ein!«

»Dann spinn dir gefälligst was zusammen«, sagte Soldi, »Menschenskind, du hast eine so wundervolle Type wie diesen Victor zur Verfügung, der dir täglich neuen Stoff liefert. Anstatt dich über sein Verhalten schwarz zu ärgern, solltest du deinen Grips benützen und etwas daraus machen.«

Ich grub mein Manuskript also wieder aus und machte mich von neuem ans Werk. Morgens stand ich spät auf und trödelte herum und frühstückte im Nachthemd, dann kramte ich in alten Briefen, Fotos und Zeitschriften und fand es herrlich, dem lieben Gott die Zeit zu stehlen. Zuweilen stellte ich beim

Blick aus dem Fenster befriedigt fest, daß die anderen Menschen wie gewohnt ihrem Tagewerk nachgingen, nervös in ihren Autos saßen oder mit Taschen bewaffnet über die Straße hetzten. Ich fühlte mich von Tag zu Tag freier und beschwingter, und das wiedergefundene Lebensgefühl fand im Kopf seinen Anfang und breitete sich nach und nach wie eine heiter hüpfende Welle im ganzen Körper aus. Nach einer Woche hatte ich das Gefühl, daß die Aufgabe der gewohnten Ordnung und das Leben ohne feste Zeiteinteilung die einzige Form der Erholung war, die ich brauchte. Ich lebte einfach so vor mich hin, ohne mich um so etwas Lächerliches wie Zeit zu kümmern.

»Wie herrlich ist dieses Dasein«, dachte ich, als ich zu Beginn der zweiten Woche morgens um drei in meiner Küche stand und Speckpfannkuchen briet und dazu die Nachtsendung aus dem Radio hörte. Ich hatte an diesem Tag bis mittags geschlafen. Es war ein dunkler, stürmischer Apriltag, an dem es erst am Nachmittag richtig hell wurde und der Wind an den Fenstern rüttelte.

Ich blieb im Bett und machte es mir gemütlich mit Kaffeekanne, Zigaretten und Brötchen und mit einer düsteren Geschichte, in der sich alle Bewohner eines großen englischen Landsitzes nach und nach das Leben nahmen, bis schließlich nur noch ein einziges kleines Frauchen übrigblieb, welches den Rest ihres Lebens damit verbrachte, die Gräber der Dahingegangenen zu gießen. Ich lag warm und zufrieden in meinem Bett, genoß diese grausige Geschichte und meinen Kaffee zu gleichen Teilen, hörte genüßlich, wie der Regen gegen die Scheiben klatschte und dachte: »Kein Platz auf der Welt, wo ich jetzt lieber wäre«, denn ich lag geborgen unter beiden Plumeaus, wurde im Rücken angenehm gestützt von beiden Kopfkissen und in Reichweite, auf Victors abgegrastem Lager, türmten sich Zeitschriften, Keksdosen, Pralinenschachteln, Aschenbecher, Strickjäckchen und all das, was ich zu meiner »Ich pfeife auf die Welt«-Stimmung brauchte.

Im Geiste sah ich mich zu dieser Stunde hinter Victor durch den Schnee stapfen, sah mich im Rekordtempo auf der Loipe, sah mich frierend am Lift stehen und eingeölt auf der Sonnenterrasse des Schweizer Hofes. Ich sah mich Socken, Skihosen und diverse Mützen, Schals und Handschuhe auf dem einen kleinen Heizkörper drapieren, derweil Victor auf dem Bett lag und mich liebevoll darüber aufklärte, daß es mir wahrscheinlich nie gelingen wird, richtig Ski laufen zu lernen, so wie es mir nie gelingen wird, richtig Tennis spielen zu lernen oder Pingpong oder Handball oder das Ehespiel.

Gegen siebzehn Uhr schrillte das Telefon! Es schrillte ausdauernd und laut.

»Ich bin doch verreist, Dummchen«, teilte ich ihm freundschaftlich mit, stellte die Klingel auf »leise« und trug den Apparat in die Küche, wo ich ihn auf dem Kühlschrank abstellte. Dann schloß ich befriedigt alle Türen und verkroch mich wieder in meiner Koje.

Um zwanzig Uhr kochte ich frischen Tee, zwei weiche Eier und röstete Toast, um gemütlich zu »frühstücken«. Ich legte eine Schallplatte auf und las die Tageszeitung, die mir irgendwer freundlicherweise auf die Matte gelegt hatte. Danach begab ich mich an die Schreibmaschine und machte mich an die Entfaltung meines großen Talentes.

Als ich mir gegen Mitternacht eine Dose Coca-Cola aus dem Kühlschrank holte, stellte ich mir vor, wie Victor und ich jetzt gewöhnlich die Betten aufschlugen, um den nach einem ganz bestimmten Ritual abgelaufenen Tag mit einem ganz bestimmten Ritual zu beenden:

Victor gähnt, stellt den Wecker, knipst die Nachttischlampe an. Ich gehe noch hin und her, ordne Kleidungsstücke, ziehe das Rollo herunter, schließe die Vorhänge.

Wir haben den berühmten kleinen Streit über »Fenster auf« und »Fenster zu«, den immer ich gewinne, denn: »Lieber im eigenen Mief ersticken, als an einer Gehirnhautentzündung zugrunde gehen!«

Ich mache die neidische Feststellung, daß es Paare gibt, die über die segensreiche Einrichtung getrennter Schlafzimmer verfügen.

Dann folgt das Ausknipsen der Lampen, die plötzlich eintretende Finsternis, aus der sich erst nach und nach die Konturen der Möbel und der Wölbung von Victors Plumeau hervorheben, das Lauschen auf

Victors gleichmäßigen Atem und das Verklingen der Straßengeräusche.
»Ich will nicht mehr so leben«, dachte ich und hörte, wie es von der gegenüberliegenden Kirche Mitternacht schlug. Ich saß an dem kleinen Küchentisch, trank meine Cola, rauchte eine Zigarette und überlegte, warum, zum Teufel, die traute Zweisamkeit so furchtbar in Ritualen erstickt und warum mir diese Rituale so auf die Nerven fielen, derweil die Regelmäßigkeit Victor doch eher zu beruhigen schien.
Gegen drei Uhr morgens aß ich »zu Mittag«. Ich hatte zwei Kapitel geschrieben, die mir selbst ganz gut gefielen, und beim Durchlesen mußte ich zweimal laut lachen, so als ob ich das Buch einer fremden Autorin in der Hand hielte, die zufälligerweise mit demselben Typ Mann verheiratet war wie ich selbst.
Um sechs nahm ich ein ausgiebiges heißes Wannenbad und lag wohlig und zufrieden im Wasser, vertieft in mein zur Zeit sehr schönes Innenleben und den Anblick meiner Zehen.
Um halb neun rief mich Bele an.
Sie gähnte und fragte, ob ich zum Frühstück zu ihr käme.
»Ich bin extra früh aufgestanden, weil ich mit dem Kleinen zum Robinsonspielplatz wollte«, sagte sie. »Aber es regnet ja wie verrückt. Sei nett und komm du wenigstens auf eine Zigarette vorbei!«
Ich erzählte ihr von meiner so radikal veränderten Lebensweise und daß ich in meinem persönlichen

Tagesablauf gerade beim Abendessen sei und anschließend sofort ins Bett wolle.
Sie lachte herzlich und sagte: »Du bist total verrückt, aber nett verrückt!«
Wir schwiegen und sie fügte hinzu: »Als Karl-Heinz vor einigen Jahren zum erstenmal allein verreiste, habe ich am ersten Tag fast ununterbrochen telefoniert, und am zweiten habe ich mir in einem Anfall totaler Verwirrung ein schulterfreies Abendkleid gekauft, das ich bis jetzt noch kein einziges Mal getragen habe. In den ersten Tagen fand ich es irgendwie ganz toll, allein zu sein, aber dann wurde es mir langweilig, und schließlich habe ich vor Verzweiflung sämtliche Schränke neu ausgelegt und das Kämmerchen tapeziert. Als er wieder da war, habe ich mich wie verrückt gefreut, und wir hatten uns viel zu erzählen, und es war fast so wie zu Beginn unserer Ehe, aber schon am zweiten Tag wußte ich nicht mehr, warum ich mich so auf seine Rückkehr gefreut und wonach ich mich so gesehnt hatte.«
Wir lachten beide, und ich sagte: »Heute abend habe ich mich selbst zum kleinen Sektfrühstück eingeladen, wenn du magst, kannst du auch kommen, aber nicht vor sieben.«
Als Bele am Abend kam, sah sie sich in unserem Wohnzimmer um, das nach gemütlicher Unordnung aussah, und sagte: »Es ist richtig schön hier! Man spürt es förmlich, es liegt richtige Zufriedenheit in der Luft. Hier haust zur Zeit jemand, der gut gelaunt ist und dem es gut geht.«

»Es geht mir auch gut«, sagte ich. »Ich befinde mich ja auch in bester Gesellschaft!«
»Beneidenswert«, sagte Bele. »Was macht übrigens dein Roman? Aufgegeben?«
Ich sah sie an und ließ den Sektkorken gegen die Decke knallen.
»Nein, wieder aufgenommen«, erwiderte ich. »Die letzten Kapitel spiegeln meine heitere Stimmung wider. Ich bin nachsichtig und weise und sehe über Schwächen hinweg. Zur Zeit macht es mir im Roman sogar Vergnügen, verheiratet zu sein!«
»Diese Stellen wirst du sicher irgendwann noch mal neu schreiben«, lachte Bele, »wenn du die Realität erst wieder vor Augen hast!«
Wir verbrachten einen anregenden Abend miteinander, indem wir uns erstmalig nicht über unser Lieblingsthema unterhielten, sondern Bele mir von ihrem früheren Leben in der Zeitungsredaktion erzählte, was ich äußerst interessant fand, obwohl es mir schwerfiel, mir Bele als Reporterin vorzustellen. Für mich war sie eine Hausmutter, und zwar lebenslänglich und seit ewigen Zeiten. Gegen Mitternacht verabschiedete sie sich von mir, und als sie in ihre Jacke schlüpfte, gähnte sie und sagte: »Höchste Zeit für mich, ins Bett zu kommen, ich muß morgen spätestens um sieben raus, weil die Kleine zum erstenmal in den Kindergarten geht. Hoffentlich ist sie schön brav und heult nicht, wenn ich weggehe.« Im selben Moment schrillte das Telefon, und es war Beles Ehemann Karl-Heinz. Er war nicht ganz so höflich wie

sonst, wenn Victor und ich als Ehepaar auftreten und wir ihn beispielsweise im Club sehen oder bei ihm und Bele eingeladen sind.
Er meldete sich kurz, dann wünschte er seine Frau zu sprechen. »Ist schon unterwegs, eilt schon in deine Arme«, sagte ich in jenem Ton, von dem Victor immer sagt, man wisse nie, wie ich es meine! Bele umarmte mich schnell und lief die Treppe hinab, und wenig später hörte ich den Motor ihres Wagens aufheulen. Ich räumte den Tisch ab und stellte fest, daß ich frisch und vergnügt und absolut nicht müde war. »Viel zu schade, jetzt zu schlafen«, dachte ich und holte meine längst vergessenen Aquarellfarben hervor. Ich tuschte ein kleines Portrait von Kathrinchen aus der Erinnerung und pinnte es neben ihren Schreibtisch.
In der dritten Woche pendelte sich schließlich ein gewisser Rhythmus ein. Der wilde, aufbegehrende Hippie in mir war zur Ruhe gekommen, hatte das gestickte Stirnband abgelegt und die Locken gebürstet. Er ging einer geordneten Tätigkeit in einem geordneten Tagesablauf nach, aber es war ein Tagesablauf, der zu ihm paßte. Ich hatte in den ersten beiden Wochen vor lauter Daseinsfreude fast nichts gegessen, was zum großen Teil auch daran lag, daß ich überhaupt keine Lust hatte zu kochen oder einkaufen zu gehen, beides Tätigkeiten, die mit Gefühlen verbunden waren, die ich nicht zu spüren wünschte. So konnte ich jetzt »all mein Geld« verprassen. Ich stand verhältnismäßig früh auf, aber dann vertrö-

delte ich köstliche zwei Stunden am Kaffeetisch und frühstückte mit der Zeitung und der wohltuenden Gewißheit, daß ein langer, durch nichts gestörter Tag vor mir lag. Gegen zehn begab ich mich an die Schreibmaschine, und um zwei gab es einen kleinen Imbiß und hinterher einen Spaziergang oder an Regentagen ein Stündchen auf dem Sofa. Danach sah ich das am Morgen Geschriebene durch, korrigierte und feilte an Ausdrücken. Um sieben nahm ich mir frei. Ich traf mich mit Bele oder machte einen Stadtbummel mit Besuch im italienischen Restaurant, oder ich lud sie zu mir ein, und wir standen zusammen in der Küche und lachten und probierten neue Rezepte aus.

Am Samstag hatte ich das letzte Kapitel geschrieben. Ich feierte meinen Sieg mit einer Flasche Rosé und mit einem Essen in dem kleinen provenzalischen Bistro, das kürzlich am Berliner Platz eröffnet worden war.

Als ich zurückkam, erhielt ich einen Anruf von Victor. Er sagte, nach einer Woche im Schneesturm hätte sich das Wetter überraschenderweise wieder gebessert und er dächte noch eine weitere Woche zu bleiben.

»Du bist doch nicht böse?« fragte er.

»Nicht böse, nur ein bißchen enttäuscht«, sagte ich. »Aber ich freue mich natürlich, daß es euch gutgeht.«

»Die Pisten wären in diesem Jahr sowieso zu schwer für dich, morgens ist immer alles gefroren, nachmit-

tags nur noch Matsch... ich muß Schluß machen, sonst wird es zu teuer...«
Froh über die unvermutete Verlängerung meines paradiesischen Zustandes, rief ich am nächsten Morgen Bele an, um sie zu fragen, ob sie Lust zu einer Wanderung hätte, aber Bele war eilig, hatte wenig Zeit zu telefonieren und sagte mit hastiger, hausfraulicher Stimme, daß sie gerade einen Kuchen backen würde und überhaupt schrecklich viel zu tun hätte.
»Heute kommen Hans und Elli mit den Kindern und die ganze Bagage von Karlis Bruder zum Mittagessen«, sagte sie, und ich verstand sofort, in welcher Verfassung sie war. Ich sah mich im Geiste an Beles Stelle, wie ich die Stickereidecke aus dem Schrank nahm und die Tortenplatten zurechtstellte. »Komm doch in der nächsten Woche mal mit Victor vorbei«, sagte sie. »Vielleicht kann man schon draußen grillen und hinterher eine Partie Doppelkopf spielen. Karli ruft übrigens gerade, du sollst Victor bestellen, daß er, wenn er wieder da ist, hier anrufen soll. Er braucht ihn für das Doppel gegen Herm und Ferdi!«
»In Ordnung«, sagte ich, »bis dahin!«
Ich verbrachte den Sonntag zu Hause und beschloß, mein eigenes Werk zu lesen, aber mein eigenes Werk zeigte Schwächen, und so griff ich zu einem netten Roman aus der Leihbibliothek, in dem die Eheleute sich so liebten, daß sie sogar im siebenten Ehejahr noch Lust hatten, zusammen in der Badewanne zu frühstücken und sich dem Genuß eines Mondscheinspaziergangs hinzugeben.

Victor und ich hatten noch nicht einmal im ersten Ehejahr Lust gehabt, in der Badewanne zu frühstükken, und den Mond hatte ich allenfalls aus Versehen betrachtet, nämlich auf nächtlichen Fahrten, wenn ich nach einer Party nach Hause fuhr und Victor an meiner Schulter schlief. Beim Lesen des Buches hatte ich mit leisen Neidgefühlen zu kämpfen, weil ich mit Erbitterung feststellen mußte, wie leicht es anderen Paaren doch gelang, die Romantik im Leben zu erhalten, und daß andere Ehemänner noch nach sieben Jahren verliebt die Augen rollen, wenn sie am Morgen ihre Frau erblicken. Obwohl es mir wenig Freude machte, mein eigenes Werk zu lesen, und ich feststellen mußte, daß ich an manchen Stellen wieder einmal gewaltig übertrieben hatte, erfüllte mich der respektable Stoß beschriebener Blätter doch mit einer gewissen Genugtuung und mit tiefer Zufriedenheit.
Mit noch größerer Zufriedenheit erfüllte mich später die Erinnerung an die vergangenen Stunden meines Dichterlebens unter dem geneigten Dach unserer Wohnung. Die Räume hatten anders ausgesehen als gewöhnlich, der Himmel über dem Dach war höher gewesen, die Vögel hatten frecher gezwitschert, und ich hatte etwas lange verloren Geglaubtes wiedergefunden:
Meine Identität.
Ich hatte mich über einen so langen Zeitraum hinweg und so absolut mit der Rolle der Ehefrau identifiziert, war so lange Teil eines anderen Wesens gewe-

sen, hatte mich so lange in einem fremden Rhythmus bewegt, daß es ein herrliches Erlebnis war, wieder einmal ein Ganzes zu sein, das nach eigenen Bedürfnissen und nach eigenen Gesetzen funktioniert und das feststellt, daß es allein noch leben kann.

Als die Familie wieder zu Hause war, mußte der nach persönlichen Bedürfnissen orientierte Tagesablauf mit den schöpferischen Stunden an der Schreibmaschine wieder aufhören. Victor schleppte Koffer und Skiausrüstung die Treppe hinauf und ließ alles im Flur aus der Hand fallen, was soviel zu bedeuten hatte, daß er sich von dieser Minute an nicht weiter um ihr Schicksal zu kümmern brauchte. Wir küßten uns, und Kathrinchen stürmte in ihr Zimmer und sagte: »Ach, es ist herrlich, wieder zu Hause zu sein, wann machst du Sauerbraten mit Rosinen? Das gab's in der Schweiz nämlich nie!«

Wir setzten uns in die Couchecke, die merkwürdigerweise sofort wieder ihr gewohntes Aussehen annahm, ein Aussehen, welches mich daran erinnerte, daß ich schon vor Wochen die Bezüge reinigen lassen wollte.

Victor war sichtlich gutgelaunt, braungebrannt und sehr attraktiv. Er schilderte willig seine Reiseerlebnisse, die in der Hauptsache davon handelten, wie reibungslos die Fahrt verlaufen sei und daß der Wagen unverhältnismäßig viel Benzin verbraucht.

»Verliert auch Öl«, fügte er verdrießlich hinzu.

Kathrinchen sagte: »In der Skigruppe war eine, die

flog genauso oft auf den Hintern wie du, du hättest ruhig mitkommen können.«

»Die Skikurse werden auch immer teurer«, bemerkte Victor. »Und dann das Bier, sechs Franken die Flasche!«

»Unser Skilehrer hieß Waldi, und er konnte sogar mit einem toten Schüler auf dem Rücken den Hang hinabfahren, und Trickski konnte er auch, aber vorne hatte er überhaupt keine Zähne mehr«, berichtete Kathrinchen.

»Der Schüler war nicht tot, sondern nur verletzt«, berichtigte Victor. »Du mußt nicht immer so übertreiben!«

»Hätte aber gut tot sein können«, sagte Kathrinchen, »letztes Jahr haben sie einen aus 'ner Gletscherspalte geholt, alle Gäste konnten es sehen! Beim Kinderskirennen habe ich übrigens gewonnen, soll ich dir die Medaille mal zeigen?«

Sie holte die Medaille, und ich bewunderte sie und auch die neuen gestrickten Hüttenschuhe, die ihr Victor in Luzern gekauft hatte.

»Wir wollten dir auch ein Paar mitbringen, aber wir wußten deine Größe nicht«, sagte Victor. »Nun ja, genug für heute, Zeit, ins Bett zu gehen«, fügte er hinzu. »Furchtbar, morgen fängt die alte Leier wieder an!«

Obwohl er mich bei diesem Nachsatz nicht ansah und sicher nur an seinen Berufsalltag dachte, gab es plötzlich in mir einen kleinen Stich, der genau zu spüren war, und zwar genau da, wo das Herz sitzt.

Wir erhoben uns, und ich stellte die Gläser zusammen.
»Und wie ging es dir, mein Mädchen?« fragte er später, als wir das Licht löschten. »War sicher tödlich langweilig, was?«
»Sicher«, sagte ich.
In der nächsten Zeit gewöhnte ich mir an, abends lange Spaziergänge zu machen, wenn die Witterung es zuließ. Ich fuhr oft an den Niederrhein und wanderte am Flußufer entlang, betrachtete die vorbeiziehenden Schiffe, die Bewegung des Wassers und die ständig wechselnde Stimmung des weiten Himmels. Ich wurde es nicht müde, die schöne, etwas schwermütige Landschaft mit dem tiefen Horizont zu betrachten, und stellte vergnügt fest, daß ich mir noch etwas zu sagen hatte und gewisse Dinge, wie zum Beispiel einen Cadillac oder einen Ehemann, nicht brauchte, um glücklich zu sein. »Ein Gutes hat ein langanhaltendes, trauriges Eheleben ganz sicher«, dachte ich. »Wenn man nicht verbiestert oder wahnsinnig wird, so wird man ungeheuer bescheiden.«
Morgens war ich meistens damit beschäftigt, meinen Roman abzutippen. Ich stellte fest, daß ich ihn mittlerweile bald auswendig kannte und mich manche Kapitel so langweilten, daß ich mich nicht überwinden konnte, sie abzuschreiben, und kurzerhand in den Papierkorb warf. Trotzdem bewegten mich während des Tippens dieselben mütterlichen Gefühle, mit denen man zum Beispiel sein Baby füttert.

Ich machte zwei Durchschläge und suchte mir die Verlage so quasi aus dem Telefonbuch zusammen. Da ich keine Ahnung hatte, wie man einen Begleitbrief verfaßt, begnügte ich mich schließlich mit wenigen Zeilen. Dann bot ich das Kind meiner Schaffensfreude an, so wie man eine Tochter anbietet, die zwar sehr schön ist, aber keine Mitgift besitzt. Ich schickte die drei Exemplare der Reihe nach ab, und der Reihe nach erschienen sie wieder auf meinem Schreibtisch. Die beiliegenden Briefe mit den höflichen Absagen wiesen oben ungeheuer respektable Köpfe mit der Anschrift des Verlages auf und unten ungeheuer respektable Unterschriften, die fast die ganze untere Hälfte des Briefbogens bedeckten.
»Daß du das gewagt hast«, sagten die Unterschriften. »Du kleines Mädchen vom Lande, zu uns...!«
»Nun ja, keine Mitgift«, dachte ich. »War ja auch nur Spaß!«
Ich versenkte die Manuskripte mitsamt ihren Absagebriefen in der großen Truhe im Flur, in der wir unsere Wolljacken und die Regenschirme aufbewahren, und drehte mich bald wieder im Rad des Hausfrauendaseins.
Meine Schriftstellerkarriere betrachtete ich als beendet.

Die Zeitschriften propagierten neue Sommerfrisuren, Sommerrezepte, Sommerröcke und Tischdekken für den Balkontisch. Ich bepflanzte die Blumenkästen neu und nähte weiße Gardinen aus grobem

Leinen, die einen Hauch von Süden in unser Wohnzimmer brachten. Ich war gerade dabei, aus vier großen indischen Seidentüchern für Kathrinchen die ersehnten Pluderhosen zu nähen, als das Telefon klingelte. Soldi meldete sich kurz, bemängelte meine seltenen Besuche und sagte dann: »Es gibt nur eine einzige Erklärung dafür, seine armen greisen Eltern zu vergessen, nämlich den Schaffensrausch. Was macht dein Roman, und wann endlich können wir ihn im Laden kaufen?«
Ich sagte, der Schaffensrausch hätte sich wieder zu Nähmaschine und Haushalt hin verlagert, das Manuskript sei zurückgekommen und schliefe in Klärchens Aussteuertruhe und ob sie nicht einmal kommen und meine neuen Gardinen ansehen wolle. »Im Moment bin ich dabei, Pluderhosen zu nähen«, fügte ich hinzu. »Ich habe einen ganz einfachen Schnitt, und wenn du willst, nähe ich dir auch welche...«
»Ja bist du denn wahnsinnig«, schrie Soldi mit jenem Entsetzen in der Stimme, welches aufkommt, wenn man einen seit zwei Jahren »trockenen« Alkoholiker erneut mit der Flasche in der Hand erwischt.
»Sollen sich die Verleger deinen Roman persönlich in der Düsseltaler Straße abholen und das Manuskript zwischen Regenschirmen und Strickjacken aus deiner Truhe wühlen, derweil du in deinem Kämmerchen sitzt und Pluderhosen nähst? Ich werde dir morgen eine Liste mit Verlagsadressen schicken, und du wirst die Manuskripte abschicken, und wenn sie zurückkommen, wirst du die nächsten

drei Adressen von der Liste nehmen und die Manuskripte wieder abschicken und so weiter, bis es schließlich keinen einzigen Lektor in der Bundesrepublik mehr gibt, der dein Buch nicht gelesen hat!« (und sich nicht die Mühe machen mußte, es zurückzuschicken, vergaß sie hinzuzusetzen).

Einige Tage später – ich war gerade dabei, in der neuesten Nummer meiner Lieblingszeitschrift nachzulesen, was alles ich tun müsse, um eine Sommerschönheit zu werden (und das wollte ich in diesem Sommer unbedingt, schon um die Pleite mit der Schriftstellerkarriere zu vergessen) – kam ein Paket mittlerer Größe, welches die versprochene Liste mit den Verlagsadressen und die entsprechende Anzahl brauner Umschläge für die Manuskripte enthielt.

»Es soll vorgekommen sein, daß sich die Verleger die Manuskripte selbst abholen, sich auf der Treppe drängen und um jede beschriebene Seite prügeln, aber jeder hat einmal klein angefangen und die Schmach ertragen, ein kleines Licht zu sein, das es sogar nötig hat, seine Werke ganz allein zur Post zu bringen. Oder soll ich dir einen Sekretär einstellen?« hieß es in dem beiliegenden Brief.

Am nächsten Morgen rief Soldi wieder an und fragte: »Na?«

»Ist gut«, sagte ich. »Alles erledigt, ich mag nicht mehr daran denken.«

»An was denkst du denn?« fragte sie.

»Ach, an nichts, ich komm' am Wochenende mal vorbei.«

Daß ich an nichts dachte, war gelogen. Zur Zeit beschäftigten sich meine Gedanken damit, ob ich mir einen Afrolook machen lassen sollte und ob mir wohl ein großer silberner Ohrring stehen würde. Ich sah mich in einem bunten, unordentlichen Zigeunerrock mit meinem neuen krausen Haarschopf und dem dekorativen Ohrring in einer bunten, unordentlichen südlichen Straße sitzen und Pernod trinken, eine Vorstellung, der ich mich mit Wonne hingab und die meinem inneren Auge wohltat. Viel wohler, als zum Beispiel der Anblick der großen braunen Umschläge, die wenig später auf der Treppe lagen und von denen ich sofort wußte, was sie enthielten. Ohne die beiliegenden Briefe auch nur eines Blickes zu würdigen, stopfte ich die Manuskripte in neue Umschläge, versah diese mit den nächsten drei Adressen von Soldis Liste und brachte sie zur Post. Auf dem Rückweg kaufte ich mir fünf Meter Rohseide und verbrachte einen wunderschönen Nachmittag vor dem Spiegel, indem ich mir die Seide in allen Variationen um den Körper und mein angeknackstes Selbstbewußtsein wickelte. »Eine Schriftstellerin wirst du nie«, dachte ich. »Aber in diesem Jahr klappt es vielleicht endlich mit der Sommerschönheit.«

Als Victor kam und kurze Zeit später mit dem Tenniskoffer in der Hand an mir vorbeihastete, stolperte er über die drei Meter Rohseide, die ich zuviel gekauft hatte und die mir hinten über den Rücken fielen und über den Boden schleiften. Er sah mich geistesabwesend an und sagte: »Was ist denn mit dir los, willst du schon wieder heiraten?«

»Ich probiere eine neue Art Sommerkleid aus, das nahtlose Wickelkleid, welches man auch als Sonnenmatte, Cape, Badebeutel und Regenschutz für das Auto benutzen kann. Wann kann ich übrigens mal mit dir über unseren Reisetermin sprechen? Ich denke, wir fahren endlich mal nach Frankreich. Du versprichst es mir seit Jahren«, fügte ich hinzu.

»Wir fahren bestimmt mal nach Frankreich«, sagte Victor, und seine rechte Hand umklammerte den Griff der Tennistasche noch ein bißchen fester. »Aber doch nicht unbedingt in den Sommerwochen, in denen man doch ein bißchen sportliche Bewegung braucht. Wir werden mal im Herbst eine Reise von der Bretagne bis an die Côte d'Azur machen, und du kannst jede Kirche und jedes Bistro besuchen, das am Wege steht, aber bitte zwinge mich nicht, in glühender Hitze meine kostbaren Urlaubswochen in irgendeinem Autostau zu verbringen. Du verstehst das natürlich nicht, du hast ja immer frei«, fügte er kampflustig hinzu.

Er befreite sich von meiner Schleppe, in der er sich verfangen hatte, hastete zur Tür und schlug sie mit lautem Knall hinter sich zu. Ich stand unbeweglich im Flur und starrte die Tür an, und es kam mir so vor, als ob alle Urlaubsträume meines Lebens ganz aus Versehen mit eingeklemmt worden wären. Im Geiste sah ich Victor und mich auf der seit ewigen Zeiten versprochenen Frankreichtour. Wir waren beide zittrig und weißhaarig und konnten die Sehenswürdigkeiten nur vom Wagen aus betrachten, da unsere Beine bereits seit Jahren ihren Dienst verweigerten. Und Victor und ich sahen mit gebrochenen Augen die Schönheiten dieser Welt und dachten darüber nach, was, zum Teufel, uns gestern abend nicht bekommen war und wie wir im Ausland an unsere gewohnten Rheumapillen kämen.

Nur wir beide ...

Wenige lernen es schon früh, manche erst später, und viele lernen es niemals, nämlich daß es einen ganz einfachen Grund dafür gibt, daß es so sehr schwer ist, nicht nur zusammenzuleben, sondern sich zuweilen auch gemeinsam an etwas zu erfreuen: Man hat total unterschiedliche Bilder im Kopf, und das Zusammenleben würde wesentlich vereinfacht, wenn es möglich wäre, die Bilder nach außen zu projizieren, wo der andere sie in Ruhe betrachten und sich gegebenenfalls noch gerade rechtzeitig (und mit allen Anzeichen des Grauens) umwenden und davonmachen könnte, so schnell ihn seine Beine tragen.

Dann würde man endlich die unsinnige und verderbliche Wunschvorstellung aufgeben, daß der Partner sicher die gleichen Phantasien im Kopf hat wie man selbst und man ihm andernfalls die eigenen schon eintrichtern wird, was lediglich eine Frage der Zeit und der eigenen Sturheit ist.

So ahnte ich jahrelang nicht, daß Victor, wenn er einst von unserem künftigen Leben träumte, immer eine Frau sah, mit der er den Wettkampf der Wildwasserfahrer gewann, und er weiß bis heute nichts davon, daß mein Traum von einem Mann handelte, der mit schiefsitzender Baskenmütze und im Mundwinkel hängender Zigarette mit mir in irgendeinem Bistro in der Provence sitzt und mich dann unvermittelt ansieht und etwa sagt: »Hab' gehört, daß der Moustaki morgen abend im Olympia singt, komm, wir nehmen den Nachtzug nach Paris, dann können wir auch dabeisein.«

Und so war Victor berechtigterweise empört, als er nach der Hochzeit zur Kenntnis nehmen mußte, daß ich nicht mal ein Kindergummiboot besteige, um mich im Swimming-pool schaukeln zu lassen, und mir wurde schon ziemlich bald klar, daß Victor nicht zu jener Sorte smarter Männer gehört, die mit den Fingern schnippen und mit diesem berühmten schnellen Seitenblick »oh, là, là!« sagen. Daß der »richtige« Victor sich schlichtweg weigerte, das zu tun, was mein Traumvictor schon so lange und so perfekt beherrschte, war, was ich ihm eigentlich immerzu übelnahm. Victor nahm genauso übel, fand sich jedoch mit der seltsamen Veränderung, die meine Person erfahren hatte, rascher ab, indem er sich das Ganze sachlich überlegte und dann Ersatz suchte. Ich verstand das nie, weil ich immer davon ausging, daß er doch einfach irgendwann mal begreifen müßte, daß es wesentlich schöner ist, für Moustaki nach Paris zu fahren, als etwa in 'nem saudämlichen Paddelboot den Rheinfall von Schaffhausen zu meistern.

Und ich brauchte Jahre, um dahinterzukommen, daß Victor in der Regel gar nicht richtig begriff, wovon ich sprach, wenn ich ihm meine Träume schilderte, denn Victors Verhältnis zu Träumen aller Art ist leider ein bißchen gestört, was sicher mit seiner spartanischen Jugend zusammenhängt, in der dauernd so Sachen wie »arbeiten bis spät in die Nacht« und »bei klirrender Kälte meilenweit zu Fuß gehen« vorkommen, und in der die allergrößte Freude die warmen Fäustlinge gewesen waren, die er 1957 unter dem Christbaum vorgefunden hat. Aus diesem Grunde kamen so nette Dinge wie eine spontan geplante Parisreise oder ein Wochenende bei den Guris in der Heide niemals vor, aber auch keine Eigernordwandbesteigung, bei der Victor Tritte in das Eis schlägt und ich das Seil halte, an dem er hängt. Völlig unterschiedliche Vorstellungen bewegten uns auch vor der Reise, die wir in diesem Sommer gemeinsam unternehmen wollten, welche ich anfangs (und nachdem mir wieder eingefallen war, daß ich während Victors Abwesenheit im April ja nicht gerade vor Sehnsucht gestorben war) eigentlich gar nicht hatte machen wollen. Es traf sich nämlich so, daß Kathrinchen den ersten Teil ihrer Sommerferien mit Soldi an der Nordsee verbringen wollte und Bele mir vorschlug, sie nach Schweden zu begleiten. Allerdings ließ sie durchblicken, daß eine Caravanfahrt gemeinsam mit ihrem Karl-Heinz gewisse Ungemütlichkeiten mit sich bringt, auf welche man sich vor der Reise einzustellen hat. »Während des Urlaubs verfällt Karli nämlich demselben Rekordwahn, mit dem er auch auf dem Tennisplatz immer zu tun hat«, sagte Bele, »und nach der Reise wird er sich damit brüsten, daß es noch nie einem anderen Caravanfahrer gelungen sei, zehntausend Kilometer Skandinavien in so kurzer Zeit hinter sich gebracht zu haben. Aber wenn er abends über seinen Landkarten brütet, um die Strecke für den nächsten Tag vorzubereiten, können wir zwei uns die Füße vertreten und Spaziergänge unternehmen.«

Als sich Victor am nächsten Morgen rasierte, nahm ich auf dem Rand der Badewanne Platz und brachte das Thema auf unseren Urlaub, denn wir befanden uns in der Phase der Medenspiele, so daß ich Victor kaum noch zu Gesicht bekam.

»Ich habe den Eindruck, daß es dir wenig Spaß machen wird, mit mir zu verreisen«, sagte ich gerade heraus, »und deshalb dachte ich, daß ich mich Bele und Familie anschließe, die nach Schweden wollen.«

»Hm?« machte Victor, da er gerade mit der unteren Hälfte seiner Kinnpartie beschäftigt und somit sprachlich behindert war.

Das nutzte ich geschickt aus.

»Du, dachte ich«, fuhr ich in gleichmütigem Ton fort, »fährst am besten in ein richtiges Tennistrainingslager, wo du mal so richtig was für deine Rückhand und die Aktionen am Netz tun kannst, man schämt sich ja fast vor den anderen Frauen!«

»Wie bitte?« fragte Victor verblüfft und starrte mich an. Die eine Gesichtshälfte war mit Schaum bedeckt, die andere sah beleidigt aus.

»Wieso schämst du dich denn?«

»Weil andere Frauen Männer haben, die auch mal Clubmeister werden oder doch zumindest mal Clubmeister waren, bloß ich nicht«, sagte ich schmollend. »Und deshalb erwarte ich ganz einfach, daß du dich mal ein bißchen anstrengst. Auf Sylt soll ein Tenniscamp sein, das besonders gute Trainer hat und das besonders teuer ist.«

»Ich möchte wissen, was das nun wieder soll«, sagte Victor und wandte sich wieder seinem Spiegelbild zu. »Heute abend bin ich zu Hause und dann werden wir darüber sprechen.«

»Du bist heute abend da?« fragte ich voller Erstaunen.

»Was denkst du denn«, sagte Victor. »Heute abend ist doch das Spiel Deutschland gegen Polen, aber das weißt du natürlich wieder nicht, weil du nie was weißt.«

Am Abend, wir zierten ausnahmsweise beide gemeinsam unsere Couchecke, die Spieler liefen sich gerade warm und der Sportreporter gab die Mannschaftsaufstellung bekannt, sah Victor mich an und sagte: »Hör mir mal zu, wir wollen doch endlich vernünftig sein«, ein Vorschlag, den ich eifrig bejahte, denn er beinhaltete meine intimsten Wünsche. Victor steckte zwei Zigaretten an und reichte mir dann eine herüber, eine schöne Geste, die in unserem Eheleben schon lange nicht mehr vorgekommen war. Nach diesem zärtlichen Vorspiel räusperte er sich und hob zu sprechen an.

»Ich habe noch genau vierzehn Tage Urlaub«, sagte er, »und ich gebe zu, daß ich daran gedacht habe, in ein Tenniscamp zu fahren, um endlich mal meine Kondition zu verbessern, aber...«, er sah mich bieder an, »ich habe den Gedanken dir zuliebe fallenlassen.«

»Warum das denn?« fragte ich erschreckt.

»Weil du das ganze Jahr hindurch noch nicht rausgekommen bist und ich nicht glaube, daß es gut für dich ist, mit Bele und einem Haufen Kleinkindern durch Schweden zu rasen.«

»Bele hat zwei Kinder«, bemerkte ich trocken.

»Sage ich ja, überhaupt nicht erholsam«, sagte Victor, »außerdem hat Karl-Heinz mir gestanden, daß er bei dem Gedanken, mit zwei Schnattergänsen im Genick fahren zu müssen, Brechreiz bekommt. Nein...«, er stand auf und drehte den Fernsehapparat lauter, »wir haben zum erstenmal in unserer Ehe die Gelegenheit, ganz ohne Kind zu verreisen, nur so wir beide, ein paar Tage wieder mal so richtig zusammen zu sein und uns voll aufeinander zu konzentrieren.«

Er sagte das tatsächlich: uns voll aufeinander zu konzentrieren. Ich sah ihn an und stellte nach langer Zeit wieder einmal fest, daß er wirklich gut aussieht, und sekundenlang war es mir nicht mehr ganz so schleierhaft wie sonst, was die anderen Frauen eigentlich an ihm finden. »Dann laß uns ein einziges Mal, bitte, bitte, mit dem Wagen nach Frankreich fahren«, sagte ich, denn ich befand mich damals noch in je-

ner Phase, in der man glaubt, daß man dem anderen die eigenen Sehnsüchte in den Kopf hämmern kann, wenn man nur genug Zeit und genügend Energie aufbringt.
»Tun wir auch«, sagte Victor. »Zwei Wochen Korsika, aber natürlich per Flugzeug, weil ich's nicht ausstehen kann, von meinem kostbaren Urlaub auch nur eine einzige Sekunde unnötig zu verplempern.«
Das war nun wieder nicht das, wovon ich geträumt hatte, aber immerhin war Victor schon seit ewigen Zeiten nicht mehr so nah an meine Träume herangekommen, so daß es mir gelang, auch für Korsika sehr schöne Vorstellungen zu entwickeln. »Nun gut«, sagte ich deshalb eifrig wie ein kleines Mädchen, »Korsika soll ja wunderschön sein, noch richtig wild und stellenweise ganz unberührt, und dann werden wir mal nach Bastia fahren. In den kleinen Nestern in den Bergen soll oft kein einziger Mensch mehr wohnen, richtig abenteuerlich stell' ich mir das vor, und dann werden wir unbedingt in einem der F...«
»Herrgott, sei doch endlich mal still«, fuhr Victor mich an. »Merkst du denn gar nicht, daß sie schon angefangen haben und der verdammte Müller schon einen Eckball versaut hat?«
Ich war während der ganzen ersten Spielzeit still, weil ich wußte, daß es absolut keinen Zweck hat, Victor anzusprechen, wenn Müller im Einsatz ist, und die Vorstellung, daß wir jetzt gleich eine schöne Flasche Wein öffnen und gemeinsam über unsere

Reise plaudern würden, eben eine Vorstellung und sonst gar nichts war. Ich tröstete mich damit, daß es ja eine Spielpause geben würde, in der ich meine Frage anbringen wollte, ich welchen Ort wir denn fahren würden, damit ich mir die zweite Spielhälfte damit vertreiben könnte, im Atlas den Ort zu suchen, aber kaum hatte der Schiedsrichter gepfiffen, als auch schon Rolfi anrief, um sich bei dem Experten Victor zu erkundigen, wie ihm das Spiel bis jetzt gefiele.
»Besch...«, sagte Victor und steckte sich erregt eine Zigarette an. »Die müssen jetzt mal aufdrehen, die Jungs, und nicht immer bloß mauern, und dem Trainer sollte mal einer kräftig in den Hintern treten, damit ihm wieder einfällt, wofür die Mannschaft ihn eigentlich geholt hat.«
Die erste spannende Spielminute war bereits vorüber, als er wieder im Sessel Platz nahm und wie gebannt auf die Mattscheibe blickte.
Ich ging mit einem netten kleinen Liebesroman ins Bett, in dem die Heldin von dem Helden grob beleidigt wurde, woraufhin sie ihn kurz und bündig mit ihrem Strumpfband erwürgte.
Ich beruhigte mich über der Lektüre, und als Victor schließlich kam, schlief ich bereits.

Einige Tage später gewann Victor das Einzel gegen die Rot-Weißen, womit niemand gerechnet hatte, und als er nach der Siegesfeier aus dem Club kam, war er so leutselig und so gut gestimmt, wie schon lange nicht mehr.

Er brachte sogar eine Sektflasche mit und öffnete sie sofort.
»Da, zur Einstimmung«, sagte er und warf mir einen Prospekt von TUNA-Reisen in den Schoß. »Juppi hat's mir heute mitgebracht und gleich für uns gebucht, es waren noch ein paar Plätze frei, weil der Ort neu im Programm und noch nicht so sehr überlaufen ist.«
Juppi und Victor teilten sich den Hallenplatz in den Wintermonaten, was beide ungeheuer miteinander verband, und außerdem besaß Juppi ein kleines, palmengeschmücktes Reisebüro in der City, zu dem ein privater Parkplatz gehörte, den Victor benutzen durfte, wenn er in der Stadt zu tun hatte. Dieser Umstand trug dazu bei, daß Victor in beinahe zärtlicher Liebe an Juppi hing und niemals zugegeben hätte, Kenntnis von Juppis etwas lockerem Lebenswandel zu haben.
Ich nahm also den Reiseprospekt und schlug die entsprechende Seite auf, um mich in die kurze Beschreibung zu vertiefen. Auf dem dazugehörigen Foto sah man eine schön gewachsene Blondine, welche neben einem Longdrinkglas kopfstand. Der Himmel im Hintergrund der hübschen Szenerie war tintenblau.
»Hübsch«, sagte ich. »Und so aufschlußreich. Möchte wissen, ob Juppi der Ort wegen des Fotos so gut gefällt und warum er nicht selbst hinfliegt, wenn's dort so schön ist.«
»Du«, sagte Victor warnend, »fang nicht so an,

meckere nicht rum, noch ehe wir überhaupt losgefahren sind, und laß meinen Freund Juppi aus dem Spiel.«

Er holte tief Luft, wohl um sich zu beruhigen, und fuhr fort: »Es soll ein ganz entzückender Ort sein, ganz, ganz einsam gelegen, oder eher nur so 'n kleines Hotelchen, ganz allein direkt am Strand und drumrum alles wilde korsische Natur, gerade richtig für das, was wir vorhaben.«

»Was haben wir denn vor?« fragte ich. »Und bist du sicher, daß ich das auch vorhabe?«

»Bin ich!« sagte Victor trocken und füllte sein Glas erneut bis zum Rand.

»Sieh mal«, sagte er dann. »Wir sind doch schon ziemlich lange verheiratet, und trotzdem sind wir doch noch ein junges Paar, und wenn wir in der letzten Zeit zuweilen Schwierigkeiten hatten, dann liegt das auch daran, daß mit der Zeit alles im Alltagstrott erstickt.«

Ich wollte ihn zuerst darauf aufmerksam machen, daß alles weniger im Alltagstrott als im Tenniswahn erstickte, aber ich zügelte mich. Redseligkeit gehört nicht gerade zu Victors Untugenden, und da er schon lange nicht mehr in so lockerer Stimmung gewesen war, wollte ich die lockere Stimmung nicht gefährden.

»Ich hab' heute das Einzel gegen Rot-Weiß gewonnen«, sagte Victor genüßlich »und ich hab' echt Chancen, auch das Doppel zu gewinnen, wenn Juppi nicht schlappmacht und endlich mal was für seine

Kondition tut, aber dann will ich es erst mal auf sich beruhen lassen und 'n paar Wochen ganz auf Tennis verzichten. Man kann sich leicht übertrainieren!« fügte er mit Nachdruck hinzu.
Wir sahen uns schweigend an, ich ein bißchen verblüfft, dann sagte Victor: »Ehrlich, ich freu' mich direkt, mal an einem romantischen Ort so ganz allein mit dir zu sein, da, wo einen nichts ablenkt, und wo man die Chance hat, sich wieder ganz neu zu finden und zu entdecken.«
Ich bestätigte ihm, daß eben dies auch mein innigster Wunsch sei, und überlegte insgeheim, ob er wohl neuerdings ein Verhältnis zu Courths-Mahlers Enkelkind unterhalte oder sich in der Spalte »Dr. Braun antwortet auf Ihre Herzensfragen« Trost und Rat geholt hätte.
In Wirklichkeit war es aber wohl der unerwartete Sieg gewesen, der Victor in jene seltene, lockere Stimmung versetzt hatte, und der reichliche Champus verhalf ihm wohl zu jener blumenreichen Sprache, deren er sich sonst nur höchst selten bediente.
Vielleicht hatte ihn aber auch sein Freund Juppi heimlich beiseite genommen und in sein Ohr geraunt: »Wenn Claudia in letzter Zeit zickig ist, so... na, du weißt ja... dann rate ich dir, fahrt mal 'n paar Tage weg. Fahr mit ihr in irgend so ein Romantiknest, und laß ruhig was springen, und sag ihr 'n paarmal, wie toll du ihren komischen neuen Haarschnitt findest, so was zieht, die Weiber können's nicht oft

genug hören und glauben tun sie's immer. Ich hab's mit meiner Alten genauso gemacht, weil sie in letzter Zeit so grantig war, daß sie sich sogar weigerte, meine Tennishosen zu waschen, und du weißt ja, daß ich sechs die Woche brauche, mindestens... aber nachdem wir in Griechenland waren, ist sie getröstet, und der Karren läuft wieder wie geschmiert, und still ist sie auch, weil sie sich in'n griechischen Kellner verliebt hat und endlich mal tagsüber was zu denken hat. Na laß sie, sie ist von mir abgelenkt, und ich kann in Ruhe für die Freundschaftsspiele im Herbst trainieren.«

»Mann, ich danke dir, Juppi«, mag Victor geantwortet haben.

»Ich sag' dir, 'n anstrengender Job und dann Medenspiele und zu Hause 'ne Alte, die ständig rummekkert, das hält kein Pferd aus. Und 'ne kleine Reise ist immer noch billiger als 'ne große Scheidung.«

An jenem Abend dachte ich allerdings nichts von alledem, sondern entwickelte wieder einmal sehr schöne Bilder, auf denen ein sehr attraktives, braungebranntes Paar Seite an Seite am Strand entlangging, und später sah man das braungebrannte, attraktive Paar in einem kleinen Restaurant sitzen, wo sie sich in die Augen sahen und/oder bei den Händen hielten.

Victor schien ähnliche Gedanken zu hegen, denn er sagte: »Ich glaube, da finden sich ganz andere Möglichkeiten.«

Wenn Victor gehofft hatte, in unserem Urlaubsort ganz andere Möglichkeiten vorzufinden, so sollte er sich nicht getäuscht haben. Zunächst einmal gab es zwei Hartplätze, die nicht zu vergleichen sind mit den heimischen Aschenplätzen und ganz andere Möglichkeiten für die Beinarbeit und die Aktionen am Netz zulassen. Wir sahen die Plätze von unserem Zimmer aus zwar nicht, aber wir konnten das trokkene Plopp-plopp der Bälle hören und sahen manchmal einen über den Bretterzaun fliegen, der den Sportclub »Le paradis« von der Steppe abgrenzte. Wie Juppi versprochen hatte, befand sich unser Hotelchen nahe am Strand und ganz allein in der Steppe, weit entfernt von jedem Dorf oder jeder menschlichen Ansiedlung, wenn man von dem Sportcamp »Le paradis« einmal absah, welches etwa zehn Meter entfernt vom Hotelchen lag und etwa 800 deutsche Sporturlauber beherbergte. Das Hotel war später einfach dazugesetzt worden, als die Wellblechhütten, in denen die Sportfreunde innerhalb des Lagers nächtigten, nicht mehr ausreichten.
In den ersten Tagen ignorierten wir das Camp und taten so, als ob es wirklich so einsam und so romantisch wäre, wie wir es uns vorgestellt hatten. Wir bemühten uns sehr. Nach dem Frühstück saßen wir auf unserer Terrasse und genossen den Blick aufs Meer, schwiegen in schöner Eintracht, und wenn unsere Blicke sich trafen, dann nickte der eine lächelnd und sagte: »Schön, nicht?« Woraufhin der andere tief seufzte und sagte: »Wunderbar!!!« Dann wurde es

wieder still zwischen uns, und man hörte nichts weiter als das Zirpen der Heimchen, das Rauschen des Meeres und das trockene Plopp-plopp der Tennisbälle.
»Die Geliebte ruft«, sagte ich einmal und deutete mit dem Kopf in jene Richtung, aus der das Plopp-plopp zu hören war.
Victor sah mir tapfer ins Gesicht, biß die Zähne zusammen und sagte dann: »Mich nicht.«
»Willst du wirklich nicht mal rübergehen?« fragte ich, da ich Victors Flehen in den Augen richtig zu deuten glaubte. »Ich meine, das Hotel gehört doch mit zur Anlage, und die Tennisstunden stehen dir zu!«
»Nnnein«, sagte Victor gedehnt, »Tennis gespielt wird in diesem Urlaub überhaupt nicht, wir wollen es uns doch mal so richtig nett machen.« So wanderten wir dann also am Strand entlang, aber man konnte nicht lange wandern, da man schon bald an einen Kanal kam, der das Weitergehen unmöglich machte. Zur anderen Seite jedoch lief man unweigerlich gegen jenen Zaun, auf dem unübersehbar die Worte standen:

Tennis, Surfen, Morgengymnastik.
Anmeldung im Kasino.

»Möchtest du bei dieser Hitze Tennis spielen?« fragte Victor. »Ich nicht.«
Am fünften Tag hielt ich dann unser stummes Glück nicht mehr aus.

»Also ich seh' mir heute die Anlage mal an«, sagte ich. »Man kann ja nicht wissen, was alles geboten wird, und schließlich haben wir ja die Unterhaltungsmöglichkeiten alle mitbezahlt.«
»Wenn du unbedingt willst«, sagte Victor.
Und plötzlich zauberte er auch seinen Tennisschläger aus dem Koffer hervor, den er mir leicht verlegen präsentierte.
»Ich hab' gedacht, daß du ja vielleicht gern mal in Ruhe 'n kleines Mittagsschläfchen machen willst und es dann gern hast, wenn ich dich nicht störe und in der Zeit mal 'n paar Bälle schlage«, sagte er. Seine Worte klangen mir falsch im Ohr, gerade so, als ob er gesagt hätte: »Und dann, Liebling, hab' ich noch eine ganz besondere Überraschung für dich. Irma la Douce, eine alte Freundin von mir, ist auch hier!«
Wie bereits erwähnt, man kann die eigenen Wünsche nicht in einen anderen Kopf hineinprojizieren, und während wir unsere Wanderungen gemacht hatten, hatten mich Bilder bewegt von Bastia und kleinen Fischerhäfen und verlassenen Bergnestern, und Victor hatte die Frage beschäftigt, welche Schätze es wohl hinter dem Bretterzaun mit der Aufschrift: »Tennis, Surfen, Morgengymnastik« zu heben gebe.
Aber Victors Paradies war näher und leichter zu erreichen, und wir besaßen auch die Eintrittskarte dafür, die uns der vorsorgliche Juppi gleich mitgegeben hatte.
Ich war Victor trotzdem nicht böse!
Auch nicht, als er bereits zehn Minuten, nachdem

wir »Le paradis« betreten hatten, Bert Schötter kennenlernte, Bert Schötter, der schon seit vier Tagen im Camp war und noch keinen einzigen Ball geschlagen hatte, weil es ihm bislang noch nicht gelungen war, unter den achthundert Urlaubsgästen denjenigen auszumachen, der seine Spielstärke besaß.

»Sie sind mir doch nicht böse, wenn ich Ihnen den Gatten mal für 'n paar Minuten entführe«, sagte Bert freundschaftlich zu mir, und beim Anblick von Victors strahlendem Kinderlächeln wäre ich mir ebenso gemein vorgekommen, wenn ich die Frage bejaht hätte, wie ich mir gemein vorgekommen wäre, wenn ich Kathrinchen im Alter von sechs Jahren untersagt hätte, am St.-Martins-Zug teilzunehmen, wo doch alle anderen hingehen durften. Ich lächelte und sagte, daß es mir gar nichts ausmachen würde, und in Anbetracht der Tatsache, daß auch mir unsere ungewohnte und so mühsam-friedliche Zweisamkeit bereits nach drei Tagen unsäglich auf die Nerven gegangen war, meinte ich es sogar ernst, denn unser Dialog von »schön, nicht?« und »wunderbar« hatte sich reichlich schnell abgenutzt und das »wunderbar« war bereits am zweiten Tag durch ein müde zustimmendes »hm-m« ersetzt worden. Victors Erleichterung darüber, unseren Ferien »zum Näherkommen« so schnell und so unerwartet problemlos entkommen zu sein, war dagegen geradezu greifbar, und als er dann mit seinem neuen Freund Berti zu den Hartplätzen eilte, strahlte er eine solche Freude aus, daß er mir vorkam wie jemand, der nach dreijährigem Kamelritt durch die Wüste inmitten einer Gruppe schweigender Beduinen plötzlich und unerwartet auf einen Schalke-Fan trifft, der nicht nur genau weiß, »wie sie gestern gespielt haben«, sondern zusätzlich noch die Tabelle der Bundesliga und zwei Flaschen eisgekühltes Bier in den Satteltaschen bereithält. In den uns noch verbleibenden Urlaubstagen fragte mich Victor jeden Morgen, ob ich einen besonderen Wunsch hätte, wie etwa den, mit ihm zum Kanal zu gehen oder ein bißchen auf der Terrasse zu sitzen und »schön, nicht?« zu sagen, und wenn ich dann lächelnd verneinte, dann küßte er mich und beteuerte eifrig: »Mußt du aber ehrlich sagen, wenn du es möchtest, sonst geh' ich schnell mal rüber auf die Anlage, mal gucken, was der Berti heute so macht.«

Ich verbrachte den Tag auf der Terrasse, allein oder in der Gesellschaft von Bertis Frau Gerda, mit der ich aber nicht so recht ins Gespräch kam, denn auf meine vorsichtige Andeutung, ob sie sich den Urlaub mit ihrem Mann nicht auch ein bißchen anders vorgestellt hätte, verstand sie mich völlig falsch und antwortete: »Ja, das habe ich mir allerdings ein bißchen anders vorgestellt, denn eigentlich bin ich nur hergekommen, weil man hier den ganzen Tag Tennisspielen kann, und dann geh' ich hin und vertrete mir gleich beim ersten Schmetterball die Haxen. Jetzt sitz' ich hier und hab' mal Gelegenheit festzustellen, wie grauenhaft langweilig das Leben für all die Leute sein muß, die keinen Sport treiben. Ich spiel' seit

meinem dritten Lebensjahr«, fügte sie hinzu, »und wenn's mal zwei Tage hintereinander regnet, werden Berti und ich verrückt. Spielen Sie etwa nicht?«
Sie blickte mich bei dieser Frage mit jenem dumpfen Erschrecken an, welches man empfindet, wenn einem plötzlich dämmert, daß die Dame, der man gerade das »du« angeboten hat, eine stadtbekannte Prostituierte ist, und ich beeilte mich zu versichern, daß auch mein Leben durch das Tennisspiel entscheidend beeinflußt würde (was ja nicht gelogen war), ich im Augenblick aber »Startverbot« hätte, da ich im neunten Monat schwanger sei.
»Das sieht man ja gar nicht«, sagte Gerda. »Aber das kommt von den strammen Bauchmuskeln. Wir Sportlerinnen haben stramme Bauchmuskeln.«
Ich trainierte meine strammen Bauchmuskeln zuweilen, indem ich ein Stündchen mit dem Tretboot auf dem Wasser umherschipperte oder auf dem rostigen Geländefahrrad den Maschendrahtzaun entlangfuhr, wobei mir schmerzlich bewußt wurde, daß sich rings um diese Einöde, rings um diese riesige Aufbewahrungsstätte für Sportgeräte, eine Insel von unvergleichlicher Schönheit ausdehnte und daß das einzige, was ich von der ganzen Insel zu sehen kriegte, achthundert deutsche Touristen und 'n paar vergammelte Tretboote waren.
»Ich hab' gehört, daß man direkt vom Camp aus 'n Auto mieten kann«, sagte ich am nächsten Morgen zu Victor, als er mich höflich fragte, ob ich vielleicht einen besonderen Wunsch hätte. »Und am nächsten

Sonntag ist noch 'n Termin frei, genau an unserem letzten Urlaubstag, ich dachte, das wäre doch ein schöner Abschluß und...«

»Sonntag?« sagte Victor mit gerunzelter Stirn, »nächsten Sonntag?«

»Am übernächsten wird es schwer sein, eine Besichtigungstour auf Korsika zu machen«, antwortete ich, »weil wir dann nämlich schon wieder in Mülheim sind und der Anfahrtsweg doch ziemlich weit ist.«

»Hättest du auch eher sagen können«, bemerkte Victor unwirsch. »Jetzt haben Berti und ich schon ein Gästeturnier geplant, und wir können's nicht mehr abblasen, weil die Mannschaften bereits aufgestellt sind.«

»Dann wirst *du* eben nicht mitspielen«, sagte ich, »und vielleicht mal darüber nachdenken, daß mir schließlich auch ein einziger Urlaubstag zusteht, an dem gemacht wird, was ich möchte.«

»Jetzt hör aber mal auf«, schrie Victor, »wo ich dich jeden, aber auch jeden Tag nach deinen Wünschen frage, aber genau an dem Tag, an dem ich mal aus Jux 'n Turnier leiten will, mußt du natürlich daherkommen und dich bei Affenhitze über staubige Straßen chauffieren lassen!«

»In Ordnung!« sagte ich und schluckte.

Victor stand unmittelbar vor mir und sah auf mich herunter. Ich sah, daß auch er schluckte.

»Ist gut«, sagte er, mühsam beherrscht. »Ich will sehen, ob Berti die Leitung übernimmt...«

Das Zugeständnis schien ihm sehr schwergefallen zu sein, denn als er dann dem Eingangstor von »Le paradis« zustrebte, waren seine Schritte weniger elastisch als sonst.
Mittwoch und Donnerstag war Victor stark beschäftigt, so daß sogar das Angebot, mit mir bis zum Kanal zu gehen, ausblieb, denn er mußte Berti in die Regeln der Turnierleitung einweisen, schließlich ging es ja nicht an, daß alle Turnierteilnehmer unter meinen extravaganten Wünschen zu leiden hatten.
Am Freitag trat Victor mit Berti im Schlepp aufgeregt in unser Zimmer, in welchem ich müßig herumsaß und Kreuzworträtsel löste, und offenbarte mir die Neuigkeit, daß er gerade eben den Wagen habe mieten wollen, ein anderer Urlaubsgast ihm aber energisch davon abgeraten hätte.
»Der Mann war am vergangenen Sonntag unterwegs«, sagte Victor, wobei Berti zu allen seinen Worten heftig mit dem Kopf nickte, »und er hat mir gesagt, es wäre die gefährlichste Fahrt seines Lebens gewesen. Erstens sind die Leihwagen alle defekt, so daß man gewöhnlich mitten am Hang in unwirtlicher Gegend mit 'nem Motorschaden hängenbleibt und oft wochenlang nicht gefunden wird, oder man wird von Wegelagerern überfallen, die mit dem Kerl, der die Karren vermietet, unter einer Decke stecken. Der Herr erzählte, daß sie gewöhnlich warten, bis man an einer besonders reizvollen Aussichtsstelle hält, um auszusteigen und 'n Foto zu machen, dann schleichen sie sich von hinten ran und stoßen dich

den Abhang runter, in eine Schlucht, aus der noch nie ein Urlauber lebend entkommen ist, und dann bringen sie den Leihwagen zurück und teilen sich die Beute.«

»Welche Beute?« fragte ich unbeeindruckt.

»Du bist gut, das Geld und die Papiere, die du bei dir hast. Schon fünfzig Franc sind für die doch 'ne Menge Geld, und ein Ausweis ist Gold wert.«

Ich sagte, daß ich so etwas noch nie gehört hätte, aber Berti bestätigte Victors Aussagen mit einer Intensität, daß ich unwillkürlich an meine Schulfreundin Ute Koch denken mußte, die sich gewöhnlich an jenen Tagen, an denen wir beide ins Kino wollten, vor meiner Mutter aufgebaut und dienstbeflissen gesagt hatte: »Unsere Lehrerin hat ausdrücklich verboten, daß wir Vokabeln lernen, und sie sagt, wer dabei erwischt wird, fliegt sofort von der Schule!«

Im übertragenen Sinne hätte Victor sagen müssen: »Ich weiß, daß alle Leute, die sich einen Leihwagen mieten, kaputtgeschlagen werden und daß überhaupt nur die Touristen lebend nach Hause kommen, die sich Sonntag an den Campmeisterschaften beteiligen!«

Victor wurde bei den Campmeisterschaften, für deren Veranstaltung er sich so selbstlos eingesetzt hatte, nur Zweiter, weil sein Freund Berti ihn geschlagen hatte. Er kam gereizt in unser Hotelzimmer zurück, in dem ich den ganzen Nachmittag über auf der Bettkante sitzend vor mich hingebrütet hatte, und es kam zu jener unschönen Auseinandersetzung, die zu ver-

meiden wir beide so sehr bemüht gewesen waren. Wenn Victor vor dem Urlaub gesagt hatte, daß wir die Ferientage doch dazu nutzen wollten, uns wieder einmal voll aufeinander zu konzentrieren, so kann ich sagen, daß wir dies an unserem letzten Nachmittag auf Korsika auch taten. Aber in Anbetracht der dünnen Wände taten wir es zu laut, und in Anbetracht dessen, daß wir uns ja eigentlich wieder »näherkommen« wollten, fiel unsere Konversation reichlich hemmungslos aus.
»Ich hab' verdammt den Verdacht, daß wir hier eine Ehe zu dritt führen«, schrie ich und warf dem an der Wand lehnenden Tennisschläger einen giftigen Blick zu, »und daß du nur hierhergefahren bist, um genau dieselben Spielchen mit mir zu treiben wie in Mülheim auch!«
»Und du bist auf Korsika genauso bissig wie zu Hause!« brüllte Victor zurück.

»Wie war's?« fragte Bele, die an dem Abend anrief, an dem wir wieder zurückgekehrt waren.
»Och«, sagte ich, »der Maschendrahtzaun, der das Ferienlager umgab, war bestens in Schuß, und an klaren Tagen sah man vom Camp aus sogar die korsischen Berge!«
Und als Juppi Victor fragte, ob sich seine Tips denn ausgezahlt hätten, wird Victor sicher geantwortet haben: »Es hätte wunderschön sein können, Juppi, denn es waren nette Leute da, und die Insel als solche hat mir auch ganz prima gefallen, aber wenn du je-

mand dabeihast, der partout keinen Funken guten Willen zeigt, das alles auch zu genießen... da kannst du dich noch so anstrengen, und es wird trotzdem nicht schön.«

Freu dich nicht zu früh!

Als wir von unserem Korsikaurlaub zurückkamen und den Hausflur betraten, sah ich sofort die drei großen braunen Umschläge auf der Treppe liegen, die natürlich nur meine Manuskripte enthalten konnten, die ich vor einigen Wochen zur Post getragen hatte. Ihre glückliche Rückkehr erschütterte mich nicht weiter, und ich war eher erstaunt, als mir aus dem einen Paket ein Begleitschreiben entgegenflatterte, welches die Länge der üblichen Absagebriefe bei weitem übertraf. Bei näherer Durchsicht entpuppte es sich als das sehr ermutigende Schreiben einer Lektorin, die mir mitteilte, sie hätte das Manuskript gelesen, obwohl ihr Verlag nur Kinderbücher verlegen würde und mein Roman somit nicht in Frage käme. Stil und Inhalt hätten ihr jedoch so gut gefallen, daß sie mir dringend raten würde, nicht aufzugeben und unbedingt zu versuchen, das Manuskript irgendwo anders unterzubringen. Gleichzeitig wies sie auf einige Mängel hin mit dem Vorschlag, diese zu beheben, was die Chance, das Werk bei einem Verlag unterzubringen, sicherlich erhöhen würde.
Ich las den Brief noch mehrere Male und muß sagen, daß mir das Lob guttat. Abends sah ich mein Manuskript noch einmal durch und stellte fest, daß die

wohlgesinnte Dame mit ihrer Kritik recht hatte. Beschwingt und mit dem festen Vorsatz im Herzen, mich gleich morgen früh an die Arbeit zu machen und mich auch bestimmt durch nichts davon abhalten zu lassen, schlief ich ein. Als wir am nächsten Morgen beim Frühstück saßen, sah Kathrinchen mich an und sagte: »Wann machst du eigentlich endlich mal wieder Paprikaschoten, mir kommt's vor, als ob ich seit hundert Jahren keine mehr zu essen gekriegt hätte.«

»Morgen, mein Herzchen«, sagte ich und verdrängte den Gedanken, daß es eigentlich recht nett wäre, jetzt in der Morgensonne über den Markt zu gehen und tüchtig einzukaufen. »Oder übermorgen. Heute vormittag will ich die Zeit nutzen, um an meinem Roman zu arbeiten.«

»Ist es etwa immer noch derselbe von damals?« fragte sie, und als ich etwas peinlich berührt nickte, fügte sie hinzu: »Karl May hat über neunzig geschrieben und bloß 'n paar Wochen dafür gebraucht!«

»Ich schreibe eben langsamer«, sagte ich und wuchtete die Maschine aus der Schrankecke, in der sie ihr nutzloses Leben verbrachte, auf den Eßtisch.

»Ich geh' 'n bißchen zu Trudi«, sagte Kathrinchen, »aber morgen machen wir dann die Paprikaschoten!«

Ich versprach ihr alles, was sie wollte, und vertiefte mich in mein Romanwerk und schrieb ganz flott mehrere Seiten hintereinander, bis mir auffiel, daß nun der Zusammenhang nicht mehr stimmte und das

Ganze doch schwieriger war, als ich anfangs gedacht hatte.
Ich war gerade dabei, einen an sich recht gut gelungenen Absatz zu streichen (wobei mir etwas weh ums Herz war), als das Telefon klingelte.
Ich nahm den Hörer ab und meldete mich.
»Was machst du gerade?« fragte Soldi ohne Umschweife.
»Och nichts!« sagte ich, denn ich wußte, daß sie bei dem Geständnis, mich im »Schaffensrausch« gestört zu haben, kurzerhand auflegen und mir somit das Alibi nehmen würde, daß ich ja längst die Produktion eines Karl May hätte, wenn ich nicht immer abgelenkt würde.
»Das ist schön, daß du nichts tust«, sagte Soldi munter. »Ich hab' nämlich ein Attentat auf dich vor. Hab' meine Stelle am Dortmunder Theater gekündigt und mich nach Bonn beworben, und jetzt hätt' ich's gern, wenn du mir bei der Wohnungssuche behilflich sein könntest. Na, wie wär's? Morgen will ich hinfahren, und ich denke, daß du in den Zug steigst, wenn ich durch Mülheim komme.«
Ich warf der harmlos im Sonnenlicht auf dem Eßtisch vor sich hindösenden Schreibmaschine mit dem eingespannten Bogen einen unschlüssigen Blick zu und hörte mich sagen: »Ist gut, ich freu' mich drauf, und länger als 'n paar Tage wird's ja nicht dauern.«
Nachdem wir noch eine Weile miteinander telefoniert hatten und ich auch noch Bele angerufen

und anschließend ausgiebig meine inzwischen angekommene Post gelesen und mindestens drei Zigaretten geraucht hatte, packte ich die Maschine kurzentschlossen in ihr Schrankfach zurück. Dann brachte ich das Manuskript, ohne auch nur eine einzige Zeile verbessert zu haben (und eigentlich nur, um es loszuwerden und mein schlechtes Gewissen zu beruhigen), zur Post und dachte auf dem Heimweg darüber nach, daß es eine Mafia gab, die brüderlich zusammenhielt und sich meinen persönlichen Zielen immer wieder und mit vereinter Kraft in den Weg stellte: Freundes- und Familienkreis und mein innerer Schweinehund. Mein innerer Schweinehund, eine gut gemästete Bestie namens Bessi, die mir bestens vertraut ist, da sie bereits zu Kindeszeiten in meinem Inneren ihr Unwesen trieb und zum Beispiel Vokabel- und Formellernen stets zu verhindern wußte, zog sich zufrieden zurück, als ich am nächsten Morgen gutgelaunt jenen Zug bestieg, in dem ich mich mit Soldi treffen wollte. Bessi-Schatz hatte wieder einmal einen Sieg davongetragen, wobei ich bemerken muß, daß er auch ein leichteres Amt bekleidet als seine Kollegen, welche weit weniger verlockenden Angeboten zu widerstehen haben als ich, denn eine Wohnungssuche mit Soldi ist zwar eine anstrengende, aber überaus amüsante und originelle Sache.

Wie sie bereits am Telefon angedeutet hatte, hatte sie ihre Stelle am Dortmunder Theater gekündigt, wo sie seit der Pensionierung ihres schauspielernden

Gatten dessen ehemaligen Kollegen Texte soufflierte. Soldi verstand sich seitdem als Seele des Geschäftes und als »Starsouffleuse«, und das war sie auch.

Sie liebte die Mischung aus Staub, Lampenfieber und Erregung, welche in jedem Theater vorherrscht, und die Art der Schauspieler, deren Augen angstvoll an ihren Lippen hingen, gefiel ihr ungemein.

Sie tat alles für ihre Mannschaft, und die Mannschaft ging für sie durchs Feuer, bis zu jenem unglückseligen Tag, an dem es irgendwem dummerweise einfiel, sie als Untergebene anzusehen. Dieser Unglücksrabe sah sie sicher nur für Minuten, und nur weil er vor Lampenfieber gerade dem Wahnsinn nahe war oder auch ganz und gar zufällig, als Untergebene an, aber das hatte bereits genügt!

Noch am selben Abend bewarb sie sich schriftlich und mit wenigen, in ihrer großen, ungestümen Handschrift hingeworfenen Worten in Bonn, denn: »Ich liebe den Rhein, und meine Freizeit wünsche ich in Zukunft auf einem schneeweißen Rheindampfer zu verbringen und nicht zwischen den Blusenständern von C & A und Hertie.«

Wenn man sich ihren Kleiderschrank so betrachtete, so hatte sie wahrscheinlich schon zuviel Freizeit an Blusenständern verbracht, und es war Zeit, die Gegend zu wechseln. Vater glaubte, es handle sich um eine Marotte, so wie sie Jugendliche ganz plötzlich befallen kann, die Papa eines schönen Tages mitteilen, sie hätten beschlossen, im Kibbuz zu arbeiten

oder meditieren zu lernen oder alternativ auf einem Bauernhof zu leben, woraufhin sie sich ein Stirnband umlegen und verschwinden, um nach gegebener Zeit wieder aufzutauchen und eine Lehre als Automechaniker zu beginnen, und so ließ er sie leise lächelnd ziehen. Ich stieg dann also am nächsten Morgen, anstatt an meine guten Vorsätze zu denken und an meinem Roman zu arbeiten, frohgestimmt in das Abteil ein, in dem sie schon seit einer Stunde »wohnte«, wobei der Ausdruck »wohnen« nicht übertrieben ist, denn ein von Soldi benutztes Zugabteil, in dem sie sich eine gewisse Zeit lang aufgehalten hat, nimmt die Atmosphäre eines gemütlichen Wohnraumes an, in dem eine große lustige Familie lebt.
Sie lagerte mit hochgezogenen Beinen auf sämtlichen Sitzen, umgeben von Zeitschriften, Colabüchsen, Obsttüten und Zigarettenschachteln.
»Komm rein«, sagte sie wie eine Gastgeberin, derweil draußen auf dem Gang die Reisenden nach einem raschen Blick durch das Abteilfenster feststellten, daß hier offensichtlich eine größere Familie reiste, die sämtliche Plätze beanspruchte. Immer wieder tauchten Gesichter auf, welche sich beim Anblick unseres Abteils und seiner Bewohner erschreckt zurückzogen, als seien sie beim Blick durch das Schlüsselloch eines fremden Schlafzimmers erwischt worden.
»Und wie geht es dir?« fragte Soldi. »Was macht die Kunst?«
Ich erzählte, daß die Manuskripte nach wie vor ins

heimische Nest zurückgeflogen kämen, eine der Lektorinnen jedoch geschrieben hätte, daß ich Talent hätte und keinesfalls aufgeben sollte.
»Natürlich hast du Talent«, sagte Soldi. »Aber der Kram, den du noch nebenbei machst, wird dich immer an der Entfaltung deines Talents hindern. Man müßte sich des Krams mit brachialer Gewalt entledigen!« Sie lachte.

Wir ließen, wie ich gestehen muß, einigen Unrat wie Zeitungen, Apfelsinenschalen und Coca-Cola-Büchsen zurück, als wir in höchster Eile das Coupé verließen, um uns am Kiosk mit den Tagesausgaben der Zeitungen einzudecken und diese im nächsten Café nach den Wohnungsanzeigen zu durchforsten.
Eine Wohnungssuche mit Soldi ist deswegen so originell, aber eben auch ziemlich anstrengend, weil sie es haßt, sich in fremden Wohnungen umzusehen. »Eine Behausung ist eine Behausung«, pflegt sie zu sagen, »und Küche und Klo werden ja wohl drin sein.« Dagegen bin ich gründlich und spießig veranlagt und möchte wissen, um wieviel Räume es sich handelt, ob die Wohnung Heizung und Duschbad besitzt und ob der Hauswirt ein umgänglicher Mensch oder ein altes Ekel ist, das einem das Leben in der neuen Wohnung zur Hölle macht. Ich versuchte Soldi bei der Besichtigung der verschiedenen Behausungen auf kleine Mängel wie das Fehlen jeglicher Stellwände und die Miete von über 900 Mark

aufmerksam zu machen, derweil sie bereits beim Anblick des Schlüsselloches in Entzücken geriet und fest davon überzeugt war, die Wohnung ihres Lebens gefunden zu haben.
Sie brachte mich mit ihrer »Hauptsache, man kann aufrecht darin stehen und 'n Bett aufstellen«-Philosophie fast um, doch gelang es mir schließlich, ihren Widerstand zu brechen und sie zu all den Wohnungen zu schleppen, welche wir in der Zeitung angestrichen hatten. Dort versuchte ich sie im Zischton von den Mängeln zu überzeugen und, was schwieriger war, dem Hauswirt in knappem Ton mitzuteilen, »daß wir es uns noch überlegen werden«, ehe Soldi mit ihm Brüderschaft trinken konnte.
»Ich gehe jetzt noch in eine einzige Wohnung«, sagte sie, nachdem wir drei Adressen abgeklappert hatten, »und wenn dir da wieder etwas nicht gefällt, dann nehme ich das miese Loch, das wir uns ganz zu Anfang angesehen haben. Die Fenster waren so klein, daß man die Gardinen spart, und die Kinder des Hausmeisters fand ich entzückend.«
Die letzte Wohnung, welche wir an diesem Tage besichtigten, gefiel mir ausnehmend gut. Sie war sehr schön am linken Rheinufer gelegen und bot Ausblicke auf den Fluß und die Kennedybrücke. Der Hauswirt war ein zerknittert wirkender ältlicher Mann mit traurigen Augen.
»Wenn Sie vom Theater sind, nehme ich Sie sowieso nicht«, teilte er uns unverblümt mit, als ich ihn nach der Miete und den Nebenkosten fragen wollte. »Ich

hatte an eine alleinstehende ältere Frau gedacht, der ich im Bedarfsfalle auch mal den Hausschlüssel und meine Blattpflanzen anvertrauen kann.« Ich versuchte ihn davon zu überzeugen, daß es sich in Soldis Person ja sozusagen um eine alleinstehende ältere Frau handelte, der man Haustürschlüssel und Blattpflanzen getrost überlassen konnte. »Wenn Sie vom Theater sind, nehme ich Sie nicht«, wiederholte er. Schließlich sahen wir ein, daß es keinen Zweck hatte, ihn umstimmen zu wollen, und als wir das Haus verließen, sagte Soldi: »Schade, die Morgensonne in der Frühstücksecke hätte mir gefallen.«
Am nächsten Morgen kauften wir wieder eine Zeitung, und Soldi strich ein einziges Apartment an, das eine große, anonyme Baugesellschaft annonciert hatte. »Das nehme ich«, sagte sie. »Ruf an und sag, daß ich komme, um den Vertrag zu unterschreiben.« Ich beschwor sie, doch vielleicht einen ganz kleinen Blick auf das Haus zu werfen und wenigstens den Fahrstuhl zu besichtigen, und sie willigte schließlich ein und schlappte mit derselben wilden Begeisterung hinter mir her wie Kathrinchen, wenn sie mich zum Zahnarzt begleiten soll.
Diese wirklich allerletzte Chance, eine Wohnung zu mieten, entpuppte sich als Glücksfall. Das kleine Apartment lag im siebenten Stock und bot einen bezaubernden Blick auf die Dächer der umliegenden Häuser und die Rheinwiesen. Es wurde von einer alten Dame bewohnt, die es gegen eine im Parterre gelegene Wohnung eintauschen wollte, »weil es auf der

Terrasse so zieht, daß mir immer die Perücke vom Kopf fliegt«. Da niemand in unserer Familie Perükken trägt, die gefährdet wären, unterschrieb Soldi noch am selbigen Nachmittag den Vertrag, und wir begossen den gelungenen Abschluß unserer Wohnungssuche im gegenüberliegenden Café mit Sekt.
Anschließend fuhren beide Elternteile in Urlaub. Victor nahm an einem dreitägigen Freundschaftsturnier der Tennisfreunde in Hannover teil. Kathrinchen und ich verließen die Wohnung zur selben Stunde wie er und verbrachten vergnügte Stunden in der neuen Bonner Zentrale mit Schaufensterbummel und Rheinspaziergang. Danach ging ich wieder wie gewohnt meinen Haushaltspflichten nach, und als Victor und ich uns zufälligerweise im Flur trafen, warf er mir einen schrägen Blick zu und stichelte, daß es nett wäre, mich auch mal wieder zu Hause anzutreffen. Ich erwiderte nichts, obwohl mich seine Bemerkung wunderte, denn in der vergangenen Zeit hatte er eigentlich keine Gelegenheit ausgelassen, immer wieder zu betonen, daß *er* zumindest mich nicht bräuchte.
An einem sehr hellen, warmen Tag Mitte August lag dann plötzlich ein großer weißer Umschlag im Kasten, der ein Schreiben enthielt, in welchem man sich für die lange Verzögerung der Begutachtung meines eingesandten Manuskripts entschuldigte.
»Das Werk« sei jedoch in die engere Wahl aufgenommen worden, und ich möchte mich doch bitte noch etwas gedulden, bis man mir einen definitiven

Bescheid zukommen lassen würde. Ich starrte das Schreiben in meiner Hand an und las den Text zum zweiten Mal.

»Warum das denn?« dachte ich, unwillkürlich Victors Lieblingssatz benutzend.

Wenn ich schreiben würde, daß mein Herz einen schnellen, freudigen Hüpfer tat, so müßte ich lügen. Das einzige, was in diesem Augenblick hüpfte, waren die Socken in der Waschmaschine und die Staubflusen in dem schräg durch die klemmende Jalousie fallenden Sonnenlicht. Und vielleicht hüpften auch gerade die Zahlen auf meinem beschämend kleinen Konto, und zwar immer von oben nach unten, denn meine Einnahmen und meine Ausgaben standen irgendwie im unrechten Verhältnis zueinander, was soviel bedeutet, daß ich zwar Ausgaben, aber überhaupt keine Einnahmen hatte. Ich kannte niemanden, der mir über die Auswirkung eines Romans auf den Kontostand des Dichters hätte Auskunft erteilen können, und so blieb ich kühl bis in die Zehenspitzen und legte den Brief in die Schublade. Während ich meinen häuslichen Pflichten nachging, bewegten mich Bilder wie »Der arme Poet in der Dachkammer« und »Das abgelehnte Werk«, doch je weiter der Vormittag voranschritt und je länger ich mich innerlich mit dem Thema befaßte, um so heller wurden meine Phantasien, und nachdem ich das Schreiben mehrere Male aus der Schublade geholt und schließlich zum zehnten Mal gelesen hatte, hatte sich meine Vorstellungskraft vom »armen Poeten unterm Re-

genschirm« abgewandelt. Ich sah statt dessen sehr angenehme Bilder in meinem Innern, angefangen vom einsam vor sich hinwandelnden Poeten in alten Alleen, bis hin zum Lorbeerkranz an der Wand.
Ist immer noch romantischer, als verkannter Dichter zu verarmen, als dies in Form einer unbezahlten Hilfskraft im Haushalt zu tun, teilte ich mir gerade selbst in optimistischem Tone mit, als Victor zum Essen nach Hause kam.
Ich wartete ab, bis er die Suppe gegessen und somit etwas Stärkendes zu sich genommen hatte und tischte dann, zusammen mit meinen vorzüglichen Spaghetti Bolognese meine Neuigkeit auf.
»Da hat sich ein großer Verlag gemeldet, der mein Buch wahrscheinlich nehmen wird«, sagte ich so gleichgültig wie möglich, schon um zu dokumentieren, daß so etwas Läppisches, wie einen Roman zu schreiben und auch verlegt zu sehen, Dinge waren, die in meinem Leben eigentlich alltäglich waren. »Einen definitiven Bescheid haben sie mir noch nicht gegeben, aber höchstwahrscheinlich wird es klappen«, fügte ich hinzu.
Victor verwandte alle Konzentration auf die Aufgabe, die endlosen Spaghetti gekonnt mit der Gabel in den Löffel zu rollen, wie er es unlängst in dem italienischen Restaurant gesehen hatte, das seit einiger Zeit vorzugsweise von seinen Tennisbrüdern aufgesucht wurde, und sagte schließlich: »Das heißt also, daß du bis jetzt gar nichts in der Hand hast und daß es gar nichts zu bedeuten hat! Und wenn du an mei-

nem Rat interessiert bist (was ich nicht war!), dann kann ich dir eigentlich nur das eine sagen: Freu dich nicht zu früh!«

Kurz danach erhielt ich einen weiteren Brief des Verlages, wesentlich eher, als ich erwartet hatte.
»Ich war von der Schilderung Ihrer kleinen Alltagserlebnisse amüsiert und erheitert«, schrieb die Lektorin, »und habe Ihr Buch den anderen Lektoren des Verlages vorgestellt. Was nicht gefiel, war das Fehlen einer eigentlichen Handlung. Wir wünschen uns ein bißchen mehr Spannung und eine Story. Vielleicht überdenken Sie das Ganze noch einmal, aber lassen Sie sich Zeit!« Wenn die Dame mein privates Ehedrama, das Unglück meines Lebens und meine verschwendete Jugend amüsant und erheiternd fand, so mochte sie ihren schwarzen Humor mit meiner traurigen Geschichte befriedigen, was aber Handlung und Spannung anbelangte, so mußte ich sie enttäuschen. Ich fand die Verwandlung einer glücklichen Braut, die zärtlich und voller Hingabe ist, in eine alte Hexe, die dazu übergeht, Selbstgespräche zu führen und sich gar schriftlich zu erleichtern, spannend genug, oder erwartete man, daß ich die Hauptfigur umbrachte? Da es mir nicht gerade leichtfällt, etwas zu schildern, was ich nicht selbst erlebt habe, schied diese Möglichkeit aus, wenn ich mein gedrucktes Wort nicht aus der Gefängnisbücherei beziehen wollte, und so überlegte ich mir die Sache und kam schließlich zu dem Schluß, daß es am besten sei,

gleich eine Neufassung zu basteln, mit Happy-End und allem Drum und Dran. Es schien auch eine logische Schlußfolgerung aus der Tatsache zu sein, daß man sich beim Verlag über mein Buch, welches als traurige Geschichte gedacht war, offenbar köstlich amüsierte.

Ich schrieb dem Verlag, daß ich bereit wäre, das Buch in ihrem Sinne zu überarbeiten, und mich auch gleich an die Arbeit machen würde. Das tat ich auch. Das heißt, besser gesagt, ich fing gleich am nächsten Tag mit der Arbeit an meinem Romanwerk an in der wilden Hoffnung, daß ich vielleicht bereits fertig wäre, noch ehe sich Bessi-Schatz und Freundes- plus Familienkreis zur bekannten Mafia zusammenschließen konnten.

So räumte ich dann die Bügelwäsche zur Seite, holte wieder einmal meine Schreibmaschine hervor, entstaubte sie, säuberte die Typen, wechselte das Farbband, erzählte Kathrinchen und ihrer Freundin Trudi, daß nicht nur das Manuskriptpapier, sondern auch die beiden Bleistifte und das Tipp-Ex-Fläschchen mit einer Flüssigkeit getränkt wären, die beim bloßen Hinsehen eine Kinderkrankheit hervorruft, in deren Verlauf einem die Füße abfallen, und spannte dann den Bogen ein.

Das war am Montag gewesen.

Am Freitag konnte ich zufrieden feststellen, daß ich bereits die Hälfte jener Kapitel, welche ich um- oder neu zu schreiben gedachte, im Rohbau fertiggestellt hatte, und am Samstag fetzte mich Victor an, daß es wirklich nicht zu fassen wäre, in welchem Ausmaß ich den Haushalt einschließlich aller Möbel, für deren Anschaffung er, Victor, sich beinahe krankgeschuftet habe, verkommen ließe.

Ich muß an dieser Stelle einmal ein lobendes Wort für meinen Ehemann einflechten, denn er gehört gewöhnlich nicht zu jener Sorte widerwärtiger Typen, die abends mit dem angefeuchteten Finger über die Möbel streichen, um festzustellen, »ob 's liebe Frauli« auch ordentlich Staub gewischt hat, es sei denn, er erwischt mich bei Tätigkeiten, bei denen ihm der Verdacht kommt, ich könne sie zu meinem eigenen Vergnügen betreiben, wie etwa telefonieren oder Romane schreiben. Dann verwandelt er sich auf der Stelle in obengenannten Widerling und bringt es fertig, über ein winziges Fältchen in der Kragenecke oder einen Flusen von der Größe eines Reiskornes schier in Verzweiflung zu geraten.

»Ich weiß, daß du dich zur Zeit wieder mit diesem sagenhaften Roman beschäftigst, an welchem du jetzt seit fünfzig Jahren rumschreibst und der niemals fertig werden wird, wenn du mich fragst, aber deswegen muß es hier doch nicht aussehen, daß man sich glatt schämt, mal jemanden mitzubringen«, teilte er mir am Frühstückstisch mit. Und weiter: »Ich versteh' sowieso nicht, warum es dir einfach nicht möglich ist, deinen Kram *ein bißchen* zu organisieren, wie jeder Mensch, der in einem Arbeitsverhältnis steht, es doch auch tun muß. Oder was meinst du, was mir mein Chef sagen würde, wenn er mich dabei erwischte, wie ich in einer stillen Ecke sitze und 'n Roman schreibe, anstatt mich um die Firma zu kümmern...«

Ich verkniff mir richtigzustellen, daß es sich in Victors Fall um ein Arbeitsverhältnis mit anständiger Bezahlung, Urlaubs- und Weihnachtsgeld und Aufstiegschancen handelte, kleine Annehmlichkeiten, die das Arbeitsverhältnis, das ich eingegangen war, so schmerzlich vermissen ließ, und sah ihn nur stumm an.

Das verwirrte ihn.

»Ich geb' ja zu, daß du auch 'n kleines Hobby brauchst«, lenkte er ein, »aber es müßte doch möglich sein, die wenigen Haushaltspflichten, die du hast, und das kleine Hobby miteinander zu verbinden. Ich hab' ja auch 'n Job, und 'n verdammt anstrengenden dazu, von dem wir alle leben, und trotzdem gelingt es mir doch spielend, noch nebenbei zum Beispiel Tennis zu spielen, ohne daß der Betrieb darunter leidet.«

Am Wochenende kamen Verwandte von Victor zu Besuch (ich hatte vorher noch oberflächlich Staub gewischt und das Bad geputzt), und am Montag schien die Sonne so grell ins Zimmer, daß ich dachte, es wäre wirklich wieder einmal nötig, das Wohnzimmer auf Vordermann zu bringen und die Fenster zu putzen. Außerdem beruhigte mich die Tatsache, daß ich in der vergangenen Woche ja ganz flott gearbeitet hatte. Dabei kam es mir in den Sinn, ob nicht Victor am Ende recht haben könnte, denn unbestreitbar

hatte er neben seinem Ganztagsjob noch genügend Zeit, sich seinen Hobbys hinzugeben und seine Freundschaften zu pflegen, derweil ich bloß einen mickrigen Dreipersonenhaushalt zu versorgen hatte und mich höchst selten der Dichtkunst hingab. Und trotzdem war ich nicht mal eine tolle Frau zum Vorzeigen, die sich mit allen Raffinessen pflegt und somit doch auch eine gewisse Daseinsberechtigung hat. Ich dagegen fand nicht mal die Zeit, nach dem Waschen meine Hände einzucremen und das Nägelhäutchen zurückzuschieben oder endlich mal was für den Glanz in meinen Haaren zu tun, ganz zu schweigen von Gesichtsmasken und Halskompressen, die ich mir überhaupt noch nie gemacht hatte.
»Haushalt verschludert, Romanwerk unvollendet, bergeweise Bügelwäsche und Gardinen, die seit dem vergangenen Herbst unten im Kleiderschrank herumliegen... von dem Glanz in meinen Haaren ganz zu schweigen«, war das Resümee, das ich an diesem Morgen zog. Victor hatte allen Grund, unzufrieden zu sein.
Ich beschloß, auf der Stelle mein aufkommendes schlechtes Gewissen zu besänftigen, indem ich die Reihenfolge meiner Tätigkeiten änderte. Hatte ich vorgehabt, morgens als erstes zu schreiben und die Zeit, die übrigblieb, für Haushalts-, Freundschafts- und etwaige Schönheitspflichten zu nutzen, so wollte ich es künftig umgekehrt halten, frei nach Victors Motto: Erst die Pflicht, dann das Vergnügen.

Sonnentau oder Das hausfrauliche Gewissen

Es gibt da ein ungemein zartes Pflänzchen, heißt »hausfrauliches Gewissen«, ist bereits durch einen einzigen kritischen Blick zu knicken und nur dadurch wieder aufzurichten, daß sich die Person, zu der das besagte Gewissen gehört, auf die Knie wirft und wie besessen die Fußleisten abledert.
Im Gegensatz zu »Sonnentau«, jener fleischfressenden Pflanze, die sich von Insekten ernährt, vertilgt das hausfrauliche Gewissen nach und nach jedes außerhäusige Talent, welches (in dem naiven Glauben, man könne doch nebeneinander bestehen) in der Nähe Fuß fassen und sich zu voller Schönheit entfalten möchte.
Spürt das hausfrauliche Gewissen, daß ein Talent naht, so schnappt es nicht etwa so wie der Sonnentau selbst zu, sondern beginnt zu quälen. Und die Bügelwäsche? Der Backofen? Der Dreck auf den Küchenschränken? Die Fenster plus Rahmen? Und es gibt nicht eher Ruhe, bis es erhört wird, und man ihm das Talent zum Fraße vorwirft. Und dann wird es dieses Talent genüßlich und in aller Ruhe vertilgen, einerlei, wie groß es auch immer sein mag.
Wenn das hausfrauliche Gewissen auch schnell zu knicken ist, so wird es doch niemals zugrunde gehen, denn die Umwelt hat es lieb und päppelt es mit kriti-

schen Blicken und mit spitzen Bemerkungen, und selbst wenn es das Pech hat, zu einer Trägerin zu gehören, die im Begriff steht, ein Serum gegen Krebs zu entdecken, und mit aller Macht versucht, das verfluchte quälende Gewissen zum Schweigen zu bringen und das Talent zu schützen, so braucht sich das Gewissen deshalb noch lange keine Sorgen zu machen. Es wird nicht verelenden, denn irgendeine wichtige Person wird den mißlichen Zustand bemerken und lauthals verkünden: »Nun gut, Pia ist dabei, irgendein dämliches Mittel gegen Krebs zu entdekken, aber hast du mal in ihr Klo geguckt?«

Nun kennen Sie vielleicht Frauen, die sich modern geben und behaupten, überhaupt kein hausfrauliches Gewissen zu haben. Aber machen Sie den Test! Wenn es sich nicht gerade um jene stirnbandgeschmückte junge Frau handelt, die beschlossen hat, alternativ in einem Pferdestall zu leben, sondern um die ganz durchschnittliche, nette junge Dame, die Sie in der vergangenen Woche auf einem Kaffeekränzchen kennengelernt und überaus sympathisch gefunden haben (während der anregenden Unterhaltung kam zum Beispiel auch zur Sprache, daß sie zu Hause fünfe gerade sein läßt und so etwas wie ein hausfrauliches Gewissen gar nicht kennt), so können Sie den Test ruhig durchführen.

Klingeln Sie bei der besagten neuen Bekanntschaft, der Sie anläßlich der gegenseitigen Sympathie sogar das »du« angeboten haben, klingeln Sie also bei, sagen wir Rosemarie, so morgens gegen neun, und

übersehen Sie das sichtbare Erschrecken, welches sich in Rosemaries Gesicht ausbreitet, wenn sie bemerkt, daß Sie nicht der Paketbote sind.
»Kam grad mal so vorbei und dachte, daß es nett sei, mal kurz zu klingeln und eine Tasse Kaffee mit dir zu trinken«, sagen Sie in harmlos-munterem Ton und drängen Rosemarie mit sanfter Gewalt zurück, um in ihre Wohnung eindringen zu können.
Wetten, was jetzt kommt?
Jetzt kommt eine langatmige Erklärung darüber, warum Rosemarie *gerade heute* noch nicht dazu gekommen ist, die Teppiche zu saugen, daß sie *gerade heute* die Kinder in die Schule fahren mußte und nur deshalb das Kaffeegeschirr (welches sehr hübsch ist!) noch auf dem Tisch steht, daß *gerade heute* alles drunter und drüber geht, und anstatt sich nett zu unterhalten, fleht Rosemarie Sie an, die herrschende Unordnung doch bitte zu entschuldigen. Sie sind gern bereit dazu und fangen mit irgendeinem Thema an, aber Rosemarie unterbricht Sie und verschwindet unverhältnismäßig lange im Bad, wo sie in eiliger Hast die beiden zum Trocknen aufgehängten Jeans ihrer Kinder verschwinden läßt und das Klo putzt, und wenn sie dann endlich wieder auf der Bildfläche erscheint, dann kommt die Unterhaltung immer noch nicht in Fluß, weil, während Sie irgend etwas erzählen, Rosemarie angestrengt überlegt, was sie tun soll, falls Sie das Gelüst verspüren, das Schlafzimmer besichtigen zu wollen.
Um den grauenvollen Eindruck, den ihre Wohnung

in Ihnen hinterlassen hat, wieder wettzumachen, ruft sie Sie in der nächsten Woche an, um Sie ganz formell zum Kaffee einzuladen (ihr hausfrauliches Gewissen hat sie inzwischen beinahe getötet), und wenn Sie hinkommen, glänzt das ganze Haus einschließlich der Kellerräume und der Garage wie ein Operationssaal, und es scheint ein geheimnisvoller Zusammenhang zu bestehen zwischen der Makellosigkeit des Hauses und dem nervösen Mundzucken der Gastgeberin.

Wenn Sie mir nicht glauben, dann machen Sie den Test!

Kommen Sie zum Beispiel zu mir! Unangemeldet! Morgens, so gegen neun...

Schwiegermutter Henriette kam nicht gegen neun, sie war eingeladen und erschien nachmittags um sechzehn Uhr, so daß ich Zeit genug hatte, noch alles schön in Schuß zu bringen.

Trotzdem ruhte ihr Auge nachdenklich auf unserem etwas verfleckten Teppichboden, und schließlich sagte sie: »Ich weiß nicht, der Junge scheint in letzter Zeit nicht regelmäßig zu essen, und das Kind sieht blaß aus!«

Daß der Junge nicht regelmäßig aß, war richtig, weil der Junge (womit sie Victor meinte) nämlich direkt vom Betrieb in den Tennisclub hastete und niemals unseren Abendbrottisch schmückte und weil er das gesamte Wochenende ebenfalls im Club verbrachte, wo er sich zwischen den einzelnen Wettkämpfen hastig eine Bulette zwischen die Zähne schob, aber daß mein Kind blaß aussehen sollte, wollte ich keinesfalls auf mir sitzen lassen, weil ich eine ganz normale Mutter bin und ganz normale Mütter, wie ich des öfteren festgestellt habe, nichts mehr hassen, als wenn einer, der keine Ahnung hat, daherkommt und lässig bemerkt, ihr Kind sehe blaß aus.

»Daß Kathrinchen nicht gerade die Gesichtsfarbe eines Kubababys hat, hat nichts mit Vernachlässigung zu tun, sondern hängt mit der einfachen Tatsache zusammen, daß sie eine blonde Mutter hat und daß ihr Vater ebenfalls schon immer blond war... blond und blaß... schon immer!!!« fügte ich mit vor Erregung zitternder Stimme hinzu.

Henriette sah mich nachdenklich an, strich die etwas verknüllte Spitze, die die Kaffeedecke säumte, mit den Fingern glatt, strich auch mehrmals über das Sofakissen, dessen Bezug ich schon längst hatte reinigen lassen wollen, betrachtete noch einmal, diesmal ausgiebiger, die Flecken auf dem Teppichboden und sagte schließlich: »Kein Mensch spricht doch davon, daß du dein Kind vernachlässigst, aber du machst den Eindruck einer, nun, etwas gehetzten Hausfrau, und das verstehe ich nicht, bei deinen vielen Maschinen, die dir die Arbeit abnehmen, und einem so kleinen Haushalt und einem Mann, der so wenig Mühe macht wie mein Junge. Wenn ich dich dagegen mit Laura vergleiche...«

Das kannte ich zur Genüge. Laura ist die angeheiratete Nichte von Henriette, und ich kenne sie nur von weitem und näher möchte ich sie auch nicht kennenlernen, weil *sie* immer Zeit hat, nach dem Waschen die Hände einzucremen und das Nagelhäutchen zurückzuschieben. Dreimal in der Woche macht sie sich eine Halskompresse, und ihr Hals wird noch jung und schön sein, wenn meiner schon Falten wirft wie ein griechisches Gewand.

Nachdem sich Laura morgens von der Wetterlage überzeugt hat, wählt sie mit Bedacht das schicke kleine Tweedkostümchen und das Tuch von Hermès, klemmt sich die kleine Krokotasche unter den Arm, die sie sich anläßlich ihres letzten Besuchs in Rom gekauft hat, und begibt sich zu ihrer Morgentätigkeit, einem Bummel über die Kö oder zu einer Beratung bei ihrem Friseur. An Streßtagen kommt es zuweilen vor, daß der Termin bei ihrem Masseur und die Modenschau von »Chic Paris« auf einen Tag fallen, und dann seufzt Laura über ihren überfrachteten Terminkalender, was jedoch nicht zu bedeuten hat, daß sie sich ganz einfach gehenläßt und etwa die Massage ausfällt.

Henriette und Victor neigen dazu, mein Leben mit dem dieser Laura zu vergleichen, weil wir ja beide nicht im Berufsstreß stehen und in der wundervollen Situation leben, einen Ehemann gefunden zu haben, der uns den Berufsstreß abnimmt. Nur mit dem Unterschied, daß man Laura das Luxusgeschöpf, welches sie ja ist, auch ansieht, wogegen ich zuweilen (Victor spricht) »den Eindruck erwecke, als ob mir 'ne Schaffarm gehört«.

»Wir wollen uns nicht streiten«, sagte Henriette einlenkend und nahm sich noch ein Stückchen von dem Kuchen, den sie wohlweislich selbst mitgebracht hatte, weil sie den Kuchen, die ich so aufzutischen pflege, mit Recht nicht traut, »aber das Kind sieht wirklich ein bißchen blaß aus, ich meine, Kinder wachsen doch in dem Alter sehr stark, und als Mutter sollte man schon ein Auge darauf haben«.
In den kommenden Wochen hatte ich ein Auge auf der Schreibmaschine und eines hielt ich auf Kathrinchens Gesichtsfarbe gerichtet, die mich, wie ich zugeben muß, nicht allzusehr beunruhigte. Doch um die kostbare zarte Röte ihrer Bäckchen nicht zu gefährden, sagte ich zu, als sie mich bat, ihre neue Freundin Kwikki, eine Errungenschaft aus dem Turnverein, künftig dreimal die Woche mit zum Essen bringen zu dürfen. Der Verlag hat ja ausdrücklich verlangt, daß ich mir Zeit lassen soll, dachte ich und willigte ein, und so trat Kwikki in unser Leben, Kwikki, die bald täglich bei uns zu Mittag aß, ohne sich auch nur ein einziges Mal an der Unterhaltung zu beteiligen, und die auf alles, aber auch alles mit dem stereotypen Satz »danke, ist nicht nötig« antwortete, so daß ich es niemals fertigbrachte, sie mit ihrem irreführenden Namen Kwikki anzusprechen.
»Danke-ist-nicht-nötig« aß schweigend, was immer ich vor sie hinstellte, saß schweigend in der Couchecke und blätterte schweigend in alten Sportjournalen. Rief ich sie zu Tisch, so folgte sie der Aufforde-

rung, ohne eine Silbe von sich zu geben, und fragte ich, ob sie etwa auch noch zum Abendessen dabliebe, so sah sie mich ausdruckslos an und sagte: »Danke, ist nicht nötig!«
Ohne mich vorher von einer so lächerlichen Kleinigkeit wie dem Aufenthalt von mehreren Wochen in unserer Familie zu informieren, zog sie schließlich ganz zu uns. Mir wenigstens zum Abschied die Hand zu schütteln hielt »Danke-ist-nicht-nötig« nicht für angebracht, als sie eines Tages ebenso lautlos verschwand, wie sie gekommen war.
»Es hat ihr sehr gut bei uns gefallen«, teilte mir Kathrinchen zufrieden mit, wobei ihre Augen glänzten und ihre Gesichtsfarbe über jede Kritik erhaben war.
»Kwikki sagt, ihre Mutter würde niemals erlauben, daß irgendein fremdes Mädchen wochenlang zu ihnen zieht, allerdings hat Kwikkis Mutter auch nicht soviel Zeit wie du, weil sie Kwikkis Vater im Büro hilft«, fügte sie hinzu.
Ich dachte, wie schön für Kwikkis Mutter, jemanden gefunden zu haben, der die eigene Arbeit in der Schublade verschließt, um ihre Tochter zu bewirten, derweil sie sich selbst ungestört der Bürotätigkeit hingab, allerdings, dachte ich weiter, sah man ihrer Tochter die Vernachlässigung auch an. Im Gegensatz zu Kathrinchen war mir Kwikki an manchen Tagen doch sehr blaß erschienen.
Nachdem Kwikki in ihre eigene Familie zurückgekehrt war, machte ich mich wieder an die Umarbei-

tung meines Romans, und in relativ kurzer Zeit war der Rohbau fertig, und ich brauchte das Ganze nur noch abzutippen. Es war, alles in allem, eine gute Zeit, und ich hätte in aller Ruhe arbeiten können und vielleicht sogar noch Zeit gehabt, endlich einmal etwas für den Glanz meiner Haare zu tun, wenn mich nicht Otto Gersteiner angerufen hätte. Die Sache fing mit einem kleinen, harmlosen Anruf an und entwickelte sich zu einer langwierigen Geschichte, derzufolge ich mein Romanwerk erst ganze vier Wochen später an den Verlag schicken konnte, und das, obwohl außer Otto Gersteiner selber eigentlich niemand etwas davon hatte und mein selbstloses Zurückstecken eigener Ziele ohne jeglichen Einfluß auf Kathrinchens Gesichtsfarbe blieb.
Ich hatte Otto Gersteiner vor einigen Jahren in einem Kurs für französische Sprache kennengelernt, den ich nach kurzer Zeit jedoch wieder aufgegeben hatte, und später seine Frau Marion in einem Kurs für Töpfern wieder getroffen, einem Kurs der Volkshochschule, den ich auch wieder aufgegeben hatte, nachdem ich unseren Haushalt um ein etwas schief geratenes Teeservice und etwa zweiundsechzig Tonschälchen für Salzmandeln und dergleichen bereichert hatte. Wir gingen gewöhnlich nach Beendigung des Kurses noch ein Bier trinken, und im Zuge der beginnenden Freundschaft hatte ich sie auch einmal zu uns nach Hause eingeladen. Nach diesem einmaligen Besuch war unsere Freundschaft dann jedoch wieder eingeschlafen, denn Victor gehörte nie

zu der Sorte der »Alles sei uns gemeinsam«-Männer und macht gewaltige Unterschiede zwischen »dein« und »mein«, vor allem zwischen »deinen« und »meinen« Gästen.

»Seine« Gäste sind unsere Gäste, das heißt, daß ich für unsere Gäste einkaufen, planen, kochen und den Tisch decken darf und Victors Teilnahme am Festgeschehen darin besteht, fünf Minuten vor Eintreffen der Gäste verschwitzt vom Tennisplatz geeilt zu kommen und das Badezimmer unter Wasser zu setzen, derweil ich die Leute begrüßen und die Blumen in die Vase stellen darf. Immerhin ist er später bereit, am Tisch Platz zu nehmen und seine Gäste zu unterhalten, derweil ich zwischen den einzelnen Gängen hin- und herflitze, Teller auswechsle und die Gläser fülle.

Handelt es sich dagegen um »meine« Gäste, so kommt Victor erst vom Tennisplatz zurück, wenn sie schon eine geraume Weile da sind und meist genau zu jenem Zeitpunkt, wenn das Gespräch gerade so richtig in Fluß ist. Es stört unsere Unterhaltung dann sehr empfindlich, wenn er etwa auf einem abseits stehenden Sessel Platz nimmt und seine Teilnahme am Geschehen in der Hauptsache darin besteht, laut zu gähnen oder ostentativ auf die Uhr zu sehen. Victor liebt es auch, zuweilen in die Unterhaltung einzusteigen, indem er etwa den Gästen mitteilt, daß sie gut daran täten, mir kein Wort zu glauben, und ob sie nicht wüßten, daß sie am Tisch der größten Übertreiberin der Bundesrepublik, vielleicht sogar der Welt säßen. Die entstehende Pause benutzt er dann etwa dazu, die Fenster aufzureißen und für frische Luft zu sorgen, denn: »Es ist ja nicht zu glauben, wie hier geraucht wird!«

Gelingt es ihm noch immer nicht, die Leute zum Gehen zu ermuntern, zwingt er ihnen irgendein stinklangweiliges Thema auf, wie etwa die Herstellung von Malz oder die Ernteerträge von Weizen in den letzten sechs Jahren. Victor trägt an solchen Abenden das Benehmen eines vierzehnjährigen Knaben zur Schau, der sich a) in der Pubertät und b) fünf Minuten vor der Einweisung in ein Erziehungsheim befindet. Ich finde sein Verhalten an solchen Abenden einfach widerlich und neige dazu, ihn am nächsten Morgen schonend darauf hinzuweisen, woraufhin er gereizt zu antworten pflegt: »Kann man denn nicht ein einziges Mal gemütlich mit anderen Leuten zusammensitzen, ohne daß du am nächsten Tag etwas auszusetzen findest?«

Die Eheleute Gersteiner, zweifellos »meine Freunde«, da sie sich weder für das Braugeschäft noch für Tennis oder eine andere Sportart, sondern für Frankreich und sonst gar nichts interessieren, kamen nur ein einziges Mal. Nachdem Victor ihnen mitgeteilt hatte, daß das Essen in Frankreich auch nicht mehr das sei, was es einmal war, er überhaupt mal wissen möchte, warum die kleinen, dicken Französinnen diesen sagenhaften Ruf besäßen, die französische Mode nicht tragbar sei und der Klang der französischen Sprache maßlos überschätzt würde (Kenntnisse, die er sich während unseres kurzen Aufenthalts im deutschen Touristenlager auf Korsika angeeignet hatte), war er in dumpfes Schweigen und »Auf-die-Uhr-gucken« versunken, derweil Ehepaar Gersteiner anfing sich zu zanken, und zwar darüber, ob Victor in manchen Punkten recht hätte oder nicht.

Irgend etwas muß ihnen aber doch in guter Erinnerung geblieben sein, denn nur so ist es zu erklären, daß Otto Gersteiner nun so unvermutet anrief und ganz aufgeregt erzählte, daß er ganz kostbaren französischen Besuch hätte, einen Knaben, Jean-Paul mit Namen und vierzehn Jahre alt. Dieser Jean-Paul würde von einem echten französischen Schloß und einem echten französischen Schriftsteller abstammen und brenne darauf, Kathrinchens Bekanntschaft zu machen. »Ich habe ihm erzählt, daß Sie auch Schriftstellerin sind«, sagte Herr Gersteiner. »Und er hat sich ganz entzückt gezeigt und ist gespannt darauf, wie Sie aussehen!« Ich dachte, daß, wenn Jean-Pauls Vater sich mit demselben Elan der Schriftstellerei hingab, wie ich es tat, sein Werk außerordentlich bescheiden sein müsse, und daß ich eigentlich gerade in dieser Woche sehr wenig Zeit hatte.

»Aber vielleicht ist es eine unwiederbringliche Gelegenheit für Kathrinchen«, raunte mein schlechtes Gewissen, und so lud ich Gersteiners dann ein, am Abend zu uns zu kommen und den Prinzen aus Frankreich mitzubringen. Herr Gersteiner fiel mir jedoch ins Wort und meinte, der Aufenthalt in

Deutschland diene ja vor allem dem Erlernen der deutschen Sprache und daß dies seinem Schützling sicher am besten gelänge, wenn er uns allein besuchte.
»Die Kinder sollen sich ja anfreunden, da ist mein Beisein nur hinderlich«, sagte Herr Gersteiner, und ich wunderte mich darüber, wie erschöpft seine sonst so frische Stimme heute klang.
»Wie lange ist Jean-Paul denn schon bei Ihnen?« fragte ich, und Herr Gersteiner sagte: »Er ist für vier Wochen gekommen, fünf Tage davon sind um!«
Ich erzählte Kathrinchen beim Mittagessen von ihrem bevorstehenden Besuch, und sie schrie auf, als ob ich sie mit Gewalt verheiraten wollte. Sie teilte mir eindeutig mit, daß sie an einer Kontaktaufnahme mit dem französischen Schloßerben und Schriftstellersohn nicht interessiert sei und es sich daher eindeutig um meinen Gast handeln würde.
Jean-Paul erschien pünktlich um vier und überreichte mir mit tadelloser Verbeugung seine Visitenkarte. Dieser konnte ich mit einem Blick entnehmen, daß es sich hier um einen wirklich sehr vornehmen Gast handelte.

Jean-Paul de Monier
Chateau Sanssouci
Bordeaux

Ich nahm die Karte lächelnd entgegen und wollte sie in die Hosentasche stecken, aber Jean-Paul ergriff meine rauhe, nicht eingecremte Hand mit den nicht

polierten Nägeln und den nicht zurückgeschobenen Nagelhäutchen und küßte sie mit Grazie. Ich hatte keine Zeit zu erröten, wie ich es sonst sicher getan hätte, denn mein Blick fiel auf meine Tochter, die unsere zierliche Begrüßungszeremonie, welche wohl auf einen Schloßplatz, jedoch nicht in den unordentlichen Flur einer Dachgeschoßwohnung paßte, mit Entsetzen betrachtete.
Jean-Paul war ziemlich groß für sein Alter, und Kathrinchen hatte seine säuberlich gebundene, reinseidene Krawatte vor Augen, als er sich ihr jetzt unvermutet näherte, ihre verschreckt auf dem Rücken versteckte Hand geschickt hervorzauberte und ebenfalls innig küßte, wobei er ihr aus langbewimperten Augen feurige Blicke zuwarf.
Wir nahmen ernst auf unserem Sofa Platz, und mir war schlagartig klar, daß es sich hier um einen erwachsenen Prinzen handelte, dem ich keinesfalls ein Glas Limonade und so läppische Konversation wie »Welches ist denn dein Lieblingsfach in der Schule?« anbieten konnte. Mit Jean-Paul zu plaudern war ein Vergnügen, so man die nötige Bildung und die nötige Zeit dazu hatte. Die Bildung raffte ich mit Mühe und Not zusammen, und die Zeit hatte ich ja ohnehin für alles und jeden, warum nicht auch für den Besuch von Otto Gersteiner, der froh war, ihn gut untergebracht zu wissen, während er selbst sich fernab jeglicher Konversation ungestört dem Fernsehgenuß hingab.
Jean-Paul erschien in den nächsten Wochen täglich

zum Aperitif, und immer küßte er mir die Hand, und immer öffnete ich die Tür mit jener Geste, als ob es eine Flügeltür wäre und keine selbstgestrichene, mit Fingerspuren verzierte. Er trug täglich ein anderes wunderschönes Hemd und eine andere seidene Krawatte und ich immer dieselbe Jeans und dieselben spröden Hände. Wir hoben unsere Gläser und sagten: »A votre santé«, und dann plauderten wir über so alltägliche Dinge wie Proust oder den Einfluß von Madame de Staël auf die Französische Revolution.

Kathrinchen hatte bei seinem zweiten Besuch die Hände so tief in die Taschen gebohrt, daß er schon ein Stemmeisen hätte benutzen müssen, um ihr die Hand zu küssen, und dann folgte sie uns in geziemendem Abstand ins Wohnzimmer, welches ich hier einmal »Salon« nennen möchte. Während sich der Besuch der Eheleute Gersteiner, jener Besuch, der eigentlich eine Bekanntschaft für Kathrinchen werden sollte, sehr schnell als »mein Besuch« entpuppte, zogen sich meine Tochter und mein Mann auffallend von dem Prinzen zurück. Victor hatte enttäuscht zur Kenntnis nehmen müssen, daß sich die sportlichen Aktivitäten des Prinzen auf Sportarten wie Reiten und Golfspielen beschränkten und Jean-Paul Victors kumpelhafte Frage: »Football, tu aimes?« indigniert mit »Oh non, Monsieur« quittierte.

Kathrinchen beschränkte sich darauf, Jean-Pauls Krawatten mit spöttischen Blicken zu mustern und uns dann langsam in das Wohnzimmer zu folgen, wo

sie sich schweigend, aber mit unterdrückten Lachkrämpfen im Sessel wand.
Jean-Paul schien wenig Erfahrung mit jungen Mädchen zu haben, denn er lächelte nachsichtig, warf ihr einen Blick zu und bemerkte, seine Unterhaltung unterbrechend: »Oh, Mademoiselle amüsiert sich!« Er sprach sehr gut deutsch, und zwar mit jenem bezaubernden französischen Akzent, um den wir alle Franzosen beneiden.
Zu Beginn der zweiten Woche – Jean-Paul hatte mir inzwischen meterlange Gladiolen, die in keine Vase paßten, verehrt, hatte mir seine grenzenlose Verehrung geschenkt und etliche Ansichtskarten gezeigt, auf denen sein Schloß, mit und ohne Schloßpark, abgebildet war, wir hatten unsere Ansichten über den Expressionismus, die Naiven und die Fauves ausgetauscht – ließ sich Kathrinchen plötzlich dazu herab, mit dem Prinzen eine Partie Tennis spielen zu gehen. Ich versprach ihr dafür meine ewige Liebe, meine mütterliche Dankbarkeit und die bonbonfarbene Jeans, die bei »Junge Mode« im Fenster ausgestellt war. Unglücklicherweise fand das Treffen an einem der letzten Ferientage und überdies bei herrlichem Wetter statt. Die halbe Klasse und die gesamte Jugendmannschaft tummelte sich auf den Plätzen, und mindestens zehn bis zwölf Personen konnten sehen, wie Jean-Paul in aller Öffentlichkeit, und ohne sich zu genieren, die Hand küßte, die bislang so beharrlich verweigert hatte, sich küssen zu lassen. Jean-Paul war in prinzlicher Aufmachung erschienen, und

der Anblick seiner langen Hosen und seines Tenniskoffers aus feinstem Wildleder hatte sie dermaßen verwirrt, daß ihre Aufmerksamkeit einen Moment lang nachgelassen hatte.
Da war es passiert!
Wenn man davon ausgeht, daß die zerbrechliche Seele Heranwachsender nichts so schlecht verträgt, als sich durch irgend etwas von anderen zu unterscheiden, so trug Kathrinchen an diesem Nachmittag sicher einen Komplex davon, der ihr schwer zu schaffen machen wird und wahrscheinlich nur auf der Couch eines wirklich guten Psychiaters geheilt werden kann.
Nicht nur, daß er ihr vor aller Augen die Hand küßte, es stellte sich auch heraus, daß er bis jetzt nur auf dem schloßeigenen Tennisplatz und nur mit auserwählten Partnern gespielt hatte, denn von dem normalen Tennisspiel unter Jugendlichen, die sich gekonnt die Bälle um die Ohren schlagen, schien er weit entfernt zu sein. Bemerkungen wie: »Du spielst heute wieder wie unsere Oma!« oder »Denk dran, der Ball kommt immer von vorne«, schien er nicht zu verstehen.
Zuerst einmal konnte er nicht Tennis spielen.
Das wäre nicht weiter schlimm gewesen, wenn er sich nicht des öfteren langgelegt hätte, so daß seine tadellos gebügelte weiße Hose bald rote Verfärbungen an jener Stelle aufwies, die ein echter Prinz eigentlich gar nicht haben dürfte. Zudem schlug er jeden zweiten Ball hinten ins »Aus« und spurtete dann

hinter ihm her auf Kathrinchens Spielfeld, um den ausgeschlagenen Ball persönlich aufzuheben und ihn ihr dann, krebsrot vor Anstrengung, um Verzeihung bittend, zu übergeben.
Die beiden ungleichen Partner hatten bald mehr Publikum als der Clubmeister bei den Endspielen, und das Publikum war fachmännisch und auf sportlich-saloppe Art und Weise taktlos.
»Gib's ihm, Kiki, daß er sich langlegt«, schrien die Fans jenseits der Ballustrade, »vive la France!«
Der arme Jean-Paul hatte in der Hitze des Gefechts seine Deutschkenntnisse eingebüßt, so verstand er nicht, was sie riefen, und verbeugte sich mehrmals nach allen Seiten, derweil Kathrinchen den Kampf mit zusammengebissenen Zähnen und Tränen in den Augen durchstand.
Sie gewann beide Sätze haushoch und ließ sich zum guten Ende die Bälle einsammeln und gottergeben noch einmal die Hand küssen. Jean-Paul, der sein Leben auf dem Schloß seiner Ahnen und in wohlwollender Gesellschaft ältlicher Damen verbracht hatte, der nie mit der rüden Grausamkeit Gleichaltriger in Berührung gekommen war, blieb so ohne Argwohn, daß er sich am nächsten Morgen höflich und mit Blumen für die Ehre bedankte, mit Mademoiselle hatte spielen zu dürfen. Mademoiselle selbst war nicht anwesend, da sie an diesem Tag vorgezogen hatte, mit ihrem Freund Bobby auf Radtour zu gehen. Mit Bobby, den sie liebte und verehrte, der Reifen flicken und auf dem Kamm blasen konnte

und dessen Hände stets so aussahen, als ob er sie auf der Müllhalde gefunden hätte. Seine Konversation mit mir beschränkte sich auf kernige Mitteilungen wie: »Tach, Kiki soll runterkommen!« oder: »Sagen Sie ihr, daß ich da bin, und wenn sie nicht sofort kommt, hau' ich ab!«
Das Ansinnen, mir die Hand zu küssen, hätte ein echter Kerl wie Bobby mit allen Anzeichen des Ekels von sich gewiesen, und den Gedanken, mir jemals Blumen zu überreichen, als Auswuchs einer dekadenten Phantasie.
Als Jean-Paul abgereist war, dankte mir Kathrinchen herzlich, daß ich ihr den anstrengenden Besuch abgenommen hatte, und Herr Gersteiner dankte auch herzlich, daß ich ihm den anstrengenden Besuch abgenommen hatte, und die Schloßherrin dankte höflich und auf wappengeschmücktem Papier für die freundliche Bewirtung ihres prinzlichen Sohnes. Sie dankte auch für die Nettigkeit, mit der sich Kathrinchen ihrem Sprößling gewidmet hatte, und lud sie für die Weihnachtsferien auf ihren Besitz ein.
»Ich bin doch nicht blöd«, schrie meine Tochter, als ich ihr die vornehm wirkende Einladungskarte überreichte. »Schreib ihr, daß sie sich ihr verfluchtes Schloß in den...«
»Ist schon gut«, sagte ich. Ich schrieb also in meinem schönsten Französisch, daß meine Tochter für die Weihnachtsferien leider schon eine Einladung auf ein anderes Schloß (Südengland) angenommen hätte, aber sicher zu einem späteren Zeitpunkt den Besuch

bei Jean-Paul nachholen würde. Daraufhin schwieg man, sozusagen von den Zinnen herab.
Nach Jean-Pauls Abreise hörte die stilvolle Art, zur Stunde des Aperitifs zusammenzukommen, das anregende Geplauder über Proust und Stendhal wieder auf, ebenso wie der Versuch, Riesensträuße in Vasen zu ordnen und wappengeschmückte Visitenkarten mit Grazie entgegenzunehmen, und ich kam zu dem Schluß, daß noch lange nicht alles, von dem man glaubt, daß es dem Kinde guttut und Farbe auf seine blassen Wangen zaubert, von demselben auch angenommen wird. Etwa zur selben Zeit, als ich Otto Gersteiner auf der Straße traf und er mir vertraulich mitteilte, daß der französische Knabe für ihn, einen alten Mann von fünfzig Jahren, doch recht anstrengend gewesen wäre und mir die Bekanntschaft ja auch von größerem Nutzen sei, da meine Tochter mit allerfeinsten französischen Kreisen in Verbindung käme, schrieb mir der Verlag, was denn nun eigentlich mit dem Roman los wäre.
Ja, was war mit dem Roman los? Genaugenommen lag er auf dem Deckel der Schreibmaschine unten im Schrankfach, neben den Fotoalben und dem Kasten mit den Schnittmusterbögen, aber das wollte ich denen vom Verlag so detailliert nicht mitteilen.
Und so grub ich das langsam grauhaarig gewordene Kind meiner Schaffensfreude wieder aus und tippte mit zwei Fingern, und so schnell ich konnte, die Zweitfassung in die Maschine. Kurz darauf sandte ich alles, versehen mit einem freundlichen Begleit-

brief, an den Verlag und wartete gespannt ab. Nichts geschah.
Es gefällt ihnen jetzt doch nicht, dachte ich.
Oder sie haben sich totgelacht.
Ich sprach mit Bele darüber, die morgens anrief, um sich zu erkundigen, wie es mir ginge.
»Ich hege die wilde Hoffnung im Herzen«, sagte sie, »daß du vielleicht einmal wieder Zeit findest, eine alte treue Freundschaft zu pflegen, nachdem du dich in Bonn und mit dem französischen Prinzen herumgetrieben und jede freibleibende Minute dafür verwandt hast, an deinem legendären Roman zu arbeiten. Wie sieht's überhaupt aus, was hörst du vom Verlag?«
»Nichts!« sagte ich düster. »Wahrscheinlich habe ich umsonst gehofft und umsonst geschuftet, Tag und Nacht und wie ein Galeerensträfling.«
»Na, na, na«, sagte sie. »Wie ein Galeerensträfling ja wohl nicht gerade, dazu würde dir deine Sippe ja gar nicht die Möglichkeit lassen, selbst wenn du es möchtest, aber hast du dir denn schon mal überlegt, was du eigentlich tust, *wenn* sie es nehmen?«
»Was soll ich denn schon groß tun?« fragte ich. »Nichts!«
»Eben!« sagte Bele. »Wenn du mich fragst, so ist dieses Buch unter den Umständen, unter denen du es geschrieben hast, doch ein einmaliger Fall, und wenn du ernsthaft vorhast, so etwas Ähnliches wie eine Schriftstellerin zu werden, müßtest du doch zunächst einmal die Situation ändern, in der du lebst,

und die Sache wirklich als Ganztagsjob betreiben. Willst du das?«

»Um Gottes willen«, sagte ich, »kann ich doch gar nicht!«

»Wie schön das klingt«, bemerkte Bele und lachte. »Herzergreifend und schlicht bekennt sich die Frau zu ihrer eigentlichen Aufgabe! Aber paß auf«, fügte sie dann sachlicher hinzu. »Ich meine, es wär' ganz gut, den ganzen Haushaltskram dahingehend einzuschränken, daß man daneben noch irgend etwas Sinnvolles tut, ich meine außerhalb der eigenen vier Wände, denn nur da lassen sie dich ja... Geh doch mal zum Arbeitsamt, und laß dich beraten, ob es nicht irgend etwas gibt, was wir zwei Haushennen noch machen können, und dann besuchen wir den Winter über eine Schule! Von mir aus auch zwei Winter«, setzte sie großzügig hinzu.

»Nicht übel«, sagte ich. »Wer weiß, wozu man so was mal braucht.«

»Eben«, sagte Bele. »Die Scheidungsziffern steigen und steigen...«

Die Idee, mit Bele zusammen eine Schule zu besuchen, eine ernsthafte Berufsausbildung zu betreiben, an der niemand etwas auszusetzen finden könnte, denn es handelte sich ja um eine lobenswerte Sache, die dazu diente, den Mann in Krisenzeiten beim Lebenskampf zu unterstützen, reizte mich sehr, und als in der darauffolgenden Woche immer noch keine Antwort vom Verlag eintraf, verdrängte ich die

ganze Angelegenheit mit dem Roman, einschließlich der Vorstellungen vom einsamen Wandeln in alten Alleen, ehrenvoller Verarmung und dem Lorbeerkranz an der Wand ins Unterbewußtsein und begab mich zwecks Berufsberatung ins Arbeitsamt.
Dort lauerte bereits Fräulein Gerngruber auf mich, bei der ich mich für eine Beratung angemeldet hatte. Und ich muß sagen, sie beriet mich gut, denn wenn die Ausbildung, die sie mir vorschlug, auch keineswegs dazu befähigte, jemals zum Familienunterhalt beizutragen, so hatte sie doch einen großen psychologischen Wert. Ich gab die Rolle ab, die ich so lange gespielt hatte, was zu bedeuten hatte, daß auch Victor gezwungen war, seine Rolle zu verändern, und ich tat den ersten Schritt auf dem Weg, den ich später einschlagen sollte. Und wenn man davon ausgeht, daß Emanzipation ja eigentlich mit der Fähigkeit beginnt, Gewohnheiten zu brechen, so hatte meine Emanzipation in dem kleinen Beratungsbüro von Fräulein Gerngruber ihren Anfang genommen.

Der Beruf, den Fräulein Gerngruber mir vorschlug, trug die adrette Bezeichnung »Hauswirtschaftsmeisterin« und war, wie Fräulein Gerngruber nach eingehendem Studium unserer Unterlagen feststellte, gerade für Frauen wie Bele und mich allerbestens geeignet. Fräulein Gerngruber ließ durchblicken, daß der hauswirtschaftliche Sektor ja niemals ganz aus dem Leben verschwinden wird (ich pflichtete ihr in diesem Punkt absolut bei), daß es sich somit um eine

krisensichere Sache handle und die Ausbildung die mannigfaltigsten Möglichkeiten erschließen würde. Sie deutete an, daß man ja später Kurse leiten und/oder in den Schuldienst eintreten könne und in Anbetracht der vielen Ferien die Familie unter der Berufstätigkeit nicht zu leiden hätte. Das leuchtete mir ein. Die Vorstellung, nicht mehr eigenhändig zu putzen, sondern anderen gelehrte Vorträge über das Thema zu halten und dafür noch geachtet und bezahlt zu werden, beschwingte mich, und ich steckte Bele mit meiner Begeisterung an.
Als ich meiner Familie mitteilte, daß ich nunmehr vorhätte, die Düsselstädtische Frauenfachschule zu besuchen und Hauswirtschaftsmeisterin zu werden, sagte Kathrinchen, daß sie die Idee komisch fände und ob ich mir auch richtig überlegt hätte, was es bedeutet, jeden Tag Schularbeiten machen zu müssen.
Victor fragte: »Warum das denn?« und ließ keinen Zweifel darüber aufkommen, daß er das Ganze für einen ausgemachten Blödsinn hielte und nicht vorhätte, den ausgemachten Blödsinn etwa durch Mithilfe im Haushalt zu unterstützen.
Soldi sagte, daß man mich keine Sekunde aus den Augen lassen darf, weil dann nämlich meine seltsame spießige Veranlagung zutage tritt, von der niemand in der Familie so recht weiß, woher ich sie habe, und Lissi stellte die Frage: »Hast du dich danach erkundigt, was du später verdienen wirst?« Das hatte ich natürlich nicht getan, und das war (Victor spricht) »natürlich wieder einmal typisch für mich«.

Henriette aber, die ich als letzte in meinen Plan einweihte, gab unumwunden zu, daß sie nicht wüßte, wofür denn das nun wieder gut sein sollte, und stellte, scheinbar ohne jeden Zusammenhang, bekümmert fest, Kind *und* Ehemann sähen blaß aus.

Zusammenlegen von Schürzenbändern nach Studie

In einschlägigen Zeitschriften stößt man ja immer wieder auf Artikel, in denen tapfere Damen zu Wort kommen, die jahrzehntelang ihren Haushalt versorgt haben und dann, so an ihrem vierzigsten Geburtstag, plötzlich beschließen, das Abitur nachzuholen, Medizin zu studieren und ein Albert-Schweitzer-Dorf im Busch zu gründen.
In besagten Artikeln kommen natürlich nur jene Damen zu Wort, denen es auch gelang, die Idee in die Tat umzusetzen, und die freimütig bekennen: Manchmal war es schon verdammt schwierig durchzuhalten, aber durch die große Toleranz, die ich seitens meines Mannes erfuhr, und mit Hilfe des großen Verständnisses, das mir seitens meiner Kinder zuteil wurde, ist es mir schließlich doch gelungen, und heute sind alle stolz auf ihre erfolgreiche Mutti.
Als ich mich dazu entschloß, die Schreiberei ein für allemal an den Nagel zu hängen und mich einer Berufsausbildung zu unterziehen, war mir von vornherein klar, daß Bessi-Liebling größere Pläne dieser Art schon zu verhindern wüßte und daß mich mein Ehemann nicht mal dahingehend unterstützen würde, nachzuprüfen, ob es sich bei dem Stück Pa-

pier, welches er in seine nassen Schuhe stopfte, vielleicht um eine für schulische Zwecke angefertigte Studie handelte, die ich noch dringend benötigte.
Was wir uns überhaupt mit der Ausbildung angetan hatten, wußten Bele und ich noch nicht, als wir die nötigen Unterlagen anforderten und vergnügt feststellten, daß wir die geforderten Voraussetzungen, nämlich fünfjährige absolut selbständige Führung eines Haushalts, voll erfüllten.
Ein Glück, daß dir dein Ehemann nie geholfen hat, dachte ich, sonst ständest du jetzt schön da. Ich füllte also die Formulare aus, schrieb einen Lebenslauf und ließ zwei Paßbilder machen, auf denen ich nicht die geringste Ähnlichkeit mit einer Hauswirtschaftsmeisterin hatte, sondern eher aussah wie eine, die soeben eine Hauswirtschaftsmeisterin gekillt hat, und brachte alles zur Post.
Na also, dachte ich zufrieden.
Anstatt nach den Sternen zu greifen und sich dabei die Schulter zu verrenken, sollte man sich doch damit begnügen, das kleine Steinchen aufzuheben, das direkt vor der Tür liegt.
Ich erzählte Bele von meinen diesbezüglichen Gedanken.
Sie sah mich nachdenklich an und sagte: »Fragt sich nur, was man mit dem Steinchen anfängt, welches so leicht aufzuheben war.«
Doch dann fügte sie hinzu: »Einerlei! Um das besagte Steinchen aufzuheben, muß man das Haus verlassen, und das allein ist schon eine Menge wert.«

Daß mich, um es einmal sehr hochtrabend auszudrücken, das Schicksal dazu ausersehen hatte, den Stern noch zusätzlich zu bekommen, wurde mir an jenem Tag klar, an dem ich den Vertrag vom Verlag in der Hand hielt. Man hatte meinen Roman angenommen und bat mich, besagten Vertrag zu unterschreiben.
Ich hielt das Schreiben in der Hand und begann unbändig zu lachen.
»Oh, Victor, sie haben ihn angenommen, sie haben ihn tatsächlich angenommen«, japste ich, »oh, verdammt, etwas kitzelt mich, ich kann nichts dagegen tun.«
Ich konnte wirklich nichts gegen dieses unbändige Lachen tun, das immer wieder aus mir hervorbrach und das sich nicht unterdrücken ließ.
Victor sah mich an und schwieg.
»Hab' gehört, daß manchmal Jahre vergehen, bis ein Buch, das unter Vertrag genommen wurde, im Laden erscheint«, sagte er schließlich. »Manchmal dauert es länger als das Leben des Autors, und manchmal kommt es nie heraus.«
Er stand auf und schickte sich an, das Haus zu verlassen.
An der Tür wandte er sich noch einmal um und sagte: »Die Kosten für Druck und Papier steigen und steigen, und nur Idioten geben heute noch dreißig Mark für 'n paar Seiten bedruckten Papiers aus!«, womit er klar ausgedrückt hatte, daß er, Victor, nicht zu besagten Idioten gehörte.

Als ich Soldi erzählte, daß man mein Buch angenommen hatte, schrie sie mir ihre Begeisterung so laut in die Ohren, daß ich bald taub wurde, und sagte: »Los, sag schnell, wovon handelt dein nächstes Buch?«
»Vom fachgerechten Reinigen kleiner Elektrogeräte nach Studie«, sagte ich und lachte.
»Sag bloß, du willst jetzt, wo du eine große Autorin bist, noch diese spießige Schule besuchen?« fragte sie entsetzt.
Ich sagte, daß ich eben dies vorhätte, und sie sagte, daß das überhaupt das Schlimmste an langjährigem Eheleben sei: »Man vergißt irgendwann, wer man *ist!*«
Auch Victor schien sich diesbezüglich Gedanken zu machen, denn abends fragte er scheinbar beiläufig, ob ich für die nähere Zukunft irgendwelche literarischen Pläne hätte.
»Nein!« sagte ich. »Dies war eine einmalige Sache. Ich habe mich entschlossen, auf jeden Fall die hauswirtschaftliche Ausbildung zu machen und später im Schuldienst zu arbeiten.«
Ich sagte das sehr ernst und so sachlich wie möglich und fand, daß an meinen Worten eigentlich nichts auszusetzen war, aber Victor warf mir doch einen mißtrauischen Blick zu, dem zu entnehmen war, daß weder der Gedanke, daß ich eine Schule besuchte, noch die Aussicht auf etwaige literarische Werke, die ins Haus stünden, wenn ich *keine* Schule besuchte, besonders beruhigend für ihn war.

Auch unser fröhlicher Bekanntenkreis aus dem Tennisclub, der meinen Ehemann schon lange »zum guten alten Victor« gestempelt hatte, weil er mit einer Frau verheiratet war, die anstatt das Rackett zu schwingen jeden Tag eine andere verrückte Idee ausbrütete, beäugte mein Tun mit Mißtrauen. Schon die unbefriedigende Kombination »Künstlerkind-Schneiderlehre« hatte sie beunruhigt, weil es ja eigentlich heißen müßte: Künstlerkind-Stripperin oder -Chansonsängerin oder -Gosse, und nun gab es eine neue Variante meiner nicht zueinander passenden Eigenschaften, nämlich Romanautorin-Hauswirtschaft, ein Umstand, der ihnen den Wind aus den Segeln nahm.

Man hätte so gern gesagt: »Nun gut, sie haben ihren Roman angenommen, aber die wird sich wundern, die wird sich wundern, denkt auch, sie ist für alles Praktische zu schade« und so weiter. Sätzchen, mit denen man sich selbst über den Umstand hinwegtröstet, daß es dem Nächsten am Ende zu gut gehen und er sich vielleicht ein bißchen freuen könnte.

Aber es dauerte nicht lange, da hatten sie das Mäntelchen bereits gewendet.

»Wußte gar nicht, daß es wissenschaftliche Studien darüber gibt, wie man 'n Ei kocht«, hörte ich mir zum Beispiel abends an der Clubtheke an, an der wir alle mit lässig über den Schultern hängenden Pullovern herumstanden und das »Hurra, wir sind in«-Spiel spielten. Victor guckte beleidigt in sein Bier

und bemerkte: »Ein ganzes Jahr laufe ich jetzt schon mit einem Tennishemd herum, an dem oben zwei Knöpfe fehlen, und von den Dingern, die bei anderen Bügelfalten heißen, kann ich nur träumen! Aber wahrscheinlich macht Bügeln nur Spaß, wenn man das Diplom dazu gemacht hat, gut, warte ich eben noch zwei Jährchen!«, woraufhin Ina, die im letzten Sommer das Dameneinzel gewonnen hatte, tröstend ihre kleine, sportliche Hand auf seine legte und bemerkte: »Mach dir nichts draus, ich hab' zwar im Moment sagenhaft viel am Hals, weil ich täglich im Club bin, um die Jugend zu trainieren, aber wenn du mal vorbeischaust, näht dir unsere Frau Schulz die Knöpfe schnell an, ich kümmere mich drum, bestimmt!«
Und der gute alte Victor nickte und sagte: »Ist gut, Ina, ich schaff's schon, irgendwie!«
»Erzähl mal ein bißchen von dir, Claudine«, wandte sie sich an mich. »Du machst immer so interessante Sachen, von denen wir blöden Sportidioten keine Ahnung haben. Was macht zum Beispiel dein Roman, und wann wird er erscheinen, und wie gefällt es dir auf der Frauenfachschule?«
Ich hatte absolut keine Lust, von meinem Roman zu sprechen, geschweige denn von dessen Erscheinungsdatum, denn zum damaligen Zeitpunkt kam es mir reichlich ungewiß vor, ob er überhaupt jemals erscheinen würde.
Im nächsten Frühjahr würde keinesfalls etwas daraus, hatte mir die Lektorin geschrieben, und im

darauffolgenden Herbst wäre es noch zweifelhaft.

Das Thema Frauenfachschule besprach ich, nachdem die Ausbildung erst einmal begonnen hatte, nur noch mit Bele. Wir zwei saßen im selben Boot und mußten uns nicht genieren, voreinander zuzugeben, daß es sich bei dem Boot um einen reichlich altmodischen Kahn handelte, mit dem man keineswegs prahlen konnte.
Der Unterricht unterteilte sich in praktische und in theoretische Fächer. Die theoretischen bereiteten uns keine nennenswerten Schwierigkeiten, aber während der praktischen Stunden hatten Bele und ich das unschöne Gefühl, unmündige Kleinkinder zu sein, die man belächeln und von oben herab behandeln darf.
In diesem Punkt erwies sich zum Beispiel die Lehrerin, bei der wir das schöne Fach »Nahrungszubereitung« belegt hatten, als große Meisterin. Diese Dame, welche ich heimlich »Frau Doktor Topf« nannte, ließ keinen Zweifel darüber aufkommen, daß es gewaltige Unterschiede gibt zwischen einer Mama, die zu Hause Plätzchen backt, und einer gelernten Kraft, die dies anhand wissenschaftlicher Studien in einer Schule tut. Schließlich wurde Frau Doktor Topf dafür bezahlt, daß sie uns zum Beispiel einen Vortrag darüber hielt, ob man »das Gefäß« zum Ablegen des Löffels nach Umrühren der Speise mit Wasser füllt oder nicht. Es gab Fachleute, die

nach jahrelangen Versuchen auf »Wasser im Gefäß« bestanden, und andere, nicht minder ernst zu nehmende, die dies kategorisch ablehnten.
Frau Doktor Topf ließ keinen Zweifel darüber aufkommen, daß wir alle zu jener Sorte bedauernswerter Idiotinnen gehörten, die dilettantisch in ihren Haushalten herumfummeln, ohne jemals zu einem vorzeigbaren Ergebnis zu gelangen. Sie sah uns irgendwie an, daß wir alle bis jetzt den Rührlöffel einfach irgendwohin gelegt hatten, bestenfalls auf das gerade herumliegende Frühstücksbrettchen. Sie machte mir bereits in der ersten Unterrichtsstunde klar, daß ich trotz langjähriger Erfahrung im Haushalt und selbständiger Führung desselben nicht einmal imstande war, eine Zwiebel zu schneiden und ein gebrauchtes Glas wirklich sachgemäß zu spülen. Beim Garnieren warf sie mir Geschmacklosigkeit vor, weil ich nicht auf die Idee gekommen war, die Salatplatte mit musfein zerkleinerten Kräutern im Karomuster zu verzieren.
Eine Mutter von fünf Kindern, die ihren großen Haushalt ohne jede Hilfe bewältigte und immerhin so gut in Schuß hatte, daß sie noch Zeit fand, nebenbei den segensreichen Lehrgang zu besuchen, bezichtigte sie der Desorganisation und Schlamperei.
Wir hatten uns mit Marina angefreundet, einer jungen Italienerin, die aussah wie Juliette Greco in ihren besten Jahren und die in einem Anfall geistiger Verwirrung auf die Idee gekommen war, eine gründliche deutsche Hauswirtschaftsschule zu besuchen. Ma-

rina kochte wie eine Göttin und würzte phantastisch, und die von ihr dekorierten Platten hatten einen Hauch von Sommer und Süden und Sinnesfreude. Bei einem Wettkampf hätte sie Frau Doktor Topf mit leichter Hand unter den Herd gekocht, und sie kannte Gewürze, von denen Frau Doktor Topf nicht einmal wußte, wie sie geschrieben wurden, aber Marina mußte sich besonders viel gefallen lassen. An sie wurden die mannigfaltigen Hygienevorschriften gerichtet, von denen die wissenschaftlichen Vorträge nur so wimmelten. Frau Doktor Topf ließ keinen Zweifel darüber aufkommen, daß sie genau wußte, wo Marina gelebt hatte, ehe sie auf die Idee kam, deutsche Küchen mit ihrer Anwesenheit zu beschmutzen, nämlich in einer dreckstarrenden Bude, über der eine Pestwolke von Knoblauchduft hing. Marina war oft den Tränen nahe, wenn Frau Doktor Topf plötzlich in unserer Kochzeile auftauchte und sagte: »Frau Marietti, ein Küchenhandtuch legt man in Deutschland niemals einfach auf die Arbeitsplatte, sondern hängt es nach Gebrauch ordentlich auf. Das mindert die Bakteriengefahr und sollte sich doch eigentlich von selbst verstehen.« Die Verwendung scharfer Gewürze verbot sie mit einem Gesichtsausdruck, der deutlich zu verstehen gab, daß deren häufiger Gebrauch die Sinnesfreude fördert und wir, hier in Deutschland, wildem Begehren keinen Spielraum lassen. So produzierten wir dann nach genauen Hygienevorschriften und unter peinlichster Beachtung der Vorschriften für Arbeitsabläufe fade wirkende Gerichte, die nach nichts aussahen und nach nichts schmeckten, und schwebten ständig in Angst und Schrecken, bei Fehlern erwischt zu werden, wie etwa dem fehlenden Löffelgefäß, einem nicht aufgehängten Küchenhandtuch und dem nicht sachgemäßen Spülen von Kochtöpfen. Über den Kochstunden lag aus diesem Grunde die Atmosphäre konzentriertester, wissenschaftlicher Arbeit, und der zu Anfang existierende Gedanke, dies sei eine Tätigkeit für einfache Gemüter, kam uns bald frevelhaft vor.

Der praktisch-hauswirtschaftliche Unterricht, zu dem Fächer wie Wäschepflege, Nähen und Reinigen der Wohnung gehörten, wurde unter dem Zepter von Frau Richter-Bernhard eine Tragikomödie. Frau Richter-Bernhard hatte offensichtlich stark darunter zu leiden, daß sie nicht in einem Fach wie Politische Wissenschaften oder Philosophie promoviert hatte, Fakultäten, vor denen die Menschheit den Hut zieht, oder sie litt ganz einfach unter der Geringschätzung, mit der sie von den Lehrerinnen theoretischer Fächer behandelt wurde.

Auf jeden Fall war sie wild entschlossen, einen jeden, der da meinte, das Anfertigen einer Studie über die Reinigung eines Badezimmerschrankes oder das Leeren einer Spülmaschine sei dämlich, eines Besseren zu belehren, und zwar knallhart und ohne falsche Rücksicht. »Denn sonst werden Sie den immensen Anforderungen, die bei den Prüfungen an Sie gestellt werden, nicht gewachsen sein!«

Hatten wir bis dahin noch gedacht, eine Vorlesung

über das Polieren von Wasserhähnen anzuhören sei dämlich und daß wir unsere Wasserhähne auch ohne Ausbildung, sozusagen in unserer Eigenschaft als Autodidakten ganz gut in Schuß hätten, so wurden wir schnellstens vom Gegenteil überzeugt. Nicht ihre Fakultät, sondern wir waren dämlich, zu dämlich nämlich, die einfachsten Zusammenhänge zu begreifen, und das bewies sie uns (und vor allem mir) von der ersten Minute an.

Frau Richter-Bernhard war klein, zierlich, rothaarig, jung und hätte schon äußerlich eine erfrischende Abwechslung im täglichen Schuleinerlei sein können, wäre sie nicht von dem Wahn besessen gewesen, daß wir uns alle mehr oder weniger heimlich über sie und ihre Vorträge lustig machen würden, was wir natürlich taten, doch das lag gerade an dem tödlichen Ernst, mit dem sie ihre Sache vortrug. Zu ihrem Ressort gehörten knifflige Sachen wie das Bügeln von Schürzenbändern und deren sachgemäßes Zusammenlegen und das Reinigen hölzerner Besenstiele. Ich machte mir einen Spaß daraus, sie zu unterbrechen, indem ich fachliche Fragen stellte. »Ist es im Sinne des optimalen Arbeitsablaufes nicht sinnvoll, den Besen mit der linken Hand in den Schrank zu hängen und die Schranktür mit der rechten Hand zu schließen, vor allem, wenn diese nach links aufschlägt«, schlug ich zum Beispiel vor. Sie rächte sich für diese unsachlichen Bemerkungen, indem sie mich mehrmals scharf zurechtwies, weil es mir einfach nicht möglich war, die richtige Reihenfolge von

Handgriffen beim Aufstellen eines Bügelbrettes zu beachten, und ich immer ein oder zwei Handgriffe mehr machte, als vorgeschrieben waren. Dieser Frevel fiel unter die Rubrik »sinnlose Kraftverschwendung«, von der während der Ausbildung überhaupt viel die Rede war, auch wenn die einzige sinnlose Kraftverschwendung, die wir uns leisteten, darin bestand, diese Schule zu besuchen.
Frau Richter-Bernhard und ich gerieten fast in jeder Stunde aneinander, und stets sah ich in ihren Augen die unausgesprochene Frage: »Warum, zum Teufel, bist du hier?«
»Warum, zum Teufel, bist du hier?« fragte ich mich jedesmal aufs neue, wenn ich das Schulgebäude betrat, eine Frage, welche Victor lakonisch mit dem Satz: »Irgend etwas muß man ja tun!« beantwortet hätte. Ich mochte meine Lehrerinnen nicht, und meine Lehrerinnen mochten mich nicht, und ich mochte meine Genossinnen nicht, und meine Genossinnen, bis auf Marina vielleicht, mochten mich nicht. Der Lehrgang wurde von den unterschiedlichsten Typen besucht. Da war die energische junge Frau, welche an einer Fachschule Stenographie unterrichtete und deshalb mit den Lehrerinnen im vertraulichen »Unter uns Kollegen«-Ton sprach und die sichtlich darunter litt, mit Unwissenden und primitiven Gemütern dieselbe Bank drücken zu müssen.
Dann war da die mittelalterliche Blondine, die jedem mitteilte, daß sie ein glänzendes Abitur gemacht hatte und dann Ernährungswissenschaften studierte,

bis sie in einem Anfall geistiger Umnachtung Werner heiratete. Der Umgang mit diesem kleingeistigen Typen hatte sie schließlich auf jene unrühmliche Stufe zurückgeworfen, auf der sie und wir aufeinandergetroffen waren. Sie sprach meist im selbstmitleidigen »So tief kann man sinken«-Ton und wünschte, daß man ihr Respekt zollte, was die meisten von uns auch taten. Dann gab es zwei Frauchen, die wie Teenager aussahen und ihrer jugendlichen Aufmachung zufolge mit der geforderten selbständigen Führung ihres Haushalts im zarten Alter von neun Jahren angefangen haben mußten. Sie bildeten eine kleine Clique für sich, wälzten sich vor Lachen in den Stühlen, übten lauthals Kritik und waren schließlich die einzigen, die das Ziel nicht erreichten. Ihre totale Talentlosigkeit zeigte sich bereits ganz zu Anfang, als sie schlecht gereinigte Besenstiele und falsch gefaltete Schürzenbänder vorwiesen und sich schlicht weigerten, die Studie über das Entleeren einer Spülmaschine anzufertigen. Frau Doktor Topf hatte bereits im ersten Semester Bemerkungen darüber gemacht, daß sie den harten Anforderungen der Prüfung wahrscheinlich nicht gewachsen sein würden, und das waren sie auch nicht. Das breite Mittelfeld bestand aus adrett wirkenden Müttern, deren Kinder aus dem Gröbsten heraus waren und die schon anhand ihrer steif gestärkten Kragen und peinlich genau gebügelten Röcken demonstrierten, daß sie begnadete Hausfrauen waren, die sich für diese fachliche Ausbildung auf das beste eigneten. Sprachen sie über ihre Haushaltsführung, so fand man schnell heraus, daß ihr Leben nach dem Schema: montags Wäsche, dienstags Böden, mittwochs Lampen und Gardinen, donnerstags bügeln, freitags einkaufen, samstags Großputz, sonntags Weinkrampf funktionierte. Sie meldeten sich manchmal schüchtern zu Wort und wagten es sogar zuweilen und mit zitternder Stimme, von dem »System« zu sprechen, nach dem sie zwanzig Jahre lang ihren Haushalt geführt hatten, und erwarteten dann gottergeben das Urteil, stets bereit, zerknirscht zuzugeben, daß sie alles falschgemacht hatten. Die Fachlehrerin, welche ihrerseits einen Einpersonenhaushalt mit System leitete, hörte sich die Ausführungen der Fünfkindermutter schweigend an, ehe sie dazu überging, die arme Frau auseinanderzunehmen, bis diese sich fühlen mußte wie ein Erstkläßler, dem man das Höschen falsch zugeknöpft hat. »Wird nie sachgemäß 'nen Kurs leiten können«, zischten sich die anderen zu und blickten die Versagerin überlegen lächelnd an. »Zu lange im eigenen Mist gescharrt, klar, wenn man keinen Chef hat, vor dem man sich verantworten muß!«

Bemerkungen dieser Art waren fehl am Platze, denn keiner von uns war richtig klar, wozu die Ausbildung eigentlich diente. Entgegen der Aussage Frl. Gerngrubers befähigte das Diplom offiziell zur Einstellung hauswirtschaftlicher Lehrlinge, aber da niemand von uns über einen Haushalt verfügte, in dem all die Arbeiten vorkamen, die zur Ausbildung eines

Lehrlings benötigt wurden, kam diese Möglichkeit nicht in Betracht. Auch schien der Umstand, daß man den Auszubildenden noch dafür bezahlen mußte, daß sein Erscheinen im eigenen Haushalt eine Umgestaltung desselben, vom gemütlichen Schlendrian in eine funktionierende Fabrik nach dem Motto: Rührlöffel ins Gefäß, erforderte, wenig verlockend. Keine von uns hatte Lust, künftig zum Abschmecken der Speisen einen Probierlöffel zu benutzen, und schon der Zwang, den Auszubildenden täglich viele Stunden lang beschäftigen zu müssen, erforderte eine Haushaltsführung nach dem System: montags: Reinigen aller Besenstiele nach Studie.

In der Düsselstädtischen Frauenfachschule fielen sofort zwei Dinge auf, die mir ziemlich zu schaffen machten:

Ich kann einfach keine Lehrerin von meinem guten Willen überzeugen, eine gute und fleißige Schülerin zu sein, die das Wissen der anderen bewundert und bestrebt ist, es sich anzueignen. Ich sehe immer so aus, als ob ich mich innerlich vor Lachen auf dem Teppich wälzen oder (bestenfalls) mit meinen Gedanken ganz woanders sein würde.

Und ich kann keine Kuchen backen.

Das mit dem vermeintlichen versteckten Lachen machte mich sofort unbeliebt, und an der Backschüssel mußte ich es ausbaden.

Ich weiß nicht, welchen seltsamen Naturgesetzen zufolge mir jedes Backwerk mißlingt, warum die Kuchen flach und unschön aus der Röhre kommen oder doch nach spätestens zwei Minuten in sich zusammenfallen, als ob sie Depressionen hätten. Ich dachte, es könnte vielleicht an den Luftverhältnissen in meiner Küche liegen oder an meinem Ofen oder an der minderen Qualität der Zutaten, bis mich Victor schließlich darüber aufklärte, daß mir beim Backen eben jede Liebe zur Sache abgeht, weil ich selbst keinen Kuchen mag und es »ja nur für ihn ist«.

»Aber mach dir nichts draus, wenn ich fast ersticke«, fügte er gewöhnlich gequält hinzu. Es gab eine Zeit, da brachte er das Thema meiner seltsamen Backunfähigkeit besonders oft und besonders gern im Tennisclub aufs Tapet und ganz besonders gern in Anwesenheit von Damen, die wunderbar backen konnten, wie der Umfang ihres Hinterteils bewies. Diese Damen neigten dazu, tröstlich ihre Hand auf seine zu legen und zu bemerken: »Kommst halt zu uns, wenn du mal 'n Stück Kuchen magst, und den Rest packe ich dir ein, damit du am nächsten Morgen was zum Frühstück hast und merkst, daß Sonntag ist!« Bemerkungen, bei denen ich sofort die Vorstellung hatte, daß der arme Victor die Sonntagnachmittage, welche die Nation mit dem Kuchenteller in der Hand genoß, damit verbrachte, auf allen vieren in unserer trostlosen Küche herumzukriechen und mit dem angefeuchteten Finger nach etwaigen Kuchenkrümeln aus vergangenen Zeiten zu suchen oder sich mit weit aufgerissenen Augen dic Nase an der Schaufensterscheibe einer Konditorei plattzudrücken. Wie hätten sich mein Victor und die Gemeinde der »Ein Wochenende ohne Kuchen ist kein Wochenende, und der Himmel möge uns davor bewahren«-Schreier jetzt gefreut, wenn sie den Genuß gehabt hätten, mich an der Backschüssel zu sehen. Wie hätten ihre Äuglein geleuchtet, wenn sie jenen Stunden hätten beiwohnen können, in denen ich mit zusammengebissenen Zähnen und unter den Blicken von Frau Doktor Topf damit beschäftigt war, Teig zu produzieren, und zwar keinen Teig für so harmlose kleine Sachen wie Marmor- oder Zitronenkuchen, sondern für gefürchtete Gebäcksorten wie Baumkuchen und Torten mit Baiserhaube.

Frau Doktor Topf hatte meine erstaunliche Talentlosigkeit sofort bemerkt und wich nicht von meiner Seite, wenn ich mit fahrigen Händen und klopfendem Herzen bemüht war, die gestellte Aufgabe zu bewältigen.

Sie wollte mir später bei der praktischen Prüfung eins auswischen und gab mir »Hefekuchen« zur Aufgabe, aber sie hatte sich getäuscht, denn zu jenem Zeitpunkt war ich bereits eine über die Grenzen meiner Küche hinaus bekannte Pizzabäckerin, und so buck ich kurzerhand ein großes Blech voll Pizza, welche tadellos gelang und so gut schmeckte, daß die Prüfungskommission alles bis auf den letzten Krümel aufaß.

Unter den Hauswirtschaftslehrerinnen mußte so etwas wie eine Hackordnung bestehen, denn ich stellte fest, daß die »Theoretischen« weitaus sachlicher und

friedlicher waren als die »Praktischen«. Die theoretischen Fächer wie Wirtschaft, Maschinenkunde und Buchführung wurden von engagierten Damen gegeben, die ihren Unterricht schnell und gestrafft abzogen und sichtlich erleichtert waren, es wenigstens eine Stunde lang mit Erwachsenen zu tun zu haben, welche weder von Roy Black träumten noch »I like Klaus« in die Bänke ritzten. Auch kauten wir keine Lakritzbonbons und tauschten unter den Tischen Filmprogramme oder Bilder von Rockstars aus, und keine von uns war von dem Wahn besessen, daß ihre wahre Bestimmung sie eigentlich ins Bett von Howard Carpendale führen müsse. Die Lehrerinnen der praktischen Fächer hatten diesen Vorteil der Erwachsenenbildung nicht erkannt und verschwendeten unnötige Energien darauf, uns zu beweisen, daß die geistige Entfernung zwischen ihnen und uns unüberbrückbar war und wir uns ja nicht einbilden sollten, jemals ihren Rang zu erreichen, jene Stufe, auf der man stehen muß, um wirklich sachgemäß Kartoffeln schälen zu können.
Gerade zu der Zeit, als wir uns auf die Abschlußprüfung vorbereiteten und ich voll im Einsatz war, um den harten Anforderungen gewachsen zu sein, die auf mich zukamen, schickte mir der Verlag die Korrekturfahnen. Ich war sehr überrascht, weil ich innerlich schon gar nicht mehr damit gerechnet hatte, jemals wieder etwas von meinem Roman zu hören. Nun sah ich ihn, auf große Korrekturbögen gedruckt, wieder vor mir, und so legte ich die Ernäh-

rungslehre zur Seite, kaufte mir ein Buch über Korrekturzeichen und machte mich ans Werk. Es war das erste Mal, daß ich etwas mit »richtigen« Schriftstellern gemeinsam hatte, denn nach allem, was ich so gelesen hatte, haßt ein echter Schriftsteller nichts mehr, als Korrektur zu lesen, und da auch ich diesen Haß sofort empfand, mußte ich wohl so etwas Ähnliches wie ein Schriftsteller sein.
Korrekturlesen ist zeitraubend und aus folgendem Grund schwierig:
Man kennt sein eigenes Werk bis zum Überdruß und hat wirklich Mühe, sich noch auf die einzelnen Sätze zu konzentrieren. Auch kommen beim Lesen Zweifel auf, ob nicht dieses oder jenes Kapitel überhaupt zu kurz oder zu lang, diese oder jene Passage zu wenig ausgearbeitet, und ob nicht eigentlich das ganze Buch eine einzige Langeweile ist. Man spürt bei so oft wiederholtem Lesen eine gähnende Leere und meint schließlich, dies müsse der Leser doch auch empfinden, und so weiter und so fort. Kurz und gut, ich las also Korrektur, und anstatt mich mit Assimilation und Dissimilation zu beschäftigen, beschäftigte ich mich zum hundertsten Mal mit meinem dichterichen Werk.
Leidenschaftslos steckte ich sodann die Druckfahnen in einen Umschlag, nicht ohne zur Kenntnis genommen zu haben, daß man meinem Roman den Titel »Streitorchester« gegeben hatte, was ich äußerst befremdlich fand, etwa so, als wenn man seinen Sohn Ferdinand ins Landschulheim schickt und nach

seiner Rückkehr feststellt, daß er nunmehr Nanni heißt oder Frin oder Purzel.

Ich sandte die Korrekturbögen ab und wandte mich wieder meiner Ernährungslehre und ihren biederen Schwestern zu, um mich weiterhin auf die Prüfung vorzubereiten.

Abgesehen von den beiden Teenagern, welche ausgeschieden waren, erreichten schließlich alle ihr Ziel. Während der praktischen Prüfung im Fach »Nahrungszubereitung« hatte man eine Schülerin zur Seite, mit der man »den Ernstfall« probte, und die zukünftigen Meisterinnen genossen es, endlich das Lager wechseln und Frau Doktor Topf nachahmen zu können, indem sie mit gequältem Gesichtsausdruck darauf hinwiesen, daß Annamarie »wieder!« vergessen hatte, das Gefäß für den Rührlöffel zurechtzustellen, so daß sie erst nachträglich und mit dem fettigen Löffel in der Hand den Schrank öffnete, um es herauszuholen, was unter die Rubrik »Mangelnde Planung des Arbeitsablaufs« und »Sinnlose Kraftvergeudung« fiel. Wir waren inzwischen auch so weit fortgeschritten, daß man uns ganz allein die Entscheidung darüber überließ, ob wir Anhänger der Sekte »Wasser im Löffelgefäß« oder der Sekte »Kein Wasser im Löffelgefäß« werden sollten. Nach langem, tiefem Nachdenken entschied ich mich, der Sekte »Kein Wasser im Löffelgefäß« beizutreten, da ich somit einen Punkt der Rubrik »Sinnvolles Kräftesparen« einheimste.

Mein Lehrling war ein nettes junges Mädchen und

Primus ihrer Klasse. Sie beherrschte die Zubereitung der Süßspeisen weitaus besser als ich, und ich schob ihr alle schwierigen Arbeiten zu, während ich angehende Meisterin mich damit beschäftigte, die Petersilie zu wiegen und meine Pizza zu belegen. Mein Schützling – sie wurde von ihren Mitschülerinnen Schwipps genannt – nahm mich ihrerseits unter ihre Fittiche. Sie arbeitete schnell und routiniert, und so waren wir vor der Zeit fertig und nahmen am Arbeitstisch Platz, um uns leise zu unterhalten.
Schwipps erzählte mir, daß sie die ganze Schule haßte, alle Lehrerinnen haßte, alle Mitschüler haßte und einen Freund hätte, der Gedichte schrieb. Ich erzählte ihr, daß ich Romanautorin sei und die Schule eigentlich nur zu Studienzwecken besuchte. Schwipps lachte und sagte: »Wenn Sie wirklich ein Buch über diese Scheißschule schreiben wollen, dann kommen Sie zu mir, und ich werde ihnen Buchideen geben, daß Frau Doktor Topf der Deckel hochzischt!«
Ich versprach es ihr, und dann kam die Prüfungskommission, um unser Werk zu begutachten. Da ich mich während der komplizierten Arbeiten taktvoll zurückgehalten und aus pädagogischen Gründen Schwipps die Hauptverantwortung übertragen hatte, bestand ich die Prüfung mit Glanz. Meine Pizza war, wie bereits erwähnt, ohnehin über jeden Tadel erhaben. Bei der mündlichen Prüfung sahen wir uns einer Kommission von acht Lehrkräften gegenüber, alle weiblichen Geschlechts und alle feind-

lich gestimmt. Ich bemühte mich sehr, die an mich gerichteten Fragen sachlich und unter Zuhilfenahme des gesamten Fachvokabulars, welches ich mir inzwischen angeeignet hatte, zu beantworten, aber obwohl meine Antworten alle richtig waren, mußte ich doch feststellen, daß Frau Dr. Topf bei jedem meiner Worte ironisch lächelte und Frau Richter-Bernhard ungeniert gähnte und zu Tode angeödet ihre Fingernägel betrachtete. Alle hielten schließlich den harten Anforderungen stand, welche die Prüfung an uns stellte, und Bele, Marina und ich feierten den geglückten Abschluß der Aktion auf der Rückfahrt in einer Autobahnraststätte. »Ich hoffe, daß du das aufwendige Studium dahingehend anwendest, daß du an deine Studien denkst, wenn du künftig deine Schürzenbänder zusammenfaltest«, sagte ich zu Marina.

»Ich hab' nie eine Schürze besessen«, lachte sie. »Mein Papa hat ein gutgehendes Restaurant in Florenz, und er führt es seit Jahren, aber ich glaube nicht, daß er sich schon jemals einen einzigen Gedanken über den Zustand seiner Schürzenbänder gemacht hat.« Und Bele sagte: »Ganz im Hinterköpfchen habe ich mir, als ich mich zu der Ausbildung entschloß, vorgestellt, daß ich mit den neuen Kenntnissen vielleicht wieder in einer Redaktion unterschlüpfen kann, Frauenseite und so, aber ›Gartenlaube‹ und ›Blatt der Hausfrau‹ existieren ja nicht mehr, und das wären die einzigen Redaktionen, bei denen ich mit meinen adretten Tips landen könnte.«

»Ich glaube nicht, daß eine einzige von uns überhaupt irgendwo landet«, sagte ich. »Allerdings hat mein eigener Haushalt doch eine Bereicherung erfahren. Ich habe nämlich anläßlich unseres Unterrichts bei Frau Richter-Bernhard alle Besenstiele mit Gummiploppen versehen und aufgehängt, so daß sie mir nicht mehr entgegenfallen, wenn ich den Besenschrank öffne.
»Na, dafür hat sich die Ausbildung ja schon gelohnt«, sagte Bele. »Bedenke, wie oft du die Besenschranktür öffnest, und die Kraftreserven, die du speicherst, weil du die entgegenkommenden Besen nicht mehr abwehren mußt. Kraftreserven, die du jetzt für andere Zwecke einsetzen kannst. Zum Beispiel für die Reinigung sämtlicher Besenstiele nach Studie.«
Wir waren alle drei erwachsene Damen über dreißig, aber wir waren so glücklich darüber, endlich der Schule entkommen zu sein, daß wir ungeheuer albern und ausgelassen waren und uns benahmen wie gerade entlassene Internatsschülerinnen.

Die Prüfung hatte so um die Osterzeit herum stattgefunden, und am Samstag nach Pfingsten trafen wir uns zum ersten Klassentreffen in der Düsseldorfer Altstadt, wobei sich herausstellte, daß keine von uns, nicht mal die Dame mit dem abgebrochenen Studium der Ernährungswissenschaften, auch nur die geringste Aussicht hatte, jemals in den Schuldienst eingestellt zu werden. Die meisten hatten sich erfolglos darum bemüht, vielleicht einen Kochkurs bei der Volkshochschule oder der kirchlichen Gemeinde leiten zu können, und die einzige, die überhaupt einen Erfolg zu melden hatte, war Karen, welche für die Mütter der Kindergartengruppe zwei Abende veranstaltet hatte. »Wir backen einen Osterzopf« und »Kochen mit Kindern«, Abende, die sehr erfolgreich gewesen waren, ihr aber außer wohlmeinendem Lob seitens der Mütter keinen Pfennig eingebracht hatten.

Keine von uns äußerte übrigens die Absicht, einen hauswirtschaftlichen Lehrling einzustellen oder den eigenen Haushalt künftig nach den Richtlinien Frau Richter-Bernhards zu führen. Trotzdem waren alle äußerst vergnügt zum Treffen erschienen und taten die Meinung kund, daß sich die Ausbildung trotz allem gelohnt hätte. Man hatte sich zu Hause nämlich daran gewöhnt, daß Muttern nicht mehr rund um die Uhr greifbar war, was sich daran zeigte, daß es den einzelnen Familienmitgliedern gelungen war, ganz allein die furchtbar schwere Kühlschranktür zu öffnen und ganz allein das furchtbar schwere Butterpäckchen herauszuheben. Der Ehemann der Stenolehrerin, ein Diplomingenieur, hatte sogar den komplizierten Mechanismus erfaßt, mit dessen Hilfe man den Staubsauger in Gang setzen konnte, und saugte neuerdings sämtlich Teppiche, ohne daß man ihn extra darum bitten mußte, und wie es schien, tat er es sogar ganz gern.

In einem Haushalt war eine Spülmaschine ange-

schafft worden und in einem sogar ein Mikrowellengerät. Keine von uns mußte die traurige Mitteilung machen, daß ihr Kind unterdessen bis auf die Knochen abgemagert oder sichtlich erblaßt wäre.
»Es ist schon fast beleidigend, wie gut sie ohne einen zurechtkommen, wenn sie sich erst mal damit abgefunden haben, daß man nicht mehr greifbar ist«, sagte unsere Ernährungswissenschaftlerin, und sie sprach damit genau das aus, was alle festgestellt hatten.

Wenn Bele anfangs gesagt hatte, daß der Schulbesuch die Möglichkeit barg, regelmäßig das Haus zu verlassen und somit einen Teil der Familienmutterrolle aufzugeben, so sollte sie unbedingt recht behalten. Auch wenn ich nach Beendigung der Ausbildung nicht berufstätig wurde und morgens im schicken Berufsdreß nervös auf hohen Hacken aus dem Haus klapperte, sondern in meiner gewohnten Hausmontur, Jeans und Karobluse, herumwirtschaftete, so sollte es doch nie mehr ganz so werden, wie es vorher gewesen war.
Etwas hatte sich verändert!
Ich hörte auf, ständig im Familienverband zu denken und unbewußt »wir« zu sagen, wenn ich eigentlich nur mich selbst meinte, und auf die Frage, ob ich gern Ski liefe, antwortete ich nicht mehr mit dem Satz: »Victor und Kathrinchen laufen sehr gut Ski, und wenn Sie wollen, gebe ich Ihnen die Adresse des Hotels, in dem sie immer absteigen.« Das sind Klei-

nigkeiten, die einem gar nicht auffallen, die aber eine entscheidende Rolle spielen, wenn es darum geht, die Frage zu klären, warum man sich eigentlich so unattraktiv und so überflüssig fühlt und warum der Ehemann nach und nach jedes Interesse verliert.

Streitorchester

Wenn Impa einstmals gesagt hatte, man müsse sich ja schließlich weiterentwickeln, und somit den Entschluß dokumentierte, Klamottenladen und Schrebergarten aufzugeben und in einen Tennisclub einzutreten, so sollte sich in der folgenden Zeit bemerkbar machen, daß sich das Clubleben an sich ebenfalls weiterentwickelte oder, besser gesagt, die Themen, die an der Clubtheke behandelt wurden, entschieden ernster wurden.

Hatte man sich anfangs noch ganz kindlich damit vergnügt, mit seinen Spielergebnissen zu prahlen und lässig zu bemerken, daß man mit seiner Kondition eigentlich ganz zufrieden wäre, obwohl man in der letzten Saison wegen diverser gesellschaftlicher Verpflichtungen kaum zum Trainieren gekommen sei und vor allem das morgendliche Jogging und das Krafttraining mit den Hanteln sträflich vernachlässigt hätte, so behandelten die Themen jetzt immer häufiger private Probleme, denn die nicht Tennis spielenden Ehefrauen, Tenniswitwen genannt, probten den Aufstand.

Immer mehr von ihnen reichten nämlich die Scheidung ein.

Die Männer reagierten darauf mit jenem starren Entsetzen, welches einen erfaßt, wenn man als volltrainierter Profi aus Gutmütigkeit mal gegen einen Gegner antritt, der eigentlich gar nicht Tennis spielen kann und sich auf dem Spielfeld wie ein blutiger Dilettant aufführt, bis man plötzlich entsetzt feststellt, daß der blutige Dilettant, der nicht mal den Schläger richtig hält, ungeahnte Kraftreserven entfaltet und einen 6:0 / 6:0 vom Platz fegt.

Die Tenniswitwen ihrerseits hatten vielleicht die größten Erfolge in Sachen »man muß sich ja schließlich weiterentwickeln« zu verzeichnen, auch wenn es gerade jene Hascherl waren, die man in Sportkreisen eigentlich nie so richtig ernst genommen hatte.

Am Anfang waren sie noch gutmütig Sonntag für Sonntag im Club erschienen, hatten vom Spielfeldrand den Aufschlag ihrer Männer bewundert, mit anderen Tenniswitwen Kaffeekränzchen gegründet und sich rührend bemüht, Karls Lieblingsbeschäftigung jenes herzliche Interesse entgegenzubringen, das Karl ja wohl erwarten durfte.

Dann waren sie jedoch dem Club immer häufiger ferngeblieben, und man munkelte hinter der Hand, daß sie die Stunden, welche Karl mit dem Schläger in der Hand genoß, nun ihrerseits nutzbringend anwandten, indem sie etwa eine weiterführende Schule besuchten, ein Verhältnis mit einem total unsportlichen Bürokollegen eingingen oder einer Frauengruppe beitraten. All das wurde von den Männern stillschweigend gebilligt (falls sie es überhaupt zur Kenntnis nahmen), wenn sie bloß mit ihren ewigen Nörgeleien aufhörten und dem Intensivtraining für die Stadtmeisterschaft nicht mit Bemerkungen wie: »Ich möchte mal wissen, wann du dein Versprechen einlöst und mit den Kindern in den Zoo gehst«, im Wege standen. Im Gegenteil. Im Grunde genommen war man ganz froh, daß die lästigen Weiber endlich mal irgend etwas zu tun hatten und sich »mit sich selbst beschäftigten!« Aber dann kam es so, daß die Beschäftigungen der Tenniswitwen einen unerwünschten Nebeneffekt hatten: Man stellte nämlich verblüfft fest, daß das Leben keineswegs *nur* an Karls Seite von Reiz war und die Beschäftigung im Bildungszentrum, mit dem Verhältnis oder in der Frauengruppe die Beschäftigung mit Karl voll und ganz ersetzte. Als sich die Reihen immer mehr lichteten und man direkt Mühe hatte, noch genügend vollständige Paare für die Silvesterfeier zusammenzubekommen, und sich die Reihen der Partygäste ebenfalls immer mehr lichteten, da Paare, welche noch im November fest zugesagt hatten, bereits zu Weihnachten nicht mehr zusammenlebten, begann auch Victor den Mißstand zu registrieren.

»Die Weiber rennen zum Anwalt wie die Kinder an die Eisbude«, bemerkte er eines Tages, als wir uns wie gewöhnlich im auferzwungenen Frieden am Mittagstisch gegenübersaßen, dem einzigen Ort, an dem wir uns überhaupt noch gegenübersaßen.

»Wenn du in den nächsten Jahren irgendwann einmal Zeit haben solltest«, sagte ich, »ich meine so irgendwann nach Kathrinchens achtzehnten Geburts-

tag, dann möchte ich mich ebenfalls mal mit dir über eine Trennung unterhalten!«
Victor warf mir einen Blick zu, und dann grinste er. »Das wär' ja mal was ganz Neues!« sagte er. »Gewöhnlich neigst du doch dazu, gerade das abzulehnen, was alle tun! Außerdem«, fügte er hinzu, »was hat denn dieser achtzehnte Geburtstag damit zu tun?«
»Solange sehe ich noch einen Sinn darin, Kathrine dieses Zuhause zu erhalten«, sagte ich, »dieses Zuhause, welches dir so wenig wert ist, daß ich beim besten Willen keinen Sinn mehr darin entdecken kann, es auch noch zu erhalten, wenn Kathrine die Schule und die Stadt verläßt. Dann stellt sich doch die Frage: für wen und wofür!«
Victor betrachtete sich intensiv seine Fingernägel und sagte schließlich: »Wer sagt denn, daß mir mein Zuhause nichts wert ist? Wenn du es genau wissen willst, dann bist du selbst mir sogar was wert! Vielleicht liebe ich dich sogar – auf meine Weise!«
Ich sah ihn an und schwieg. Es gibt Leute, von denen geliebt zu werden verdammt wenig Spaß macht.
»Ich weiß nur nicht, weswegen ich deshalb alles andere aufgeben soll«, fügte er seinen Gedanken hinzu.
Und als ich ihn immer noch schweigend ansah: »Es gibt doch Millionen von Frauen, die so leben, wie du lebst, und die doch auch zufrieden sind mit dem, was sie haben, und die dann, in späteren Jahren, wenn sie die Sicherheit, die die Ehe bietet, besser zu schätzen wissen, sogar richtig glücklich werden.«
Ich lächelte, und Victor fügte hinzu: »Paß mal auf,

wir zwei werden eines Tages auch noch mal richtig glücklich miteinander, ich meine später, wenn wir alt sind. Es hat da schon Wunder gegeben.«
»Klar«, sagte ich. »Warum sollte die Sonne nicht eines Tages im Westen aufgehen.«
Victor warf mir einen Blick zu, und das Lächeln, welches soeben noch seine Mundwinkel umspielt hatte, verschwand.
»Wenn du allerdings glaubst, daß sich das Glück auf der Basis bissiger Sprüche aufbauen läßt, dann hast du dich natürlich getäuscht«, sagte er. Wir schwiegen eine Weile, dann sagte Victor: »Ich finde jedenfalls, daß diese ganze Unruhe, die die Weiber machen, nicht nötig ist und es doch schließlich für jedes Problem eine vernünftige Regelung gibt.«
»Man müßte halt nur zunächst die Möglichkeit haben, über Möglichkeiten der Problemlösung zu sprechen, zeitlich gesehen«, sagte ich.
Victor warf einen Blick auf die Uhr, weil er heute seinen freien Nachmittag und um zwei eine Verabredung hatte, und sagte: »Wie meinst du das?«
Ich sagte, daß ich eine Menge Probleme zu bereden hätte, große Probleme, welche man nicht zwischen Tür und Angel und zwischen zwei Tennisspielen abhaken könnte.
»Ich bitte dich hiermit ganz offiziell um einen Termin«, fügte ich hinzu. »Es macht mir nicht viel aus, noch ein, zwei Jahre darauf zu warten, wenn du mir versprichst, dann wirklich einen ganzen Abend lang Zeit zu haben und nicht unruhig hin und her zu rut-

schen, weil du Angst hast, das Spiel der Senioren im Doppel zu verpassen!«
Victor kniff die Augen zusammen und guckte mich durch den Spalt seiner Augenlider haßerfüllt an.
»Ach daher weht der Wind«, sagte er. »Dacht's mir doch schon, daß der Wind wieder aus dieser Richtung weht, daß du nicht endlich einmal von diesem Thema abkommen kannst!«
Ich sagte, daß ich ganz sicher niemals von diesem Thema abkommen würde und er sich diesbezüglich keine Hoffnungen machen solle. Auch sei ich nicht länger gewillt, ein Leben »zu dritt« zu führen, unser gemeinsames Leben auf den Heiligen Abend zu beschränken, hinzunehmen, daß seine »Geliebte« unverhältnismäßig viel Zeit, Geld und Zuneigung für sich beanspruchte, und er sich endlich zwischen mir und dem Tennisschläger zu entscheiden hätte. Wie die meisten Männer, die dazu neigen, auf den Hinweis, »diese Person« hätte gefälligst aus dem gemeinsamen Leben zu verschwinden, mit rundäugigem Staunen zu bemerken, sie wüßten gar nicht, von welcher Person die Rede sei, schenkte Victor mir einen hilflos-verletzten Blick und sagte: »Aber ich spiele ja fast nie Tennis!«
»Ach«, sagte ich. »Und warum liegen seit Wochen die Reiseprospekte auf dem Couchtisch und trotzdem kommst du nicht dazu, mal einen Blick hineinzuwerfen?«
»Warum muß denn immer ich alles machen?« rief Victor erregt. »Warum denn immer ich?« Und

dann: »Übrigens... gestern war ich ja gar nicht im Club!«
»Gestern waren deine Skatbrüder hier«, entgegnete ich matt, »und am letzten Freitag, als ich die heimliche Hoffnung hegte, wegen des Regens endlich einmal mit dir reden zu können, übertrugen sie die Meisterschaften der Damen im Fernsehen. Ich weiß nicht, ob dir aufgefallen ist, daß unsere Tochter ein junges Mädchen geworden ist, daß wir in letzter Zeit kaum noch Besuch haben und wieviel weiße Haare ich bekommen habe. Hast du mitbekommen, daß deine Mutter umgezogen und Onkel Eddi gestorben ist? Und daß...«
»Ich wäre bestimmt mit zur Beerdigung gekommen«, unterbrach mich Victor beleidigt, »aber die Idioten haben mich ja genau an dem Tag für das Herreneinzel aufgestellt, und ich kann ja nicht immer absagen! Hinterher wäre ich übrigens sehr gern noch zur Trauerfeier gekommen, aber du hast mich ja nicht darum gebeten«, fügte er in vorwurfsvollem Ton hinzu.
Was ich an Victor so verabscheute, war seine Vorliebe für die vorsätzliche, die dreiste Lüge, mit der man testen will, wie dumm die Ehefrau eigentlich ist, und welche ihre höchste Vollendung an jenem Tage erreicht, an dem der Mann auf die Frage, wer denn die Frau auf dem Foto sei, das gerade aus seiner Brieftasche gefallen ist, trocken behauptet, weder die Frau noch das Foto von ihr jemals zuvor gesehen zu haben.

Und anstatt groß und männlich aufzutreten und mit der großen, männlichen Faust auf den Tisch zu schlagen und zu sagen, was er denkt, nämlich: »Jawohl, ich gehe Tennis spielen, und zwar an jedem Tag in der Woche und an sämtlichen Sonn- und Feiertagen, und am Heiligen Abend bin ich bloß deshalb zu Hause, weil sämtliche Hallen der Bundesrepublik geschlossen sind, und damit du es genau weißt, am liebsten würde ich meinen Schläger sogar mit ins Bett nehmen und schon das Frühstück im Club einnehmen, weil ich nämlich dich und das gesamte Familienleben zum Sterben satt habe!« – anstatt so zu sprechen und ein für allemal klare Verhältnisse zu schaffen, übte sich Victor in einem gut geprobten harmlos-erstaunten Blick und sagte: »Aber ich gehe doch fast nie Tennis spielen!«

»Ach!«

»Ja nun, wenn man von den paarmal absieht, wo ich im Winter die Halle gemietet habe. Oder verlangst du etwa von mir, daß ich den teuren Platz verfallen lasse, bloß weil du beschäftigt werden willst?«

»Und im Frühjahr fangen dann die Medenspiele an«, sagte ich.

»Meine Güte, die fünf Sonntage, die fünf lächerlichen Sonntage«, rief Victor.

»Nun gut«, sagte ich mit einem feinen Lächeln, »nach diesen fünf lächerlichen Sonntagen ist der Sommer ja noch lang. Wir könnten ja eigentlich Fahrräder kaufen und dann regelmäßig...«

»Aber du kannst doch nicht im Ernst verlangen, daß

ich die Clubmeisterschaften sausen lasse, wo ich den ganzen Winter für viel Geld dafür trainiert habe«, röchelte Victor, mit jenem Entsetzen in der Stimme, welches einen überkommt, wenn jemand in Begriff steht, einem von hinten eine Schlinge um den Hals zu legen.

Ich schwieg, und ich wußte, es würde sich niemals etwas ändern, einerlei, wie »vernünftig« und wie oft wir auch unsere Probleme bereden würden. Und Victor würde sich weiterhin an den Clubmeisterschaften beteiligen (Einzel und Doppel) und nach den Clubmeisterschaften an den Stadtmeisterschaften (Einzel und Doppel) und nach den Stadtmeisterschaften an den einzelnen Freundschaftsspielen, und in jeder freien Minute würde er für die Wettkämpfe trainieren und mit angelegten Ellenbogen durch den Wald traben. Und unser Zuhause würde weiterhin die Funktion einer Tankstelle haben, an der ein Tankwart den Dienst versieht, der immer lustloser herbeigeschlurft kommt, wenn er sieht, daß die Kundschaft wartet, bis er sich endlich entschließt, die Tankstelle und seinen unattraktiven Posten darin aufzugeben.

»Mein Freund Rolfi spielt übrigens noch viel mehr Tennis als ich«, nahm Victor den Faden wieder auf, »und außerdem noch Handball und Skat, und ich glaube nicht, daß man ihm deswegen das Leben zur Hölle macht!« Unser Gespräch hatte inzwischen jenes Stadium erreicht, in welchem ich einfach nicht mehr das Gefühl hatte, als erwachsene Frau mit ei-

nem erwachsenen Mann zu sprechen, sondern mich wie eine Mama fühlte, die ihren vierzehnjährigen Sohn zur Vernunft bringen will.
»Und dann will ich dir noch was sagen«, sagte mein vierzehnjähriger Sohn. »Im vergangenen Herbst, irgendwann im September, da wollte ich den ganzen Sonntag mit dir und dem Kind ins Grüne fahren und 'n schönes Picknick machen, aber da ging es natürlich wieder nicht, weil du mit Mumps im Bett lagst.«
»Ich hatte erst Mumps und dann eine beginnende Gehirnhautentzündung«, erwiderte ich matt, »und wäre fast draufgegangen, wenn Soldi nicht gekommen wäre, aber du hast es ja nicht bemerkt, weil du mit den Vorbereitungskämpfen für die Stadtmeisterschaft beschäftigt warst.«
»Ach, deswegen war deine Mutter so lange hier«, sagte Victor nachdenklich. »Ich erinnere mich jetzt, weil sie mir sämtliche Tennishemden in der Waschmaschine versaut hat. Einfach lieblos reingestopft«, fügte er mit beleidigter Stimme hinzu. Er blickte auf die Uhr und erhob sich. »Ich hätte nie gedacht, daß du zu den Frauen gehörst, die einfach nichts mit sich anzufangen wissen und ihren Mann aus diesem Grunde immer an die Kette legen wollen!«
Er ging ins Schlafzimmer und begann, seine Tennistasche zu packen. Ich stand in der offenen Tür und sah ihn an. Victor warf mir einen eiligen Blick zu und sagte: »Ich hab' jetzt wirklich nicht länger Zeit, mit dir über nichts zu reden. Ich soll heute die Jugend

trainieren, weil der Willi 'nen Meniskusschaden hat, und ich kann ja schließlich nicht immer absagen! Das verstehst du natürlich wieder nicht, weil du nicht 'n Funken Sportsgeist hast«, setzte er hinzu, ehe er die Etagentür hinter sich zuschlug.
»Mein Gott, ich muß mich von ihm trennen«, dachte ich, während ich im Flur zurückblieb und auf die zugeschlagene Tür starrte.
Sonst werden wir eines Tages zu jenen Paaren gehören, von denen es in der Zeitungsrubrik »Lokale Verbrechen« immer heißt: »Laut Zeugenaussagen stritten sie sich häufig!«

Irgendwann in dieser Zeit sah ich endlich ein, daß meine Appelle nichts nützten. Appelle nützten bei Suchtkranken nie etwas, und meine Worte in dieser Richtung hatten denselben Effekt, als wenn man einen Trinker mit der Bemerkung, er möge doch nun endlich das Fläschchen mit dem Schnaps aus der Hand legen, zur Abstinenz erziehen will.
Streifte ich das Thema künftig auch nur mit einem Wort, so knurrte mich Victor drohend an und preßte seinen Schläger an sich, als ob ich ihm sein Heiligtum entreißen wollte und damit das einzige, was er noch besaß.
Ob der hölzerne Schläger mit der Darmbespannung wirklich das einzige war, was Victor noch besaß, weiß ich nicht, ich zumindest ging ihm zu dieser Zeit endgültig verloren, indem ich den Konkurrenzkampf ein für allemal aufgab. Ich meine, das Inter-

esse, welches ich noch immer für ihn aufgebracht hatte, ging verloren, meine Hoffnung auf ein besseres Zusammenleben und schließlich die letzte Spur von »Wir«-Gefühl. Ich fühlte mich künftig absolut ungebunden, absolut alleinstehend, Victor betrachtete ich als eine Art Untermieter, der zwar versorgt wurde, dessen Tun und Lassen mich jedoch nichts mehr anging. Und wenn Rolfi mich zum Beispiel lächelnd ansah und mir mitteilte, auch am Neujahrstag hätte ich nicht mit meinem Mann zu rechnen, »weil wir dann den großen Volkslauf mitmachen«, und eine etwaige Silvesterfeier möchte ich bitte nicht zu früh legen, »denn dann beteiligen wir uns an dem Marathon, den die Stadt Essen veranstaltet«, konnte ich nur nachsichtig lächeln. Rolfi hatte mich immer mit jenen Augen angesehen, mit denen die junge Geliebte eines Mannes halb herablassend, halb mitleidig die schwindenden Reize der Ehefrau betrachtet, aber da er ja ständig wie besessen durch den Wald joggte oder den Schläger schwang, war ihm entgangen, daß mich sein Freizeitkalender, in den er meinen Mann mit schöner Regelmäßigkeit einplante, schon lange nicht mehr interessierte. Mag sein, daß es Paare gibt, die zusammenleben, ohne zusammen zu leben, für mich jedenfalls war es unmöglich.

Irgendwann im nächsten Frühjahr rief mich Soldi an und sagte: »Rate mal, was ich habe!«
»Einen Filmvertrag, eine Tasche von Dior, die Röteln, einen Rosenkavalier!«

»Falsch!« sagte sie. »Ich habe das Werk ›Streitorchester‹, Autorin Claudia Klein, erschienen im Jahre 77! Ich hoffe, daß dir klar ist, daß es sich um einen historischen Moment handelt!«
Ich wartete, bis Kathrinchen aus der Schule kam, und dann fuhren wir mit dem Wagen in die Stadt und stellten ihn einfach irgendwo im absoluten Halteverbot ab. Ich hatte heute keine Zeit, mich mit so lächerlichen Kleinigkeiten wie der Straßenverkehrsordnung abzugeben. Heute, einmal und für zehn Minuten, war ich eine wichtige Persönlichkeit, der Sonderrechte zustanden. Die Verkäuferin nahm ein Exemplar aus dem Regal, und wir schritten zur Kasse.
»Soll ich es als Geschenk verpacken?« fragte sie mich.
»Nein, danke«, sagte ich. »Ich brauche es für mich selbst!«
Im Auto wickelte ich mein Erstgeborenes aus seiner Verpackung, und Kathrinchen sagte: »Der Schutzumschlag gefällt mir überhaupt nicht, und den Titel finde ich saublöd!« Wir blätterten in den Seiten, und sie fügte hinzu: »Auf dem Foto hinten drin siehst du aber gar nicht so aus, wie du in echt aussiehst. In echt finde ich dich tausendmal schöner!«
Ob ich »in echt« tausendmal schöner bin als auf dem Foto, welches den Klappentext zierte, weiß ich nicht, aber daß das verliebt im Gras sitzende Pärchen vorne auf dem Schutzumschlag nicht die geringste Ähnlichkeit mit Victor und mir besaß, war

augenscheinlich. Ich erinnere mich nicht, daß wir jemals in dieser vollendeten Eintracht beieinander gewesen wären, und sah, daß dieses Traumpaar weit davon entfernt war, sich jemals zu streiten. Da das Buch zum größten Teil von unseren ehelichen Kämpfen handelte, empfand ich die Auswahl gerade dieses Umschlagbildes als äußerst irreführend. Ich kam mir so vor wie jemand, der eine Flasche mit dem Etikett »Himbeersaft« gekauft hat und dann feststellt, daß der Inhalt aus Schnaps besteht. Zu Hause setzte ich mich in den großen Ohrensessel, in dem ich, laut Victor, den größten Teil meines Lebens verbringe, und blätterte gedankenverloren in den Seiten. Hier und da fiel mir ein Satz auf, und ich erinnerte mich genau an die Stunde, in der ich diese oder jene Passage geschrieben hatte. Ich sah mich wieder nachts an der Schreibmaschine, in jenen glückseligen Stunden, in denen ich dem Junggesellenleben frönte, sah mich im Wartezimmer des Krankenhauses, sah mich morgens zwischen Frühstück und Mittagessen eilig am Küchentisch Platz nehmen. Eine warme Welle der Zufriedenheit erfaßte mich bei diesen Erinnerungen, nur, dies Buch in seinem kühlen glatten Umschlag, dies Buch mit dem fremden glücklichen Paar auf der Vorderseite hatte mit meinem Büchlein, meinem »Kampfspiel« nichts zu tun. Ich fühlte mich wie eine Mutter, die einen sehr geliebten und sehr vertrauten Sohn in die Fremde schickt und ihn Jahre später, bis an die Zähne in eine fremd wirkende Uniform verpackt, wiedertrifft. Wenn sie eine Mutter

ist, wie ich eine bin, so wird sie diese Uniform nicht mit den Zeichen des Stolzes betrachten, sondern eher nachdenklich und mit Tränen in den Augen und wehmütig an den alten, ausgeleierten Nicki denken, den ihr Fips immer im Bett trug. Mit den gleichen Gefühlen dachte ich nun an mein erwachsen gewordenes Romankind, dachte mit Wehmut an die Zeiten, in denen es noch klein war und mir gehörte, an seine Anfänge in dem alten Heft mit der Aufschrift »Klostermarktschule, zweites Schuljahr« und mit Kritzelmännchen und Fettflecken auf den Seiten. Das nun vor mir liegende Buch und ich jedoch hatten nicht mehr viel miteinander zu tun. Wir siezten uns sozusagen und waren auf distanzierte Weise höflich zueinander, und ich war fast versucht, die Augen zusammenzukneifen und scheltend zu sagen: »Sag, wo bist du gewesen, daß ich dich so wiedertreffe!«
Ich legte mein Werk schließlich in das Bücherregal, neben das Diplom von der Frauenfachschule und einen Stapel unbezahlter Rechnungen und beeilte mich, das Mittagessen auf den Tisch zu bringen. Es war halb zwölf, und mit jener tödlichen Regelmäßigkeit, mit der im Märchen das Blut an Blaubarts Händen erscheint, würde um Punkt zwölf, spätestens um fünf nach zwölf, Victor erscheinen, am Tisch Platz nehmen und ungeduldig mit dem Besteck spielen, bis ich endlich kam und die Schüsseln brachte.
Wir löffelten unsere Suppe, und Kathrinchen ließ sich begeistert aus: »Wie wir es denen aus der Sechs b im Völkerball gegeben haben! Sind für immer erle-

digt«, fügte sie hochzufrieden hinzu. Victor sagte, daß er morgen zum Brauereistammtisch ginge und ich »endlich« seine dunklen Socken sortieren soll. »Immer stopfst du sie einfach ineinander, ohne dir im geringsten Gedanken zu machen, daß manche breite und manche schmale Rippchen haben und daß noch lange nicht alle gleich schwarz sind. Aber so was ist dir ja alles schnurzegal«, fügte er hinzu. Nach dem Essen räumte ich den Tisch ab, und Victor legte sich auf das Sofa und faltete die Zeitung auseinander. Ich stellte ihm eine Tasse Kaffee auf den Couchtisch und sagte so beiläufig wie möglich: »Mein Buch ist übrigens heute erschienen. Möchtest du es einmal ansehen?«

»Jetzt nicht!« sagte Victor.

Fliehe in deine Einsamkeit...

Es ist ein gewaltiger Unterschied, ob man jemanden kennenlernt, der schreibt, schon immer geschrieben hat und es auch in Zukunft tun wird, oder ob man jemanden kennt, der Hausfrau ist oder Sattler oder Fahrradverkäufer, und der plötzlich die Leisten aus der Hand legt, um sich künftig dem Dichtertum zu widmen. Solange er seine diesbezüglichen Talente für private Zwecke einsetzt, indem er etwa Haus- und Familiendichter wird und in dieser Eigenschaft lustige Reime für Eddis Silberhochzeit oder ein sechzehnstrophiges Gedicht für die Werkszeitung verfaßt, die Kegelbrüder besingt und die gesamte Korrespondenz der Sippe übernimmt, wird man ihn loben und seine Gabe liebend erwähnen. Dieselben Leute jedoch, die dir einst die Schulter klopften, weil du ihr Gästebuch mit einem überaus witzigen Verschen bereichert hast, rücken im Falle einer größeren Veröffentlichung ab, als ob du die Pest hättest. Es ist so, als ob sie plötzlich um jedes Geheimnis bangen, welches sie dir irgendwann einmal anvertraut haben, und ernstlich befürchten, daß dein nächstes Buch von der Farbe ihrer Unterwäsche handelt. Du hast dich von der gemeinsamen Ebene wegbewegt, bist Beobachter geworden, hast dich distanziert, und künftig wird man nie mehr so recht wissen, ob du

nicht während der anregenden Plauderei über Mimis Schwangerschaftsabbruch heimlich die Schreibmaschine auf den Knien hältst.
Da ich nie zuvor ein Buch geschrieben hatte und auch niemanden kannte, der Schriftsteller war, wußte ich bei Erscheinen meines Erstlings nicht, welche Resonanz mich wohl erwartete. Ich selbst sprach überhaupt nie davon und wartete ab, was wohl geschehen würde, doch, obwohl es bald alle Verwandten und Bekannten wußten und sie, wie sich später herausstellen sollte, mein Buch sofort gelesen hatten, blieb die Resonanz aus.
Abgesehen von Soldi, die bald in beinahe jedem Buchgeschäft der Bundesrepublik wenigstens ein Exemplar gekauft oder doch wenigstens bestellt hatte, die jeden, aber auch jeden Menschen, der die Unvorsichtigkeit besaß, ihren Weg zu kreuzen, mit einem »Streitorchester« beglückte und sogar bei Kindern im Vorlesestadium, Blinden, Uralten und Homosexuellen (deren Interesse an Ehegeschichten gegebenerweise ziemlich gering ist) nicht haltmachte, hörte ich von meiner Umgebung kein Sterbenswörtchen.
Der gesamte Tennisclub beschloß einstimmig, gar nicht zu reagieren, und man hob statt dessen meine erfolgreiche Hauswirtschaftsausbildung hervor und beglückwünschte mich, als ich bei einer Tombola den ersten Preis (Flugreise nach München, hin und zurück) gewonnen hatte, mit einem Enthusiasmus, als ob es um die Verleihung des Nobelpreises ginge.

Auch meine angeheiratete Familie, die sonst auf jeden Flusen reagierte, der vielleicht auf den Teppichen lag, und Dinge, wie ein fehlendes Kragenknöpfchen, mehrmals erwähnte, verhielt sich mucksmäuschenstill, und der gute Victor selbst schien nicht die Absicht zu hegen, jemals auch nur einen einzigen Blick hineinzuwerfen.

»Möchtest du nicht ein bißchen in dem Buch lesen, welches ich über dich geschrieben habe?« fragte ich ihn Wochen später, an einem regnerischen Sonntagnachmittag. Victor, der wegen des schlechten Wetters schon den zweiten Sonntag hinter Schloß und Riegel verbrachte, gab sich mit sichtlicher Unruhe erfüllt der Langeweile hin. Der anhaltende Regen hinderte ihn daran, Tennis zu spielen oder doch wenigstens durch den Wald zu joggen, und die Stunden zwischen Mittagessen und Sportschau schlichen unerträglich quälend dahin. Victor fuhr fort, grämlich in den grauen Himmel zu starren und trommelte mit den Fingern gegen die Scheiben. Dann gähnte er herzzerreißend und lehnte die Stirn gegen die Fensterscheibe.

»Ich könnte dir auch ein bißchen daraus vorlesen«, sagte ich. Victor schwieg, und man hörte nichts als das Rauschen des Regens und das nervtötende Gesumme einer Fliege, die sich mit ebenso großer Inbrunst danach sehnte, hinaus zu können, und statt dessen dazu verurteilt war, den Sonntag in meiner nervtötenden Nähe zu verbringen.

Victor wandte sich schließlich zu mir um, nahm das

Buch, das auf dem Tisch lag, betrachtete sich intensiv den Schutzumschlag mit dem zärtlichen, im Gras sitzenden Paar, ließ die Buchseiten wie Skatkarten durch die Finger schnippen und stellte es in das Bücherregal. »Du weißt doch, ich lese keine Romane«, sagte er dann. »Einerlei, von wem sie handeln und wer sie geschrieben hat!«
Ich war glücklich, als einige Stunden später Werner anrief und Victor bat, er möge doch ins Clubhaus kommen, wo man sozusagen aus dem Nichts einen Wettkampf im Doppelkopfspielen arrangiert hatte. Werners Stimme klang mühsam beherrscht, und ich merkte ihm an, daß der Zwang, nunmehr schon zwei Sonntage hintereinander zu Hause verbringen zu müssen, seine Nerven über Gebühr strapaziert hatte. Victor sprang wie elektrisiert auf, als ich ihm die glückliche Nachricht brachte, und die Freude, die er ausstrahlte, war die Freude eines tiefdeprimierten Menschen, der plötzlich erfährt, daß sein Leben doch noch einen Sinn hat. Kurz darauf läutete das Telefon noch einmal, und es meldete sich eine weibliche Stimme, die sagte: »Entschuldigen Sie, daß ich Sie störe, aber obwohl wir uns nicht kennen, haben wir doch eine große Gemeinsamkeit. Ich habe heute ihr ›Streitorchester‹ gelesen, und stellen Sie sich vor, wir sind seit langem mit demselben Mann verheiratet. Und was das Tollste ist, auch meine Freundinnen und sogar meine eigene Mutter kennen ihn seit langem.«
Ich dachte an Werner, an Ferdi und all die Genossen

aus dem Tennisclub und sagte: »Ja, es gibt den Grundtyp in mehreren Ausführungen.«
»Sie haben ja offensichtlich ein Topmodell der Luxusklasse erwischt«, sagte die Dame und lachte. »Ich wollte Ihnen eigentlich nur herzlich danken für die schönen Stunden, die ich dank Ihres Buches heute hatte.« Ich sagte, es wäre gern geschehen, und dann plauderten wir noch eine Weile über die verschiedenen Varianten des Grundmodells und jene Ausführung, mit der sich ihre Mutter offensichtlich ein Leben lang herumplagte.

Wenn Sie jemals irgendeine Neuheit auf den Markt bringen wollen und einen Werbemanager brauchen, so wenden Sie sich getrost an Soldi. Sie machte die Verbreitung meines Werkes zu ihrem vornehmsten Anliegen, und das täglich und rund um die Uhr.
»Haben Sie schon Claudias neuestes Buch gelesen?« fragte sie jeden, der zufällig vorbeikam, und erschreckte die armen Kreaturen zu Tode, denn dieselben Leute hatte sie jahrelang mit der Frage: »Kennen Sie schon die neuesten Fotos meines Enkelkindes?« genervt. Sie trat bald in jenes Stadium, in dem ihr Entzücken so weit ging, Exemplare meines Buches in Zügen zu vergessen oder dem gequälten Reisegenossen, der nicht fliehen konnte, während der Fahrt daraus vorzulesen.
Die Begeisterung der solchermaßen Beglückten teilte sie mir dann am Telefon mit.
»Lotti hat dein Buch gelesen und ist hingerissen«,

hieß es zum Beispiel eines Morgens, als ich gerade dabei war, den Speicher aufzuräumen. »Lotti sagt, sie hätte Tränen gelacht und Tränen geweint, und sie wird es allen ihren ehemaligen Schulfreundinnen weiterempfehlen.« Lotti war die ehemalige Geliebte meines Großvaters Oscar, und da sie bereits zweiundneunzig Jahre alt war, hielt sich der Kreis ehemaliger Mitschülerinnen in Grenzen.

»Habe gestern Sascha dein Buch aufgezwungen, er wollte es erst nicht lesen, aber dann tat er es doch, weil er zwischen dem ersten und dem zweiten Auftritt drei Stunden lang nichts zu tun hat, was ich natürlich *wußte!*« verkündete sie einige Tage später. »Er war ganz hingerissen und sagte, jetzt hätte endlich einmal jemand klar und deutlich ausgedrückt, warum es für Männer besser ist, das mit dem Ehespiel zu lassen und gleich Zuhälter zu werden. Sascha las in der Kantine ein paar Stellen daraus vor und meinte, das würde genügen, daß alle zuhörenden Männer auf der Stelle homosexuell werden.«

»Dein Buch macht inzwischen im ganzen Theater die Runde, und man sagt, es schildere die beschissene Situation der verheirateten Frau auf geradezu geniale Weise, *die* Sensation seit ›Nora‹!« Mein Büchlein im harmlosen Blumenwiesenkleid war alles andere als eine Sensation, schon gar nicht »seit ›Nora‹!«, aber seine Autorin wünschte sich schon bald dahin, wo Ibsen schon seit vielen ruhevollen Jahren war, und zwar nachdem er seinen Ruhm gekostet hatte.

Denn am Ostersonntag, einem tadellosen blauen

Frühlingstag, an dem sich Victors familiärer Sinn so weit gesteigert hatte, daß er die erste Verabredung zum Tennisspielen erst auf elf Uhr gelegt hatte, so daß er »gemütlich« mit Frau und Kind frühstücken konnte, erschien eine Besprechung des »Streitorchesters« in der Zeitung.

Victor selbst hatte das Vergnügen, den Artikel zu finden, einen Artikel, den man in Fachkreisen einen totalen Verriß nennt.

»Ts, ts, das ›Streitorchester‹«, hub er an, und dann las er mir jedes Wort einzeln und mit Wonne in der Stimme vor. Die Besprechung, die von einem Herrn stammte, der sich P. G. nannte, gipfelte darin, daß die Autorin ein wenig gebildetes Frauenzimmer sei, das sich nicht schämt, mit beiden Händen in der Kiste der Klischees zu wühlen, um ein lächerliches, kleines Romänchen zu stricken, in dem vom tölpelhaften Ehemann bis hin zur widerlichen Schwiegermutter all jene Figuren auftauchen, die sich in anderen Romanen bereits zu Tode gestrampelt haben.

Victor faltete das Blatt mit Andacht zusammen, goß sich eine Tasse Kaffee ein und köpfte mit einem kleinen, harten Schlag sein Frühstücksei.

Im Geiste sah ich ihn stehenden Fußes zu P. G. eilen, sah, wie er P. G.s Füße küßte, seine Hände mit den Tränen der Dankbarkeit benetzte und schließlich sein weises Haupt mit Rosen umkränzte.

Victor erhob sich und klopfte mir väterlich die Schulter. »Wenn du mich fragst«, sagte er und lächelte fröhlich auf mein am Boden liegendes Selbstbewußtsein hinunter, »lieber 'n Tennismatch mit Anstand verlieren und hinterher 'n Bier unter echten Kameraden, als heimlich seine Ränke schmieden und dafür vor Millionen von Lesern ausgepfiffen werden. Vor Millionen!!« fügte er bekräftigend hinzu. Mir fiel auf, daß er einen seltenen Glanz in den Augen hatte und daß er zum erstenmal, seit ich ihn kannte, so richtig nett übertrieb.

Daß Millionen von Bundesdeutschen den Verriß gelesen hatten, glaube ich nicht, aber alle, die mich kannten, hatten ihn gelesen. Das Erstaunliche daran war, daß sie alle in derselben Sekunde, in der der Verriß erschien, mein Werk nicht nur kannten, sondern auch studiert hatten, und zwar mit genau denselben Augen wie P. G.

Victor verhielt sich auch künftig, wann immer das Gespräch auf das »Streitorchester« kam, so, als ob er die deutsche Sprache nicht verstehen würde oder aus gesundheitlichen Gründen, wie dem Zustand der Taubheit oder dem der Gehirnembolie, nicht imstande wäre, den Sinn des Gesprochenen aufzunehmen. Alle waren sich übrigens plötzlich darüber einig, daß ihre eigene Lebensgeschichte bei weitem mehr hergeben würde und sie längst arrivierte Autoren wären, wenn ihnen das Geschäft, der Haushalt, die Kinder, die Schwiegermutter oder die aufopfernde Tätigkeit als Jugendbetreuerin der Tennismannschaft nur die nötige Zeit dazu ließen. »Hab' dein Buch gelesen, ist ja ganz nett, aber wenn ich dir erzähle, was meinem Onkel Baldur auf seiner Asien-

reise passiert ist, wirst du bestimmt eine richtige Bestsellerautorin und kannst mich mit zehn Prozent beteiligen!« hieß es zum Beispiel.
Andere schilderten mir ihre witzigen Urlaubserlebnisse und boten mir an, dieselben unter ihrem Namen zu Papier zu bringen, oder sie wiesen auf die schlechte Presse hin und fügten tröstend hinzu, daß ich mir nichts daraus machen solle, denn auch Schillers Räuber wären einst verrissen worden, und ich solle doch bedenken, daß Schiller trotzdem ein relativ bekannter Dichter geworden sei, derweil jene »Buhrufer«, die ihn damals verhöhnt hätten, längst der Staub des Vergessens bedecke. Ich stellte mir P. G. unter dem Staub des Vergessens vor und lächelte.
Ich möchte an dieser Stelle bemerken, daß ich niemals, wirklich niemals auch nur eine Sekunde lang den Eindruck erwecken wollte, plötzlich eine Schriftstellerin zu sein, oder den Wunsch hatte, mit Selma Lagerlöf verglichen zu werden. Ich hatte, zwischen Spül- und Waschmaschine hin- und herpendelnd und ohne eigentlich so recht zu wissen, was ich tat (»typisch«, würde Victor an dieser Stelle bemerken), aus Spaß ein Buch über meine Erlebnisse als Jungehefrau zu Papier gebracht, so wie andere plötzlich damit anfangen, Schmetterlinge zu fangen oder Wachsmalerei zu betreiben. Und nun hoffte ich, daß mein Buch ein bißchen Spaß bringen würde und daß vielleicht sogar ein bißchen Geld ins Haus käme. Ich hatte nicht vor, von Stund an als ein anderes Ge-

schöpf aufzutreten, meinen Tagesablauf zu ändern, jemals wieder etwas zu Papier zu bringen oder von einer Karriere zu träumen.

Trotzdem waren meine nähere Umgebung, allen voran der gute Victor, eifrig bemüht, jeden Anflug etwaigen Größenwahns von vorneherein im Keim zu ersticken. Deshalb war ich sehr erstaunt, als ich auf Impas nächster Party mehrere mir unbekannte, nach der allerneuesten Mode gekleidete Personen entdeckte, welche offensichtlich zum ersten Mal in Impas Keller feierten, wie ihre registrierenden Blicke bewiesen.

Bei meinem Eintritt flüsterte Impa ihnen irgend etwas zu und führte mich dann zu ihnen, mich mit den Worten: »Das ist sie!« vorstellend. Damit überließ sie mich meinem Schicksal, und ich sah, wie sie mit dem Tablett in der Hand herumging und ihren schikken neuen Lurexanzug und ihr altbewährtes Partyplastiklächeln zur Schau stellte.

»Wir haben gehört, daß Sie Schriftstellerin sind!« sagte ein Mädchen im Indienlook und sah mich aus schwarzumränderten Augen an. »Wir wollten eigentlich gar nicht kommen, weil wir aus dem Düsseldorfer Club sind und mit Partys derart eingedeckt sind, daß wir gar nicht mehr zum Atmen kommen, aber als uns Impa erzählte, daß sie neuerdings in Schriftstellerkreisen verkehrt, dachten wir, daß es mal interessant wäre... was schreiben Sie denn so?«

Die neuen Gäste waren eine Spur teurer und eine Spur frecher gekleidet als die alteingesessenen Mül-

heimer Gäste, und ich bemerkte mit Befremden, wie sie ihren Kreis enger um mich herum zogen und daß ich hier offensichtlich als Partygeck fungierte, so wie es die Jazzband auf dem letzten Fest gewesen war und an Impas letztem Geburtstag die farbige Schöne aus den Tropen, die Impa eigentlich auf einer unserer Partys kennengelernt und dann, zusammen mit dem originellen Bierfäßchen, ausgeliehen hatte. Die Manie, den Gästen auf jeder Fete etwas Neues bieten zu müssen, war zuweilen überaus zeitraubend und anstrengend.
Diesmal war es ihr gelungen, aufgrund der »hochinteressanten Schriftstellerin« ein paar Leute »zu bekommen«, die sie unlängst während eines Freundschaftsspiels in Düsseldorf kennengelernt hatte und die den Weg in ihren Mülheimer Partykeller ansonsten sicher gescheut hätten. Es war etwa so, wie wenn ein Manager den Wert einer spießigen Veranstaltung dadurch hebt, daß er bei der Eröffnungsfeier seiner Supermarktladenkette Rex Roxi singen läßt, auch wenn er selbst Rex Roxi zum Erbrechen findet.
Im Laufe des Abends stellte ich fest, daß es tatsächlich zwei Lager gab: Zunächst das Lager der neuen Schickeria, die meinetwegen gekommen war. Die Leute teilten mir mit, daß sie es toll fänden, eine Schriftstellerin zu kennen, daß ihr eigenes aufregendes Leben an den Clubtheken Europas hundert Bände füllen würde, daß ihr Opa auch so toll schriebe und daß ich unbedingt zur Einweihung ihrer neuen Tennisplätze kommen sollte.

In der anderen Ecke standen die alten Freunde. Sie standen wie gewöhnlich dichtgedrängt hinter der Theke, wo sie mit glücklichem Gesichtsausdruck Bier zapften und mit ihren Spielerlebnissen prahlten. Sie verdeckten eine Pinnwand, welche an der Wand hinter der Theke angebracht war, und als ich mir ein neues Bier holte, entdeckte ich neben einer Karte aus New York und von einem ausgeschnittenen Tennisschläger halb verdeckt auch meine unrühmliche Presse mit roten Nädelchen säuberlich aufgespießt. Diese Nachricht war natürlich nur für die ohnehin Eingeweihten gedacht, wogegen sich die Neuen der Illusion hingeben sollten, hier auf Impas Party besondere Leute, sozusagen V. I. P. von Mülheim an der Ruhr, treffen zu können. Als ich nach etwa einer Stunde, welche ich im anregenden Gespräch bei meinen alten Genossen verbracht hatte, wieder zu meinen neuen »Fans« ging, hatte sich die Situation dort grundlegend verändert. Sie waren inzwischen sturzbetrunken und starrten mich mit glasigen Augen an. Ein Mensch im Edelgammellook kam auf mich zu und seufzte: »Wer, hig, war denn die Süße noch mal? Bin ich nicht deinetwegen hier, du dufte Type? Wer, zum Teufel, bist du... ach, du warst doch Wilhelm Busch, hm?«
»Du spinnst ja«, sagte ein anderer, der aussah, als wenn er gerade von einer amerikanischen Farm gekommen sei, »die Kleine hat doch 'n Buch über Tennis geschrieben...«
Ich zog es vor, mich zu verabschieden, und Impa be-

gleitete mich zur Tür und sagte: »Nimm das Ganze nicht so tragisch, du siehst ja, die Leute, die dein Buch und die Presse *nicht* gelesen haben, machen dir richtig den Hof! Wirst sehen, du wirst eine Menge schicker Einladungen bekommen, oh Mann, wie ich dich beneide.« Ich nickte und bedankte mich für ihr Engagement, und im Hintergrund hörte ich Victor und seine Kameraden, wie sie lautstark darüber debattierten, was denn nun schwerer sei, »'n vierstündigen knallharten Tenniskampf durchzustehen oder 'n Buch zu schreiben«! Ich kann die Frage nicht beantworten, weil mich niemals jemand dazu bringen wird, vier Stunden lang Tennis zu spielen, es sei denn, er bohrt mir den Lauf einer Pistole zwischen die Rippen, aber ich kann sagen, was, abgesehen von Tennisspielen und Bücherschreiben, noch schwer ist. Von heute auf morgen von der guten Claudine, »die hin und wieder mal den Ball trifft«, zu einer wichtigen Persönlichkeit aufzusteigen, um die sich sogar die Schickeria von Düsseldorf bemüht. Einen kleinen Vorteil hatte die Sache mit der Schriftstellerei aber dann doch. Ich durfte plötzlich überall mit meiner alten Rostkarre vorfahren, ohne daß sich die Villenbesitzer schämten, denn Armut gehört nun mal zum Image eines Poeten. Die Ebbe in der Kasse riecht bei einem kleinen Beamten oder einem Arbeiter immer so fies nach ungelüfteten Betten und nach Kohlrouladen, beim Dichter jedoch paßt sie ins Bild und hat das Flair gerade verwelkter Rosen.

Kathrinchen nahm die ganze Angelegenheit eher

sachlich. »Birgit und Tanja haben dein Buch gelesen«, teilte sie mir mit. »Und sie haben sich kaputtgelacht. Tanja sagt, Victor wäre genau wie ihr Vater!«

»Als ob ich ein Durchschnittstyp wäre«, bemerkte Victor aufgebracht.

»Weiß ich nicht«, sagte Kathrinchen. »Auf jeden Fall werden wir alle nie heiraten. Krieg' ich ein Rennrad, wenn das Geld von dem Buch kommt?«

»Wenn ich irgendwann einmal Geld kriegen sollte«, antwortete ich und betonte das Wort »sollte«, »und nach der Anschaffung von mindestens zwanzig Bleistiften noch etwas übrigbleibt, können wir darüber reden.«

»Die nette Frau an der Kasse von coop hat dein Buch auch gelesen, und sie sagt, am besten gefällt ihr dein Haarschnitt hinten auf dem Foto!«

»So!« sagte ich knapp.

Mein Blick streifte Victor, der in seinem Tennismagazin blätterte. »Gegen den Haarschnitt auf dem Foto habe ich auch nichts«, sagte er.

Soldi rief weiterhin täglich an, um mir von Leuten zu erzählen, deren trostloses Leben sich allein durch die Lektüre meines bezaubernden Buches schlagartig verändert hatte. Wenn man ihren Worten trauen durfte, so war es eigentlich mehr als verwunderlich, daß die Fabrikanten von Brautausstattungen ihre Produktion noch nicht eingestellt hatten.

»Was sagt denn deine angeheiratete Familie eigentlich zu deinem Erfolg?« fragte sie.

»Henriette war kürzlich hier, und sie bemerkte sofort die schlecht gebügelten Servietten und zweieinhalb Flusen an Victors Hose, aber das Buch bemerkte sie nicht, obwohl es mitten auf dem Tisch lag«, antwortete ich und lachte.
»Und Victor selbst?«
»Ach, Victor ist ein vielbeschäftigter Mann, der keine Zeit hat, sich mit dem Unfug seiner Frau zu beschäftigen. Außerdem ist er nach wie vor der Meinung, daß ich nur schreibe, um vor Langeweile nicht zu krepieren.«
Wir schwiegen eine kostspielige Fernsprechminute lang, und ich fügte hinzu: »Du weißt ja, Victor gehört zu jener verbreiteten Sorte Mann, die sich zu Silvester vornehmen, im kommenden Jahr mit maximal fünfhundert Wörtern auszukommen, und die sich schlichtweg weigern, für eine so läppische Sache wie die Geburt eines Kindes oder das Erstlingswerk ihrer Frau auch nur drei davon sinnlos zu verprassen.« Soldi schwieg noch immer, ich hörte das leise Surren in der Leitung und dann das Geräusch eines knipsenden Feuerzeuges.
»Du solltest dich von ihm trennen!« sagte sie schließlich. Ich lachte hell, so wie ich immer lachte, wenn jemand etwas ausspricht, was ich nur denke, und erwiderte: »Man soll immer zuerst nachsehen, ob man keinen Finger dazwischen hat, ehe man die Tür zuschlägt!«
»Ich würde den Finger opfern!« sagte Soldi.

Sieh nach den Sternen, gib acht auf die Gassen!

Als die erste Honorarabrechnung des »Streitorchesters« eingetroffen war, kaufte ich Geschenke für die Familie, einen Elektrogrill, ein Ersatzteil für die Waschmaschine, einen neuen Staubsauger und für mich ein gebrauchtes kleines Auto, von dem Victor behauptete, daß es mir in absehbarer Zeit »unter dem Hintern wegrosten« würde. Seine hämischen Bemerkungen taten meinem Stolz und meiner Freude keinen Abbruch, und anfangs schlich ich mich am Abend des öfteren zum Fenster, um nachzusehen, ob »mein Wagen« tatsächlich noch unter der Laterne stand oder ob ich alles bloß geträumt hatte.
Das eigene »Vermögen« und das eigene Auto machten mich sehr unabhängig. Ich konnte plötzlich spontanen Wünschen Folge leisten und etwa Soldi in Bonn besuchen, ohne eine wahre Himmelfahrt mit verschiedenen Verkehrsmitteln auf mich nehmen zu müssen. Ich konnte mich noch abends nach zehn mit Bele in der Stadt treffen. Ich konnte endlich einmal ruhig und entspannt auf befreundeten Sofas sitzen, ohne ständig auf die Uhr sehen zu müssen »weil gleich der letzte Bus fährt!« Ich bekam eine Ahnung davon, welch schönes Leben mein Victor seit Jahren führte, welch schönes, schönes Leben!

Leider sollte sich recht bald herausstellen, daß es dann doch etwas gab, was mich von Victor unterschied, und daß mein Bewegungsradius bedeutend kleiner blieb als der seine: Ich war zwar eine ganz gute Autofahrerin, jedoch unbemerkt in der Kunst des Kartenlesens und in der Kunst des »Sich-allein-Zurechtfindens« auf der Stufe einer Zehnjährigen stehengeblieben, weil ich einfach nie die Gelegenheit gehabt hatte, diese Kunst zu üben. Anfangs fiel mir dies nicht auf. Mein Autofahrerleben bestand aus genau ausgetüftelten Strecken, welche ich bald wie im Schlaf beherrschte und von denen ich niemals abwich. Wenn mich jedoch widrige Umstände, wie etwa eine aufgerissene Straße samt dazugehörigem Umleitungsschild, zwangen, von meiner Route abzuweichen, so verzagte ich sofort und fühlte mich augenblicklich wie »Hänsel und Gretel verirrten sich im Wald«, wobei ich mich dann gewöhnlich tatsächlich verirrte und mein vertrautes Parkhaus nicht wiedererkannte, bloß weil ich mich ihm von der entgegengesetzten Seite näherte. So mußte ich, als wirklich nette Freunde mich einluden, sie doch für ein Wochenende in ihrem Feriendomizil an der holländischen Küste zu besuchen, bedauernd die Schultern zucken. Holland lag außerhalb meines Programms, und ich war überzeugt davon, daß ich sie niemals finden würde und mich statt dessen allenfalls des Nachts die Polizei fände, wenn ich nämlich neben meinem kleinen, rostigen Auto im Straßengraben saß und vor mich hin heulte.

Hätte ich etwas zu sagen, so würde ich ein Gesetz erlassen, welches jeden Ehemann zwangsverpflichtet, seine Frau jährlich einmal allein verreisen zu lassen, schon damit sie die Fähigkeit, sich ganz allein ein Taxi herbeizuwinken, nicht ganz verliert und eine Hotelhalle nicht mit jenen furchterfüllten Augen betritt, wie im Märchen das Kind ein Hexenhaus.

Als ich heiratete, war ich gerade neunzehn Jahre alt, und mit meiner Reiseerfahrung war es nicht weit her, wenn man von einem Auslandsaufenthalt anläßlich eines Jugendaustausches und den Reisen, die ich mit den Eltern gemacht hatte, einmal absieht. Vom Hochzeitstag an reiste ich dann an der Seite meines Mannes, wobei »an der Seite« wörtlich zu nehmen ist: ich fiel in die kindliche Rolle zurück.

Victor steuerte den Wagen, und ich saß daneben.

Victor verhandelte mit dem Hotelportier, und ich stand daneben.

Victor lief, den Stadtplan in der Hand, in den fremden Städten herum, und ich trabte wie ein Hündchen neben ihm her.

Auf Reisen trug Victor die Koffer, die kleine Ledertasche mit Geld und Papieren und die gesamte Verantwortung für das Unternehmen, und wenn ich anfangs noch gedacht hatte, daß es doch einmal ganz nett wäre, Verantwortung und Devisen selbst zu tragen, so fand ich mich zunächst damit ab, und wenig später erschien es mir sogar außerordentlich praktisch, jemanden zu haben, der für alles sorgte, und selbst in die Rolle des Kindes zu schlüpfen, welches

sich mit rundäugigem Staunen die fremde Welt betrachtet, ohne so recht zu wissen, wie es eigentlich in diese fremde Welt gekommen war.
Der erste Moment der schlimmen Erkenntnis, wie weit es mit mir gekommen war, fiel auf einen Abend anläßlich einer Berlinreise, an dem ich Victor während eines feuchtfröhlichen Kneipenbummels aus den Augen verloren hatte. Ich sah mich plötzlich allein und ohne einen Pfennig Geld auf dem Kurfürstendamm stehen, ohne den geringsten Schimmer davon zu haben, wie das Hotel hieß, in dem wir seit drei Tagen wohnten, und in welchem Stadtteil es sich befand. Allenfalls hätte ich detailliert das Muster der Tapete in unserem Zimmer beschreiben können, die Aussicht aus dem Fenster und die nette Kellnerin, die uns morgens das Frühstück brachte. Es waren exakt die Hinweise, die man von einem Kleinkind bekommt, welches im Supermarkt seine Mutti verloren hat. Auf die Frage, wo es denn wohnt, antwortet das Kleinkind: »Bei uns zu Hause haben wir ein rotes Sofa und einen Kanarienvogel, der Max heißt!«
Ende August erhielt ich eine Ansichtskarte, die mir Jochen und Ira aus Südfrankreich geschickt hatten. Ich betrachtete das pittoreske Dörfchen, welches die Vorderseite zierte, mit wehmütigen Augen und beschwerte mich nachmittags bei Bele, daß ich mir seit Jahren eine Frankreichreise wünsche, die mir der gemeine Victor Jahr für Jahr versprochen hat, und daß der gemeine Victor stets andere Ausreden erfindet, um sein Versprechen nicht einlösen zu müssen.

Bele sah mich an und schwieg.
Schließlich sagte sie: »Du hast jetzt eigenes Geld und ein eigenes Auto. Ich sehe nicht den geringsten Grund, warum du nicht dein Geld, dein Auto, deine französischen Sprachkenntnisse und das bißchen Courage, das dazu gehört, nutzt und allein fährst!«
Ich starrte sie fassungslos an.
»Ich?« fragte ich. »Allein? Nach Frankreich?«
»Sieh mal«, sagte sie und legte mir den Arm um die Schulter, so wie ich den Arm um Kathrinchens Schulter gelegt hatte, als sie drei war und ich ihr vorschlug »jetzt mal Mamis großes Mädchen zu sein und im Dunklen einzuschlafen«. »Es ist doch eigentlich ganz einfach. Du mußt nur davon abkommen, daß andere Menschen dazu da – oder auch nur dazu imstande – sind, dir die Träume zu realisieren, die du im Kopf hast. Das können sie doch gar nicht, und wenn sie es versuchen, geht's meistens schief. Denke an Korsika«, fügte sie hinzu.
Ich dachte an Korsika und mußte ihr recht geben. »Leider ist es so«, sagte ich.
»Paß auf«, fuhr Bele fort. »Ich habe eine wunderbare Adresse von einer französischen Familie, die deutsche Gäste aufnimmt und an deren Tisch du bestimmt passen würdest. Ich war früher sehr oft da, und Marie-Thérèse, die Familienmutter, ist eine gute Freundin von mir geworden. Sie schreibt immer, warum ich nicht mehr käme, aber ich kann ja nicht, wegen der Kinder. Marie-Thérèse ist seit zwei Jahren verwitwet, und seitdem ist sie ganz be-

sonders interessiert, sich ein paar Mark dazuzuverdienen.«
Kaleidoskopartig zogen Bilder an meinem inneren Auge vorbei, die mir wohltaten. Ich sah mich in einem kleinen verplüschten Salon, im Kreise einer netten, plauderlustigen Familie, zu Tisch, im Bistro, weintrinkend, Käse anschneidend, eine Katze streichelnd, mit den Fingern schnippen und »oh, là, là!« sagend, in einem Theatercafé, auf einem bunten, lustigen Markt, auf einem bunten, lustigen Volksfest, in einem grauen, ausgestorbenen Dörfchen, mit efeubewachsenen Mauern und verblichenen Markisen über den Ladenfenstern ... Dann ging für Sekunden das Licht aus, der Film stoppte, und ich sah mich allein am Steuer, verzweifelt über eine unverständliche Autokarte gebeugt, verzweifelt neben dem defekten Auto am Straßenrand stehend, verzweifelt in einem Hotel, in dem man nicht verstehen will, daß ich nicht zahlen kann, weil ich mein Geld verloren habe, verzweifelt in einer Autoreparaturwerkstatt, in der mir ein baskenbemützter Monsieur freundlich lächelnd erklärt, daß der Motor kaputt ist und die Reparatur oder Neubeschaffung desselben fünf Tage dauert ...
»Du bist ja nicht bei Trost«, sagte ich. »Ich kann ja nicht einfach Kathrinchen allein lassen.«
»Kathrinchen übernehme ich«, sagte Bele.
»Warum das denn?« fragte ich erschreckt.
»Weil ich ein psychologisch geschultes Mädchen bin und will, daß dir klar wird, daß du nicht wegen hausfraulicher Pflichten hierbleibst, sondern weil du

Angst hast, und du hast Angst, wie jemand, der nach jahrelangem Gefängnis, das er nur überlebte, weil er unausgesetzt von der Freiheit träumte, schließlich mit Entsetzen dem Tag der Entlassung entgegensieht, und das nur aus dem einzigen Grunde, weil er glaubt, nicht mehr alleine Straßenbahn fahren zu können. Willst du ein Leben lang im Gefängnis sitzen, nur weil alles da so einfach ist und andere dir sogar das Denken abnehmen?«

Wir schwiegen, und Bele sah mich an und lächelte.

»Damit dir das klar wird, übernehme ich Kathrinchen«, sagte sie. »Und weil ich dich gern habe und finde, daß es schade um dich ist.«

Bele stand auf, fragte, ob sie einmal telefonieren dürfe, und sie rief Marie-Thérèse an. Sie sprach fließend französisch und küßte zum Schluß lachend in den Telefonhörer; ich sah sie an und dachte, daß es eigentlich schade um *sie* wäre.

»Sie erwartet dich«, sagte Bele, »und Marie-Thérèse sagt, sie macht zum Empfang Rebhühnchen mit Rosinensauce und daß sie ganz tolles Wetter haben und es sogar noch warm genug ist, um baden zu gehen. Es ist übrigens an der Atlantikküste in der Höhe von Bordeaux, aber das erkläre ich dir morgen, wenn ich dir die genaue Reiseroute bringe. Du brauchst keine Angst zu haben«, fügte sie hinzu. »Ich arbeite dir einen Plan aus, den sogar Träumerinnen wie du lesen können. Vergiß nicht, morgen zur Bank zu gehen.«

»Bitte?« fragte ich verwirrt.

»Vergiß nicht, morgen zur Bank zu gehen, du mußt doch Geld umtauschen.«

»Natürlich«, sagte ich.

»Oder soll ich das für dich machen?«

»Ist nicht nötig«, sagte ich.

»Man merkt dir an, daß du schon wesentlich länger verheiratet bist als ich«, sagte Bele. »Du bist so weit, daß du beim ersten Schritt ins normale Leben Bewährungshelfer brauchst.«

In der Nacht träumte ich von meinem ersten Aufenthalt in Frankreich. Ich war sechzehn und besuchte ein französisches Mädchen, mit dem ich Briefe ausgewechselt hatte. Zwei Tage war ich bei wildfremden Verwandten von ihr in Paris gewesen, und drei Wochen hatte ich anschließend in ihrer Familie gelebt, und keine Sekunde lang hatte ich Angst gehabt, und immer hatte ich seitdem von Frankreich geträumt.

»Du warst mit sechzehn selbständiger und mutiger als heute«, dachte ich, als ich aufwachte. »Wie ist das eigentlich gekommen?«

Da ich die Reise selbst finanzierte, für Kathrinchen gesorgt war und ich mich bereit erklärte, im voraus zu kochen und alles portionsweise einzufrieren, stand Victor meinem Plan, allein nach Frankreich zu fahren, nicht im Wege, wahrscheinlich weil er die wilde Hoffnung hegte, das Thema somit ein für allemal abhaken zu können, und weil ihn seinerseits wahrscheinlich ein köstliches Gefühl bei der Vorstellung bewegte, endlich einmal ungehindert mit dem Tenniskoffer den Flur zu passieren, ohne meine

Blicke oder mißgünstigen Bemerkungen im Rücken zu spüren.
Abends rief Bele an und fragte, ob ich das Geld umgetauscht hätte.
»Ja«, sagte ich. »Was mache ich, wenn ich unterwegs eine Panne habe?«
»Dasselbe, was du machst, wenn dir in Mülheim an der Ruhr ein Ziegelstein auf den Kopf fällt«, lachte sie. »Am besten ist, du kontrollierst in Zukunft erst alle Hausdächer, ehe du zum Einkaufen gehst.«
»Du bist verrückt«, sagte ich.
»Nein, *du*«, erwiderte sie. »Aber netter verrückt als ich, und deshalb möchte ich mir deine Freundschaft erhalten. Die Verrückten sterben nämlich aus, weißt du?«
Schon um zu beweisen, daß ich ebenso nett verrückt war, wie Bele von mir annahm (man wird ja so selten gelobt), brachte ich am nächsten Morgen den Wagen zur Inspektion.
Bereits am Samstag packte ich meine Koffer, am Sonntag färbte ich mir die Haare, am Montag war ich aufgeregt und telefonierte mehrmals mit Bele, in der Hoffnung, daß die gastliche Marie-Thérèse vielleicht inzwischen ausgewandert war oder Deutschenhaß entwickelt hatte, demzufolge sie mich nun doch nicht aufnehmen konnte, aber nichts geschah. Am Dienstagmorgen um fünf startete ich, bis an die Zähne bewaffnet mit Kartenmaterial und guten Tips.
In der Gegend von Aachen hatte sich der Knoten unterhalb der Gurgel gelöst, in Belgien war mir der Ge-

danke an eine mögliche Panne ebenso entschwunden wie zu Hause der Gedanke, daß mir ein Ziegelstein auf den Kopf fallen könnte, wenn ich eben mal zum Einkaufen ging.

Vor Paris sang ich leise vor mich hin und hörte französische Chansons im Radio, und auf dem Ring um Paris verpaßte ich die richtige Ausfahrt und verfuhr mich zweimal, aber das regte mich schon gar nicht mehr auf, und schließlich fand ich auch die richtige Fährte wieder und machte in dem ersten kleinen Dörfchen hinter Paris Rast.

Und da war es wieder. Mein so lange entbehrtes, so lange konserviertes, so lange verdrängtes Frankreichgefühl. Es ist dieses Gefühl von Leichtigkeit, von Sorglosigkeit, dieses Gefühl, welches Soldi mit »Luft unter den Flügeln« beschreibt. Dieses Gefühl, daß einem alles gelingt, und wenn nicht, es auch egal ist. Dieses Gefühl von »C'est si bon« und »bel ami« und angenehmer Tristesse, dieses Gefühl, daß hier sogar das Leiden leichter ist und es direkt Spaß machen muß, aus Liebeskummer zu sterben.

Und dann dieses unbeschreibliche Glück, dies alles allein zu erleben, nicht als Familienmutter, nicht als Ehefrau, sondern als selbständige Person, die, wenn sie Lust hat, stundenlang im Café sitzen und die Vorbeigehenden betrachten kann, anstatt auf irgendeinem Rastplatz der Autobahn den Picknickkoffer zu öffnen und die Familie mit gekochten Eiern und Kaffee aus der Thermosflasche zu versorgen. Meine erste Reise, die ich, seitdem ich verheiratet war, allein

unternahm, wurde zu einem Liebesabenteuer. Wirklich, ich bin in Frankreich verliebt. Für andere Staaten empfinde ich Respekt, Bewunderung vielleicht, aber für Frankreich empfinde ich Liebe. Sinnlose Jahre, so fand ich, als ich so dahinrollte, in denen ich in andere Richtungen dachte, in andere Richtungen reiste, fremde Länder, mit Neugier betreten, ohne Wehmut verlassen. Was aber entzückte mich hier so? Was erzeugte diese Hingabe, diese Sehnsucht, dieses körperlich spürbare Gefühl zu leben? Die grauen Fassaden? Die efeubewachsenen Mauern? Die verwilderten Gärten? Die rostigen, schmiedeeisernen Tore? Die erblindeten Spiegel über leeren Kaminen? Die trägen Katzen? Die wackligen Bistrotische? Die Liebe zum Detail? Das unvergleichliche Licht? Das traurige Chanson, das überall in der Luft zu liegen scheint und eigentlich nur drei Themen kennt: das Leben, die Liebe, den Tod?
Zum erstenmal seit ewigen Zeiten reiste ich so, wie ich wollte! Anfangs hatte ich noch Victors Stimme im Ohr, Victors Stimme, die mich auffordert, mich doch zu beeilen, die ungeduldig fragt, was, zum Teufel, es denn hier zu sehen gebe, wo es nichts gibt als diese grau-blaue Langeweile, die über jedem französischen Dorf liegt. Es gibt doch nichts zu sehen als diese krumme Straße, dieses lächerliche Denkmal auf dem Platz, mit den beiden Bänken und den traurigen verstaubten Blumenrabatten, diese Steinmauer, auf der sich eine fette, graue Katze mit gelben Augen sonnt. Ich aber könnte stehenbleiben und eine alte

Haustür ansehen, zu der drei ausgetretene Steinstufen emporführen, könnte stehen und überlegen, wer wohl dahinter wohnen mag, ich könnte auf den kleinen Kirchhof gehen und die Namen auf den eingesunkenen Gräbern lesen und eine wilde Heckenrose pflücken. Ich hatte ja Zeit, ich hatte ja Ruhe und niemand war mir auf den Fersen, der mir unverdrossen mitteilte, wie spät es schon wäre.

Ich kam spät in Blois an, aber da die Hauptreisezeit vorbei war, fand ich mühelos ein Zimmer. Das Schloß war angestrahlt, doch das Schloß interessierte mich nicht, sagte mir keinen Ton. Ich war noch nie besonders gut in Geschichte, und die ganzen Ludwige werfe ich sowieso immer durcheinander. Doch das tiefe, weinlaubumrankte Fenster mit dem schmiedeeisernen Gitter davor, der kleine intime Salon, in dem das Essen serviert wurde, das goldene Licht der untergehenden Sonne, das Stilleben aus Brot, Käse und Wein und der Geruch nach Knoblauch und Thymian entzückten mich. Der Kellner, der das Abendessen servierte, hieß Pierre und zu jedem Gang gab es ein Lächeln gratis. Er war fein und schwarz gekleidet, und an den Füßen trug er Pantoffeln. Der Wein machte mich leicht und sorglos und gleichzeitig angenehm schwer in den Gliedern, und es fiel mir auf einmal ganz leicht, mit der dicken Besitzerin französisch zu sprechen, und vor dem Einschlafen sah ich die Gärten von Renoirs Bildern und Picassos Malatelier.

Am nächsten Morgen schien die Sonne, noch warm, aber nicht stechend, so angenehm mild, wie nur Septembersonne ist. Ich fuhr auf der Loireuferstraße dahin und war meilenweit entfernt von meinem eigentlichen Leben und meinem eigentlichen Ich. Die Sonne fiel durch die Bäume und malte goldene Kringel auf die Straße, und die Ufermauer, auf der ich zu Mittag aß, war angenehm warm. »Komisch, wenn man sich selbst so zurückläßt«, dachte ich und sah einigen Boulespielern zu, die, die Zigarette im Mundwinkel, in ihr Spiel vertieft waren. »Man sollte sich öfter mal ganz einfach verlassen.«
Es war die letzte Stunde für lange Zeit, in der ich so einig mit mir und der Welt, so ausgesöhnt mit dem Leben war, so ergriffen von einer wunderbaren Zeitlosigkeit, so wunschlos und gleichzeitig so glücklich.
Denn nach dieser Reise kamen der Katzenjammer, die Sehnsucht, die Trauer, kam jener Zustand, den mein Großvater Oskar einmal so beschrieben hat: »Da hast du nun ein paar unsagbar schöne Augenblicke erlebt, und dann kannst du dich den Rest deines Lebens mit der schmerzenden Sehnsucht herumschleppen.« Denn so wie andere Schmetterlinge sammeln oder Bierdeckel oder Aktien oder Kunstwerke, so sammelte ich immer schon gern Augenblicke, Augenblicke, die ich in der Erinnerung speicherte, um sie zu gegebener Zeit hervorzuholen und nachzuerleben, Augenblicke für Notzeiten. Die Augenblicke dieser Reise sammelte ich unter »M«, so

wie »Musik, Meer, Marie-Thérèse, Marcel, Muscheln und Melancholie«.
Marie-Thérèse war sechzig Jahre alt, aber was Beweglichkeit und Munterkeit anbetraf, so konnte sie es mühelos mit ihren sechsjährigen Enkeln aufnehmen. Sie bewohnte ein kleines weißgestrichenes Häuschen in den Kiefernwäldern, zwanzig Kilometer vom Meer entfernt, und obwohl das Häuschen nur aus Küche, Salon und zwei Schlafzimmern bestand, brachte sie es mühelos fertig, ihren Sohn Jacques, dessen Frau Joëlle, die beiden Enkelkinder, mich, sich und den vierundzwanzigjährigen Neffen Marcel unterzubringen, der aus Paris gekommen war, um einige Urlaubstage bei ihr zu verbringen. Sie brachte das Kunststück fertig, ihr Haus zu erweitern, bei Bedarf so stark zu erweitern, daß am Wochenende sogar noch die angereiste Verwandtschaft aus Bordeaux ein Plätzchen fand, ein Plätzchen an der großen Tafel unter den Obstbäumen im Garten und ein Plätzchen zum Schlafen. Schon am zweiten Tag hatten wir unsere familiären Bande so eng geknüpft, und hatte sie mich so oft geküßt und ihren Freunden vorgestellt, daß ich gar nichts mehr dabei fand, als Tochter angesehen zu werden und die beiden Enkelkinder abends in meinem Bett vorzufinden.
Ich bewohnte mit den Enkeln das eine Schlafzimmer und Jacques und Joëlle das andere, während Marie-Thérèse auf dem kleinen Sofa im Salon schlief und Marcel zwischen Weinregal und Tiefkühltruhe in der Garage.

In den ersten beiden Tagen fühlte ich mich noch wie ein gottverdammter Tourist, was heißt, daß ich mich wie eine Idiotin benahm und mit Ölflasche und Frotteetuch bewaffnet an den Strand fuhr, obwohl Feiertag war und das ganze Haus verführerisch nach Lammkeule roch. Danach integrierte mich Marie-Thérèse nach und nach in das Familienleben, besonders, als sie anfing, auf dem Markt zu arbeiten, und mir die Küche übertrug, denn der Ausklang des arbeitsreichen Tages wurde natürlich mit einem Festmahl gefeiert, und das drei Stunden lang und jeden Tag. Schon nach kurzer Zeit fühlte ich mich so absolut zugehörig, so absolut als Teil dieser Sippe, daß ich mich mit dem Netz bewaffnet in das seichte Wasser stellte, um Krebse zu fangen, lautstark über die gestiegenen Austernpreise lamentierte, ohne mit der Wimper zu zucken ein Kaninchen häutete und total vergessen hatte, daß es so etwas wie Strand, Ansichtskarten, Boutiquen und Sonnenbrand überhaupt gab. Und so etwas wie einen Abreisetermin. Ich vergaß meine Familie, ich vergaß Mülheim an der Ruhr, ich vergaß, ich muß es gestehen, alle dort auf mich wartenden Pflichten, und dachte ich einmal in diese Richtung, so war es mir, als ob unser Mülheimer Haus, alle Freunde und Verwandten und alles, was mein dortiges Leben ausmachte, in einem grauen Nebel schwebte und gerade noch zu erkennen wäre. Erinnerte ich mich später von Mülheim aus an Andernos, so war mir, als ob ich durch einen langen, schwarzen Tunnel blickte, und ganz am Ende des

Tunnels sah man eine gerundete Öffnung, und hinter der Öffnung gab es unermeßlich viel Sonne und Licht.
Ich blieb schließlich drei Wochen lang, die zu den schönsten in meinem Leben gehörten, und obwohl ich gern Briefe schreibe, schrieb ich in der ganzen Zeit nur zwei Ansichtskarten, eine an Bele und eine an Soldi, aber einen ganz bestimmten Brief an Victor schrieb ich nicht, nämlich jenen Brief, den ich hätte schreiben müssen, wenn ich ehrlich gewesen wäre.

Andernos im September

Lieber Victor!
Nachdem wir ja früher zuweilen über Glück sprachen und immer an derselben Stelle steckenblieben, nämlich bei der Frage, was das denn eigentlich sei: Glück?, kann ich Dir heute mitteilen, daß ich es nunmehr zu wissen glaube. Obwohl es immer schwer sein wird, Glück zu erklären, so laß es mich wenigstens versuchen: Da sind zum Beispiel zwei tropfnasse Kinderbadeanzüge mit blauen Tupfen, die über einem niedrigen, weißgestrichenen Gitter hängen, Geranien, vor weit geöffneten Fenstern, ein in der Mittagshitze vor sich hindämmernder Salon, Geruch von Knoblauch und Thymian, ein Sonnenhut, achtlos im Gras vergessen. Da sind Nachmittage ohne Wolke, ohne Brise, Stunden, in denen die Zeit den Atem anhält, in denen die wurmstichigen Fensterläden geschlossen werden und die Rosen am Gitter vor sich hinträumen. Ein Abend, der alles ver-

stummen läßt, der sogar die Vögel stumm macht. Eine silberne Mondsichel, die schief in den Ästen der Kiefern hängt. Drei Muscheln in der Hand, die die Form von Blütenblättern haben, durchsichtig rosa, weiß, mit Perlmuttglanz. Zwei weitere, die wie kleine gedrehte Hörner aussehen. Da sind die geheimnisbewahrenden Augen eines jungen Mannes, der Marcel heißt, obwohl er auch jeden anderen Namen haben könnte, sofern er sich nur zärtlich aussprechen läßt. Die sehnsüchtigen Blicke eines Jungen, der auf intelligente Art und Weise schweigen kann, der den lässigen Haarschnitt der Gleichgültigen hat und in gleichem Maße bittet, wie er von vorneherein zum Verzicht bereit ist. Dieser Junge ist kühl und heißblütig, entgegenkommend und zurückhaltend, ein versponnener Realist, ein geselliger Einzelgänger, dieser Junge ist offen und unergründlich, schlagfertig und erstaunlich leicht verletzbar, und er ist neugierig auf alles, auf das Leben und auf seine Zukunft. Er betrachtet voll zärtlicher Verwunderung die blonde Ausländerin, die da so unvermutet aufgetaucht und in seine Gegenwart gefallen ist, so wie ein Stein in einen Teich fällt, und die mit seiner Zukunft nichts zu tun haben wird, eine Vision, eine Randerscheinung, eine Sehnsucht jenseits der eigenen Straße. Wenn ihm das klar wird, neigt er dazu, ganz plötzlich zu verschwinden, hinterläßt eine Lücke am Tisch, hinterläßt ein ziehendes Sehnen, um dann ganz unvermutet wieder aufzutauchen und seinen Platz einzunehmen an der langgestreckten

Tafel unter den Obstbäumen, meinem Lächeln gegenüber. Er bringt vielleicht eine Farbskizze mit, die aussieht, als ob der Regen selber sie gemalt hätte, ein paar Vogelfedern, eine blaue Glasmurmel. Er legt schweigend einen kühlen glatten Stein in meine Hand, der die Form eines verwehten Herzens hat. Dann wendet er sich ab und geht weg, scheinbar gleichgültig, pfeifend, die Hände in den Taschen. Und ich sehe ihm nach und habe plötzlich das Gefühl, gleichzeitig sieben und siebzig Jahre alt zu sein und naiv und weise und jung und uralt. Wir kochen täglich für die ganze Familie, stehen barfuß auf den roten Fliesen, mit denen die Küche ausgelegt ist, stehen Seite an Seite, ohne uns zu berühren, nur manchmal treffen sich beim Anreichen der Schüsseln zwei Fingerspitzen und das gleiche Lächeln. Und dann sehe ich wieder diese Fragezeichen in seinen Blicken und diese Verzichtsbereitschaft und die Hoffnung.
Und wahrscheinlich weil er all das hat, was Du nicht hast, verliebte ich mich in ihn.

Statt dessen riß ich eine Seite aus Marie-Thérèse' Briefblock und schrieb:

»Lieber Victor!
Sei bitte nicht böse, daß ich nicht eher dazu gekommen bin, Dir zu schreiben. Die Reise verlief bis jetzt sehr gut, der Wagen machte keinerlei Schwierigkeiten, und ich bin froh, bis Andernos gekommen zu

sein, ohne eine Panne gehabt zu haben. Hoffentlich verläuft die Rückfahrt ebenso problemlos. Die Familie, bei der ich untergebracht bin, ist sehr freundlich. Das Essen ganz ausgezeichnet. Die Sonne scheint Tag für Tag, und nachmittags ist es manchmal so heiß wie im Hochsommer. Außer der Hausherrin sind noch deren Sohn mit Frau und Kindern und ein Neffe aus Paris hier.
So ist es nie langweilig. Ich freue mich, Euch bald wiederzusehen, bis dann,

Eure...

P. S. Bitte vergiß nicht, die Blumen zu gießen.«

Ich weiß eigentlich gar nicht, was wir den ganzen Tag über taten. Die Stunden schmolzen dahin, ohne daß es mir bewußt wurde, und wenn ich später daran dachte, so sah ich immer dieses Stilleben aus Kräutern, Zwiebeln, Melonen und Brot in der tiefen Fensterbank und dahinter die unendliche Bläue des Himmels. Zum Abschied küßte ich Marie-Thérèse und weinte, und Joëlle küßte mich und weinte, und die Kinder hingen an meinem Arm und meinten, ich solle bald wiederkommen. Jacques erbat sich den Wagenschlüssel und belud mir den Kofferraum mit Wein und einer Kiste Tomaten. Marcel stand im Hintergrund und betrachtete sich unsere Abschiedszerenomie. Dann küßte er mich wie zufällig und wie nebenbei auf die Schulter. Das war so seine Art, »adieu« zu sagen. Er trug mein Gepäck bis zum Auto

und sah mich durch das Wagenfenster hindurch noch ein letztes Mal zärtlich-amüsiert an.
»Ach, chérie, ist dieses Leben nicht herrlich? Ich hoffe, es hört bald auf.« Und ich dachte: »Lieber Gott, laß mich niemals diese Stimme und dieses Lächeln vergessen.« Ich lachte, er lachte auch.
Was soll man sonst tun, wenn die Familie im Kreis steht und der Abschied unvermeidlich ist?

Den Rückweg fand das Auto sozusagen von allein. Ich brauchte die Karten nicht einmal anzusehen. In Orleans nahm ich eine Studentin aus Köln mit, die Gigi hieß, als Hippie verkleidet war, mich sofort duzte und sagte, daß sie nur in Frankreich ihre Identität fände. Sie erzählte mir, daß sie aus der Haschszene sei, kürzlich Wohnung und Arbeit verloren hätte und eine Frauengruppe gründen wollte. Sie fragte mich, ob ich nicht zu ihr ziehen möchte. Ich dachte, offenbar hat sich deine Ausstrahlung so total verändert, daß Gigi nicht merkt, daß sie es mit einer biederen Hausfrau zu tun hat, die normalerweise Mann und Kind versorgt. Wir rollten dahin, Gigi plapperte vom alternativen Leben und mich schmerzten bereits die Erinnerungen. Schließlich erreichten wir die Grenze. Eingeklemmt zwischen einem Opel aus K und einem Mercedes aus D fuhren wir langsam an das Kontrollhäuschen heran. Gigi verstummte plötzlich und sagte: »Hörst du überhaupt zu? Was denkst du?«
»Nichts von Bedeutung«, sagte ich.

Der Zollbeamte winkte uns mit einer ungeduldigen Handbewegung über die Grenze, meine kostbaren Erinnerungen und der Wein im Kofferraum konnten zollfrei passieren, Gigi steckte unsere Pässe weg, und ich legte den zweiten Gang ein.
Ich war nicht mehr in Frankreich...

Der Herbst, der dieser Reise folgte, bestand aus einer Million tödlich grauer Stunden. Mein Leben ging weiter, doch mein Leben interessierte mich nicht mehr. Immer, wenn ich die Augen schloß, sah ich ein ganz bestimmtes Blau, ein ganz bestimmtes Stillleben, fühlte ich die Sonnenwärme auf meinem Gesicht und die Kühle der Küchenfliesen unter meinen Füßen. Dann sah ich wieder die Blicke mit den Fragezeichen und hörte jene Stimme, die die Worte schmelzen ließ, so daß jeder Satz zur Liebeserklärung gelang.
Manchmal kochte ich Gerichte mit viel Knoblauch und viel Thymian, weil der aufsteigende Geruch eine ganz bestimmte Illusion vermittelte, manchmal las ich in französischen Gedichten oder hörte stundenlang Chansons. Manchmal griff ich zum Telefon und wählte eine lange Nummer, auf die zunächst einmal eine lange Stille folgte, welche dann von einem munteren, raschen, hellen Ticken abgelöst wurde, das scheinbar direkt in Marie-Thérèse' Küche hüpfte.
Dann riß sich die Familie lachend gegenseitig den Hörer aus der Hand, und ich durfte für Minuten an ihrem prallen, lebendigen Familienleben teilhaben.

»Wir haben gerade zweihundert Flaschen Rotwein geliefert bekommen«, rief Jacques, »und jetzt haben wir keinen Platz mehr für die Apfelkiste und den Calvados!«

Joëlle riß ihm den Hörer aus der Hand und rief: »Heute abend kommt Pierre mit der ganzen Familie, und wir machen Kuskus mit sechs verschiedenen Fleisch- und Gemüsesorten, und hinterher gibt's den phantastischen Butterkäse, den Henri aus der Provence mitgebracht hat. Ach, schade, daß du nicht hier bist!«

Ja, schade, daß ich nicht dort war!

Alle schrien und lachten durcheinander und zum Schluß bekam ich viele telefonische Küßchen und den Rat, doch »mal eben rüberzukommen«, man würde auch mit dem Kuskus auf mich warten.

Ich legte den Hörer nachdenklich auf die Gabel und stellte mir vor, wie sie jetzt alle gemeinsam in der kleinen Küche herumwirtschafteten und mein Anruf Anlaß endloser Gespräche war. Und dann wurde mir bewußt, wie tödlich einsam der familiäre Posten geworden war, den ich noch immer trotzig und allein zu halten versuchte.

»Mein Gott«, sagte ich zu Bele, als Weihnachten lange vorbei war und Ostern bereits näher rückte und ich immer noch nicht imstande war, einen dämlichen französischen Schlager zu hören, ohne daß mir die Sehnsucht die Kehle hinaufstieg. »Wie kann es denn sein, daß man sich dermaßen in ein fremdes

Land und in eine andere Familie hineinsehnt. Wann endlich läßt dieser viereckige Zementklotz nach, der sich unterhalb der Kehle eingenistet hat, und wann verschwindet diese verfluchte Sehnsucht?«
»Oh, là, là!« sagte Bele. »Das ist schwer zu sagen. Es kommt auf die Person an und auf die Situation, in der sie lebt!«

In der kommenden Zeit hatte ich Gelegenheit festzustellen, daß die Situation, in der *ich* lebte, dem Schmelzen von Zementklötzen und dem Schwinden von Sehnsucht nicht zuträglich war. In Gedanken befand ich mich ständig »weit weg« und war zu Hause eigentlich nur noch körperlich anwesend, was sich dahingehend auswirkte, daß ich mich ungewöhnlich still verhielt. Victor wertete die ganze Situation völlig falsch, denn ich hörte ihn zu Henriette sagen: »Seitdem sie in Frankreich war, ist meine liebe Frau ungewöhnlich ruhig und zufrieden, so daß ich direkt froh bin, daß ich sie hingeschickt habe. Da hatte sie nämlich mal Gelegenheit, zu sehen, wie schwer es die Frauen in anderen Ländern haben und wie gut es ihr selbst dagegen geht.«
Bele warf mir zuweilen prüfende Blicke zu, und nachdem ein weiteres Jahr vergangen war, ohne daß sich an meinem Zustand das geringste geändert hatte, sagte sie eines Abends zu mir: »Es bleibt einem wohl gar nichts anderes übrig, als ein neues Leben zu beginnen, wenn das alte zum Zerreißen abgenützt ist.«

»Ja«, antwortete ich. »Der Zustand, in dem ich mich befinde, verleitet auch mit der Zeit dazu, der Realität zu entfliehen und ständig in seiner Traumwelt zu leben, die man eines Tages gar nicht mehr verlassen will!«
Bele sah mich an und lächelte. Schließlich sagte sie: »Man kann doch versuchen, beides miteinander zu verbinden. Den Kopf in den Wolken, aber beide Füße auf der Erde, oder mit Raabe: Sieh nach den Sternen, gib acht auf die Gassen!«
Ich dachte, daß ich ohne den Blick zu den Sternen die Gassen wohl nicht länger ertragen hatte.

Das kann doch nicht alles gewesen sein,
das bißchen Sonntag und Kinderschrein,
das muß doch noch irgendwo hingehn...
Ich will noch bißchen was Blaues sehn
und will noch paar eckige Runden drehn,
ja und dann erst den Löffel abgeben – eben.
Da muß doch noch Leben ins Leben...

Wolf Biermann

Wer sich umdreht...

Kurz nach Kathrinchens achtzehntem Geburtstag zog ich aus. Ich wollte ihr die anstrengende Aufgabe ersparen, ewig »Mamas kleinen Liebling« spielen zu müssen, um Mama das fadenscheinige Alibi für jenes gelähmte Ausharren zu liefern, in dem sich so viele Mamas häuslich einrichten.

Mein Auszug war eine undramatische Handlung. Es gab keine Aufregung, keine Szenen, kein hastiges Kofferzuschlagen, kein Türenknallen, keine tränenreichen »letzten Aussprachen«, keine nervösen Telefonate, keine zerfetzten Taschentücher, kein verzweifeltes »noch mal zurückschauen« und keine Verabschiedung.

Ich hinterließ einige unmodern gewordene Kleider in dem Schrank auf dem Speicher und einhundertelf weiße Flecke an den Wänden, an denen vorher meine Bilder gehangen hatten. Und sonst, glaube ich, hinterließ ich wohl keine Spuren. Für Victor war es ein Tag wie jeder andere. Er kam pünktlich um zwölf zur Mittagspause und hielt um sechzehn Uhr dreißig eine Verabredung zum Tennisspielen ein.

Ich brach sämtliche Brücken hinter mir ab und zog in eine Stadt, die fünfhundert Kilometer weit von jenem Ort entfernt lag, an dem sich mein Ehe- und Familienleben abgespielt hatte.

Dieser Abschnitt war zu Ende. Wie ein Roman, den man gelesen hat und bei dessen letzter Seite man sich denkt: »Nun gut, die Fortsetzung interessiert nicht mehr.«

Was bleibt von zwanzig Jahren in der Erinnerung?

Der Tag, an dem mir mein frischgebackener Ehemann den Arm um die Schulter legte und auf meine Anregung hin, alles zu tun, um eine glückliche Zukunft aufzubauen, lächelnd sagte: »Du mußt dich eben sehr anstrengen!«

Der Tag, an dem er mich ansah und sagte: »Ich weiß nicht, früher warst du richtig hübsch!«

Der Tag, an dem mir Kathrinchen einen toten Marienkäfer brachte und zuversichtlich sagte: »Mach, daß er wieder fliegt!«

Der Tag, an dem Victor ungeduldig fragte, wo, zum Teufel, denn »meine« Küchenmesser liegen und somit eindeutig unsere Rollen verteilt hatte. Der Tag, an dem mir Kathrinchen das Versprechen abnahm, sie ganz, ganz fest an der Hand zu halten, ehe wir uns dem Löwenkäfig näherten, und der Tag, an dem sie mir unmißverständlich mitteilte, junge Damen von sechs Jahren wüßten allein, ob sie mit oder ohne Mantel zur Schule gehen.

Der Tag, an dem Victor längere Zeit sehr angeregt telefonierte und auf meine Frage, wer denn da angerufen hätte, kurz und knapp antwortete: »Kennst du nicht!«

Der Tag, an dem ich folgenden Zettel auf der Treppe fand:

Lieber Nikkelaus, dies sind alle Schue von meiner Mutter und alle Schue von meinem Vater und alle Schue, die ich selbs besitze. Wenn du noch mer Geschenke hast, dann lege sie ruhig daneben.

Hochachtungsfoll, Kathrinchen.

Der Tag, an dem ich dachte, daß sich doch eigentlich alles lohnt, und der Tag, an dem ich dachte, daß es sich zwar lohnt, aber wie lange noch? Der Tag, an dem mir Victor zum ersten Mal mitteilte, er hätte es nicht nötig, mir über jeden Schritt, den er täte, Rechenschaft abzulegen. Der Tag, an dem Kathrinchen »Ich liebe dich« in mein Kochbuch schrieb, genau neben das Rezept von den Paprikaschoten in Pfeffersauce.
Und der Tag, an dem mir zum ersten Mal dämmerte, daß kleine Kinder dazu neigen, große Kinder zu werden, und man dies nicht verhindern kann.
Der Tag, an dem mir Soldi vorschlug, die Tür hinter mir zuzuschlagen und etwaige eingeklemmte Finger großzügig zu opfern. Der Tag, an dem Bele meinte, daß einem einfach nichts anderes übrigbleibt, als ein neues Leben anzufangen, wenn das alte abgenützt ist.
Dies sind so Bilder, die mir spontan einfallen, alles andere war wohl nur tausendfache Wiederholung.

Am Abend vor meinem Auszug traf ich mich noch einmal mit Bele. Wir saßen uns in dem kleinen Bistro, in dem wir uns so oft getroffen hatten, gegenüber. Zum ersten Mal war unsere Unterhaltung jedoch nicht so lebhaft wie sonst.

Wir waren schweigsam und nachdenklich und sahen uns an wie Freunde, die sich zu gut kennen, als daß sie noch unbedingt etwas zu sagen hätten, ehe der Zug abfährt.
»Ich glaube, daß du es richtig machst«, sagte Bele schließlich. »Und daß es keinen Zweck gehabt hätte, noch länger zu warten. Es gibt wohl nur wenige Augenblicke im Leben«, fügte sie hinzu, »in denen man den Absprung wagen kann. Wenn der einzig richtige Moment verpaßt ist, kann es vielleicht für immer zu spät sein.«
Wir schwiegen, dann sagte sie: »Meine Stunde ist noch nicht gekommen, aber ich passe auf!«
»Ja«, sagte ich. »Ich werde dich regelmäßig vom Fortlauf der Dinge unterrichten! Es wird ja alles wohl nicht ganz leicht werden.«
»Du wirst es aber schaffen«, sagte sie. »Weil du nicht bei der ersten Schwierigkeit zurückschrecken und den Blick heimwärts richten wirst, so daß dir angesichts der neuen Probleme dein früheres Leben plötzlich im falschen rosa Licht erscheint.«
»Oh, das ganz sicher nicht«, erwiderte ich. »Ich würde gar nicht wagen, mich umzudrehen und den Blick heimwärts zu richten, aus Angst, zur Salzsäule zu erstarren.«
Bele blickte mich an, und dann lächelte sie.
»Die meisten Frauen würden wohl zur Salzsäule erstarren, wenn sie sich umdrehten«, sagte sie. »Aber sie ahnen, was ihnen blüht, und deshalb tun sie es nicht!«

Knaur®

Der Drohbrief
Ein Traum scheint für Julia Wirklichkeit zu werden. Nach drei Jahren der Trennung hält endlich der Schafzüchter Paul um ihre Hand an. Doch auf seiner Farm leben merkwürdige Menschen. Ein anonymer Drohbrief macht Julia mißtrauisch... 192 S. [1445]

Die entführte Braut
Kriminalfall oder Liebesgeschichte? Man liest diese atemberaubende Geschichte in einem Zuge. 160 S. [1004]

Ein Clan von Bedeutung
»Bei weitem der beste Roman, den Dorothy Eden je geschrieben hat...«
(Publishers Weekly)
320 S. [1192]

Die seltsame Hochzeit
Als die 26jährige Luise einen reifen Witwer heiratet, ist die Welt noch in Ordnung. Doch bald kann sich niemand mehr an die Hochzeit erinnern... 160 S. [1050]

Heißer Mittag
Ella Simpson ist fasziniert von einem verfallenen Haus, das sie auf einem Spaziergang entdeckt. Ein Schrei und Stimmen deuten auf geheimnisvolle Vorgänge hin, in die – wie sie feststellt – offensichtlich auch ihr Mann verwikkelt sein muß... 224 S. [1444]

Die Spur führt durch die Wälder
Willa Bedford, Sekretärin der britischen Botschaft, ist verschwunden. Grace, ihre Cousine, macht sich auf die Suche nach Willa. Eine Spur führt in die unendlichen Wälder Nordschwedens... 208 S. [1161]

Yarrabee
Zu Beginn des 19. Jahrhunderts ist Australien ein noch unberührtes Land. Dorthin holt sich der reiche englische Weinbauer Gilbert die zarte Eugenia als Herrin auf sein Gut »Yarrabee«... 320 S. [1294]

Sing mir das Lied noch einmal
Die reiche Beatrice hat nur einen Traum: das Geschäft ihres Vaters groß und berühmt zu machen. Sie verliebt sich in den charmanten Habenichts William und heiratet ihn. Dies hält Beatrice jedoch nicht davon ab, eine der erfolgreichsten Frauen Londons zu werden... 352 S. [1443]

Dorothy Eden

Knaur

Der Schloßherr
Eine Geschichte voller Intrigen, Verdächtigungen, Liebe und Eifersucht.
192 S. [776]

Die Lady und der Dämon
Kate, Tochter eines Miniaturmalers, hat das Talent des Vaters geerbt und feiert künstlerische Erfolge. Als ihr Förderer, ein französischer Baron, ihre Liebesheirat verhindert, lernt Kate die rauhen Seiten des Lebens kennen.
384 S. [1455]

Meine Feindin, die Königin
Ein farbenprächtiges Sittengemälde vom Hofe Elisabeths I. von England.
384 S. [790]

Verlorene Spur
Zwei unzertrennliche Schwestern werden vom Schicksal auseinandergerissen, doch das Glück beider entscheidet sich – freilich auf sehr unterschiedliche Weise – an einem deutschen Fürstenhof. 384 S. [1403]

Die Ashington-Perlen
Eine junge Frau wird Erbin einer Teeplantage auf Ceylon. Sie gerät in den Bann eines faszinierend-herrischen Mannes und kommt in den Besitz der sagenumwobenen Perlen der Ashingtons, die ihr jedoch kein Glück verheißen …
368 S. [1087]

Der Teufel zu Pferde
Waghalsige Liebesabenteuer in einer Welt aus Samt und Seide.
320 S. [679]

Tanz der Masken
Ein spannender Roman menschlicher Irrungen; die Geschichte eines unseligen Erbes und der alles überwindenden Kraft der Liebe. 384 S. [1328]

Unter dem Herbstmond
»Wenn ein Mädchen sich zur Zeit des Herbstmondes unter die große Eiche setzt, kann sie den Mann sehen, den sie einmal heiraten wird.« Das verkündet eine alte Sage, die der jungen Cordelia nicht mehr aus dem Kopf geht, nachdem sie in der Schweiz einem geheimnisvollen Fremden begegnet ist … 432 S. [1510]

Victoria Holt

Die Bucht des Franzosen
Daphne Du Maurier schildert auf unübertreffliche Weise eine Liebesgeschichte vor dem historischen Hintergrund Englands zur Zeit Charles II. 288 S. [1292]

Das Geleitschiff
Als die englische »Ravenswing« in der Nordsee von einem deutschen U-Boot bedroht wird, taucht ein wundersames Geleitschiff auf. 176 S. [1022]

Ich möchte nicht noch einmal jung sein
Ein hinreißend erzählter Roman, in dem Daphne Du Maurier auf unübertreffliche Weise die »éducation sentimentale« eines jungen Mannes schildert, der aus tiefster Zerrissenheit zu seiner wahren Bestimmung findet. 304 S. [1381]

Des Königs General
Ein Frauenschicksal in der bewegten Zeit Oliver Cromwells. 320 S. [1268]

Plötzlich an jenem Abend
Dieser Erzählband enthält u. a. die Geschichte »Die Vögel«, die Hitchcock zu seinem Film inspirierte. 222 S. [539]

Panik Daphne Du Maurier vermag das Hintergründige im Menschen raffiniert und brillant bloßzulegen. Diese Erzählungen sind literarische Kabinettstücke. 144 S. [1172]

Die Parasiten
An jenem Tag, da Charles Wyndham nicht mehr bereit ist, sich weiterhin in Toleranz und Selbstverleugnung zu üben, ist für vier Menschen die Stunde der Wahrheit gekommen. 320 S. [1035]

Gasthaus Jamaica
Dunkle Geheimnisse umgeben das verrufene Gasthaus in Cornwall, wohin es die junge Mary verschlagen hat. 221 S. [781]

Nächstes Jahr um diese Zeit
Die Meisternovellen einer großen Erzählerin. 173 S. [824]

Doch mich verschlang das wild're Meer
Der Lebensroman des dämonischen Branwell Brontë, dessen gewaltige Erfindungskraft die unsterblichen Werke seiner Schwestern inspirierte, der selbst jedoch unrühmlich vergessen wurde. 240 S. [1197]

Die standhafte Lady
Daphne Du Maurier begibt sich hier mit Geschick und Grazie auf das Feld politischer Satire. 320 S. [1150]

Träum erst, wenn es dunkel wird
Jede dieser Erzählungen überrascht durch raffinierte Handlung, glänzend geschürte Spannung und eine schicksalhafte Pointe. 144 S. [1070]

Daphne Du Maurier